［大修館］英語授業ハンドブック

Taishukan's TEFL Handbook for Junior High School Teachers

〈中学校編〉DVD付

［編集代表］金谷 憲　［編集］青野 保・太田 洋・馬場哲生・柳瀬陽介

大修館書店

まえがき

　本書を，新任や若手の先生，自分の授業を改めて見直したい中堅の先生，後進を指導するベテランの先生，英語教師をめざす，教育実習生，大学生，そして，中学での最近の英語授業に興味のあるすべての人に贈る。

　本書は，「英語教育ハンドブック」ではなく「英語授業ハンドブック」である。つまり，授業に直接役立つという点に焦点をあてて，英語教育についてのさまざまな情報を提供することを目的にして刊行されたものである。

　本書は，授業の基本的なパターン（第2章），これまでの実践で編み出されてきたさまざまな指導技術（第3章），それに特に入門期に特化した指導方法やその他の配慮（第1章）などといった英語授業を行う上の基本的な事項，それに加えて，教材・教具についての工夫（第6章），授業を支えるための評価方法（第5章）などから構成されている。

　その内容も，網羅的に指導法などを列挙するのではなく，項目を厳選して授業を行うために，「これだけは知っておきたい」ノウハウ，「これは案外知られていない」といった項目，そして，「細かいけれど知っていると授業を行う上で便利な」具体的工夫を取り上げるようにした。

　また，授業を効果的に行うための大前提になる，生徒との人間関係作り，生徒がお互いに協力し合って学習に取り組むようなクラス，授業のムード作りなど，クラスルーム・マネージメントの方法（第7章）を解説している。また，長期間にわたる英語学習に備えるため，生徒たちを自立した学習者に育てるための様々な工夫（第8章）も提示している。

　さらにこれまでの教育現場での実践から得られた指導技術や評価についての最新的な考え方と，第二言語習得研究をはじめとする実証研究（例えば，第4章）から得られた知見も盛り込んである。

　ハンドブックと名のつくものは既に多数出版されてきているが，本書では日々の授業に真に役立つ情報に絞って，その最新情報を掲載するよう最大限心がけた。

本書のもう1つの大きな特徴としては，DVDがついていることが挙げられる。本邦初のDVD付き英語授業ハンドブックである。

　授業は生き物である。言葉による説明だけでは授業はどうしてもわかりにくい。教師のちょっとした仕草や，言葉の間（ま）などで同じ指導案に基づく授業でも，教える人によって，実際に受ける印象は天と地ほどの違いが生じてしまう。言葉でいくらうまく，解説されても，どうしてもピンと来ないところが残るというものである。

　特に指導技術については，映像を見れば，一目瞭然，容易に理解することができるようになる。そのため，本書にはDVDを付けた。DVDには特に指導技術（第3章）の内容をできるだけふくらませた形で収録した。

　本書は，中学校編であるが，高校編も追って刊行する予定であり，中学校編，高校編2冊を合わせて利用されれば，中高6年間を見据えた授業実践の改善が可能になる。

　日々授業改善に努力を続けておられる中学校英語教師の皆さんの実践に，少しでもお役に立てることを祈って，本書を世に送り出した次第である。ひとりでも多くの先生方が本書を利用され，英語の授業をより実り多いものにされることを願ってやまない。

　　　2009年3月

　　　　　　　　　　　　　　　　　　　　編集代表　金谷　憲

【目次】
＊ Ch. は付属 DVD のチャプタの略

まえがき ……………………………………………………………… iii

第 1 章　入門期の指導（肥沼則明）……………………3
  1　入門期指導のとらえ方
  2　指導計画構想上の留意点
  3　指導方法の基本
  4　入門期指導の実際

第 2 章　基本の授業パターン ……………………………17
 I　1 レッスンを 1 時間で扱う授業（日䑓滋之）……………18
  1　1 時間の授業の Teaching Plan の例
  2　1 時間の授業構成における各活動の具体的な進め方
  3　教師の独創性を活かした導入の工夫
  4　活動の形態を工夫し効果を上げる
  5　教科書の英文を頭に取り込むための工夫

 II　文法導入を中心にした授業（牛久裕介）………………42
  1　文法を中心に扱う授業展開の例
  2　Warm-up
  3　Introduction of the New Grammar Point
  4　Oral Drill
  5　Oral Explanation of the Grammar
  6　Pattern Practice
  7　Communicative Activities
  8　Summary
  9　Greetings
  10　授業の実際——目的格関係代名詞を扱う授業の例

 III　リーディングを中心にした授業（小寺令子）……………63
  1　リーディング指導の前に

　　　　2　タスクの具体例
　　　　3　実践編(1)
　　　　4　実践編(2)
　　　　5　まとめ

　Ⅳ　活動を中心にした授業（加藤京子）……………………………86
　　　　1　グループ・ゲーム――皆で楽しむ授業
　　　　2　英語の歌を使った授業
　　　　3　クイズやスキットの発表会
　　　　4　劇台本の朗読会や群読
　　　　5　スピーチ作成と発表――ハワイで自己紹介
　　　　6　創作ライティング――家族紹介
　　　　7　ディベートにつながるクラス2分割討論
　　　　8　ディベート初歩

第3章　指導技術 ……………………………………………………115
　Ⅰ　全般（大里信子）……………………………………………116
　　　　1　ペアワーク
　　　　2　グループワーク
　　　　3　ティームティーチング
　　　　4　誤りへの対処

　Ⅱ　発音／文字（大里信子）……………………………………124
　　　　1　発音指導
　　　　2　文字指導

　Ⅲ　文法（大里信子）……………………………………………134
　　　　1　パタンプラクティス　 DVD Ch. 1-5
　　　　2　定型会話
　　　　3　インフォメーション・ギャップ　 DVD Ch. 6

　Ⅳ　語彙（本多敏幸）……………………………………………141
　　　　1　教科書で扱われている語句の提示　 DVD Ch. 7-13
　　　　2　言語活動等で用いる語句の提示
　　　　3　語彙定着のための活動

- Ⅴ　リスニング（本多敏幸） ……………………………………………148
  - 1　シャドーイング　`DVD Ch. 14-16`
  - 2　ディクテーション　`DVD Ch. 17-18`
  - 3　タスク・リスニング

- Ⅵ　リーディング ………………………………………………………156
  - 1　プレ・リーディング活動——オーラル・イントロダクション（大里信子）
  - 2　リーディング活動（大里信子）
  - 3　ポスト・リーディング活動（本多敏幸）　`DVD Ch. 19-25`

- Ⅶ　スピーキング（本多敏幸） …………………………………………177
  - 1　スピーチ
  - 2　スキット　`DVD Ch. 26-29`
  - 3　描写・説明
  - 4　チャット
  - 5　ディスカッション／ディベート

- Ⅷ　ライティング（大里信子） …………………………………………191
  - 1　筆写
  - 2　和文英訳
  - 3　並べ替え（1文）
  - 4　並べ替え（会話文，パラグラフ）
  - 5　書き換え
  - 6　プロセスライティング
  - 7　フィードバック
  - 8　自己表現としての自由英作文
  - 9　面白ライティング活動　`DVD Ch. 30`

第4章　文法指導のアプローチ（馬場哲生） ……………………………207
  1　文法指導のアプローチ
  2　文法解説の役割
  3　文法解説の限界
  4　文法解説における工夫
  5　授業における文法指導の位置づけ

第 5 章　評価（青野　保）················249
1　観点別評価と評定について──指導要録への対応と説明責任
2　日頃の評価
3　ペーパーテスト
4　指導・評価計画について

第 6 章　教材・教具（奥住　桂）················305
1　効率的な教材作成のために──教材のリソース
2　教材の作成上の注意
3　授業に役立つ教具
4　教材・教具の管理・共有について

第 7 章　クラスルーム・マネージメント（成田也寸志）················321
1　授業のルール作り──授業規律の確立を目指して
2　授業に集中させる方法
3　学習形態のバリエーション──意欲と集中力を高めるために
4　授業における発問・指名の方法
5　意欲的な学習者を育てる授業マネージメントの ABC

第 8 章　自律的学習者に育てるための工夫················337
Ⅰ　家庭学習（田口　徹）················338
1　はじめに
2　復習のさせ方
3　予習は必要？
4　定期テストの勉強のさせ方
5　長期休暇中の課題の出し方

Ⅱ　イベント的活動（谷口友隆）················347
1　イベント的活動の意義
2　自己紹介──1 年生 1 学期
3　修学旅行新聞──3 年生 1 学期

Ⅲ　自学帳（河合光治）················353
1　自学帳は，生徒と教師にとっての宝物

2　自学帳の始め方
　　　3　自学帳を軌道に乗せる 4 Tips ――キーワードは「つなげる」

参考文献 ……………………………………………………………357
付録
　　Ⅰ　中学校学習指導要領 …………………………………358
　　Ⅱ　ブックガイド …………………………………………364
索引 …………………………………………………………………368
執筆者一覧 …………………………………………………………374

付属 DVD 収録内容

(収録時間 2 時間 7 分，監修・解説：金谷　憲，授業実演：太田　洋)

	第 3 章　指導技術
	Ⅲ　文　法
	○パタンプラクティス（文型練習）
Ch. 1	・準備段階としての aural drill ／ mim-mem
	・Variation の活動例
Ch. 2	―― 代入（substitution）
Ch. 3	―― 転換（conversion）
Ch. 4	―― 展開（expansion）
Ch. 5	・Selection の活動例
Ch. 6	○インフォメーション・ギャップ
	Ⅳ　語　彙
	○語句の提示
	・教科書本文を導入する際
Ch. 7	―― フラッシュカードを使用したもの
Ch. 8	―― フラッシュカードを使用しないもの
Ch. 9	・教科書本文を説明する際
	○新出語句の発音練習
Ch. 10	・発音練習
Ch. 11	・カードをフラッシュさせての練習

Ch. 12	——パワーポイントを使用
Ch. 13	——デジタルカメラを使用
	V　リスニング
Ch. 14	○シャドーイング
Ch. 15	・パラレル・リーディング
Ch. 16	・リピーティング
Ch. 17	○1文ディクテーション
Ch. 18	○ディクト・コンポ
	VI　リーディング
Ch. 19	○復唱読み
Ch. 20	○バズ・リーディング
Ch. 21	○役割読み
	○暗唱
Ch. 22	・リード・アンド・ルックアップ
Ch. 23	・レスポンス・レシテーション
Ch. 24	・一部を隠しての音読
Ch. 25	○内容再生（リプロダクション）
	VII　スピーキング
Ch. 26	○教科書をそのまま台本にしたスキット
	○教科書の英文を加工して行うスキット
Ch. 27	・一部の語句を置き換えて行うスキット
Ch. 28	・話の続きを付け加えるスキット
Ch. 29	・対話文を書き直すスキット
	VIII　ライティング
Ch. 30	○面白ライティング活動

［大修館］
英語授業ハンドブック
〈中学校編〉DVD付

第1章　入門期の指導

1　入門期指導のとらえ方
2　指導計画構想上の留意点
3　指導方法の基本
4　入門期指導の実際

1 ◆ 入門期指導のとらえ方

　中学校の英語教師にとって,「入門期」とは生徒が中学校で教科として初めて英語を学ぶための準備期間を指す。広義には中学校1年生の夏休みまで, より狭い意味では教科書を使う前の授業内容がそれにあたるといえる。この時期の生徒は, 初めて教科として学ぶ英語に対して漠然とした期待と不安を抱いている。もちろん, 小学校で外国語活動の授業を経験してきてはいるが,「さらに英語がうまく話せるようになりたい」という気持ちもあれば,「難しくてわからなかったらどうしよう」という気持ちも混在しているはずである。こうした生徒の気持ちを受け止め, 期待を裏切らずに不安を取り除いていくことが, 中学校の英語教師としての最初の仕事となるわけである。その責任は重大である。この時期の指導の善し悪しが, その後の生徒の英語学習への取り組みに大きな影響を与えるといっても過言ではないからだ。

　入門期指導といえば, いくつかのキーワードがある。例えば,「音声による指導」「楽しい活動」「共に学ぶ」「リラックスした雰囲気」「英語が好き」「学習習慣の形成」などである。一見すると何の脈略もない, 中には互いに相反する事柄もあるが, 英語教師はこれらをバランスよく指導に取り入れていかなければならない。一方, 2008年版小学校学習指導要領の告示によって小学校5・6年生が週1時間の外国語活動を行うようになり, 児童が受けてきた学習経験をどのように生かしながら授業を進めるのかということも重要な課題である。

　そこで本項では, 小学校における英語学習経験も踏まえながら, 中学校において, 教科としての英語学習に生徒をいかにスムーズに導いていくかということに主眼を置き, その具体的な指導内容及び指導法, そしてその裏に隠されている教育理念について述べていきたい。

2 ◆ 指導計画構想上の留意点

(1) 授業作りのポイント

　入門期指導で最も大切なことは, 生徒が授業を「楽しく」「リラックスして」受け,「英語が好き」と思えるようにすることである。これが

できないと，この後で議論するどのような指導法もうまく機能しない。一方，小学校の外国語活動とは違って教科として学ばせるわけであるから，ただ単に楽しい活動をやっていればよいというわけではない。楽しさを追求するあまり，望ましい学習姿勢を作ることを怠っていると，生徒の学習意欲は逆に減退してしまう。よく，「最初はどんなことにもついてきたのに，すぐに授業についてこなくなってしまった。」と嘆く教師がいるが，そもそも「どんなことにも」という発想をした時点で指導に失敗していると言える。なぜなら，どのように授業に参加すべきかの指導を怠ってしまった可能性が大きいからである。たとえば，次のような習慣づけをしっかりさせることは，後々まで充実した授業を行うためには大変重要なことであるので，入門期にぜひ指導したい。

- 発言するときには全員に聞かせようとして話す（「伝えたい」という気持ちをもたせる）。
- 教科書を読むときは，きちんと教科書を持ち，自分が出せる最高の声で読みをしようとする（つぶやくように音読させない）。
- 仲間が発言しているときはそれをよく聞いて，自分も練習しようとする（練習時間を無駄にさせない）。

(2) 小学校での外国語学習体験との関連

2008年版学習指導要領により，全児童が最低でも2年間の英語学習経験をもつことになった。中学校ではそれをどう生かすかということが大切ではあるが，一方で小学校の外国語活動と決定的に違う学習に対する姿勢を指導する必要もある。

学習指導要領によれば，小学校の外国語活動は「外国語を通じて，言語や文化について体験的に理解を深め，積極的にコミュニケーションを図ろうとする態度の育成を図り，外国語の音声や基本的な表現に慣れ親しませながら，コミュニケーション能力の素地を養う」という目標のもとに行われることになっている。そして，外国語を用いて積極的にコミュニケーションを図ることができるようになるための指導内容としては，「外国語を用いてコミュニケーションを図る楽しさを体験すること」「積極的に外国語を聞いたり，話したりすること」「言語を用いてコミュ

ニケーションを図ることの大切さを知ること」の3点が挙げられ，さらに日本と外国の言語や文化について，体験的に理解を深めることができるようになるための指導内容の1つとして「外国語の音声やリズムなどに慣れ親しむとともに，日本語との違いを知り，言葉の面白さや豊かさに気づくこと」が挙げられている。

　以上のこと自体には中学校教師としても何ら異論をはさむ余地はないが，問題は英語という言語そのものを習得するということには重点が置かれていないことである。また，カリキュラムとしては，これらが5年生及び6年生で週1回の授業で指導されることが計画されているが，評価が必要となる「教科」ではないため，実際の指導においては，基本的に児童は授業で学習した内容についての家庭での復習を要求されないことが予想される。このような学習経験をもって中学校に入学してきた生徒が，中学校の英語学習に対しても同様の取り組み姿勢をもっていたとしたら大変なことになる。したがって，英語学習に対する姿勢については，かつて小学校で英語学習が行われていなかった頃の生徒を指導したときよりも，むしろ慎重に指導しなければならないであろう。

　また，小学校の英語学習で音声を中心とした授業を児童が受けてきたとはいっても，英語指導を専門にする教師の指導を受けていない場合も考えられるので，中学校では生徒が小学校で学習してきた内容を改めて整理してやる必要がある。例えば，児童は「はじめまして」は「ナイストゥミーチュー」であって，"Nice to meet you."であるとは知らないはずである。また，小学校で指導の中心になると思われるALTは，正しい発音のモデルは示せても，児童に正しく発音させるための技術的な指導ができるとはかぎらないので（さらに外国語活動の目的から矯正指導をしない可能性もあるので），生徒は中学校に入学する時点で望ましくない発音の癖をつけてしまっていることも十分に考えられる。したがって，中学校では生徒が小学校で身につけたことを生かしつつも，それに磨きをかける修正作業も行っていかなければならないであろう。

3 ◆ 指導方法の基本

(1) 音声による指導の徹底

　言語を学び始めた初期の段階で，音声による指導が特に重要であることは，これまでにいくつも提唱されてきた教授法の議論を持ち出すまでもなく，母語が習得されていく過程を見ても明らかである。「聞くこと」「話すこと」が「読むこと」「書くこと」に先行して指導されるべきであるというのは，疑いの余地がない事実として認識されている。小学校の外国語活動は音声を中心に行われることになっているが，中学校の入門期指導においてもその第一義性は揺るがない。

　音声による指導のメリットの第一は，英語という言語の構造を，脳裏にしっかりとインプットできることである。もちろん，視覚情報として入ったものも大切であるが，歌を口ずさんで覚えてしまうのと同じ過程で脳裏に焼き付ける方法にはかなわない。第二に，音のみで指導することで，生徒が文字にとらわれずに原音に近い音を再生しやすい環境が提供されるということがある。初期の段階で音声による指導を徹底的に受けた生徒は，やがて教師よりも上手な音を出せるようになることもある。そして第三に，音声を中心にした授業の方が，生徒が生き生きと活動できる場面を提供しやすいということである。「聞くこと」の活動では，しっかりと集中していなければ生徒は学習課題を果たせない。「話すこと」の活動では，自分をしっかりと表現しなければ相手にわかってもらえない。このような場面を提供し続けることは，生徒の学習意欲を維持，向上させるのにとても重要なことといえる。

　もっとも，音声による指導だけでは生徒の学力は上滑りなものとなってしまうことがある。そこで，それを補充するために，「読むこと」や「書くこと」の活動によって音声による指導の内容を強化することが必要になる。しかし，それは効率よく学力を身につけさせるために音声による指導を軽んじるということにはならない。重要なのは，音声による指導を重視しながらバランスのとれた指導を心がけるということである。

　現実には，最初の授業から教科書の単語や英文を読ませたり書かせたりするケースもある。その理由は「教材がないと指導ができない」からだとされる。しかし，教師や生徒が話す英語自体がそもそも教材なので

ある。つまり，教師や生徒が発する英語を教材として使いながら授業を進めればよいはずだ。実際にどのように指導したらそのような授業ができるのかというのは，次節で具体例を示すことにする。

(2) 聴覚心像（Acoustic Image）の構築

　新しい文型などを教えたときに，よく黒板に書かれた文を全員で数回読むだけで音声練習を終わりにしてしまうことがある。また，コミュニケーション活動が大切だからといって，十分な音声による文型練習をせずに，結果的にはワークシートに書かれた例文を読んでいるだけの活動をさせている授業も見かける。しかし，これらの場合はいずれも生徒がその英文を「読めている」だけであって，「言えている」のではない。これを認識せずに指導していると，活動を行っているときは言えているように見えても，生徒の身にはついていないという状況を繰り返してしまい，結果的に生徒の学力が向上しないということになりかねない。

　最も大切なことは，生徒が新しい英語の表現を自力で言えるようにさせること，つまり，頭の中に聴覚心像（Acoustic Image）を作らせることである。そのためには，まずは新しい表現を徹底的に口頭練習させる必要がある。ただし，その際には英文を「読ませない」よう注意したい。仮に最初は補助として英文を視覚的に示したとしても，最終的にはそれを消した状態で言わせなければ，その文型を頭の中に描いて発言していることにはならない。もし，ある新文型を指導した際に生徒がその文を文字を見ずには言えないのだとしたら，訓練が終わるまでは言語活動に移るべきではない。また，音声練習では，クラス全体では言えていても，個人ではまったく言えないということもあるので，必ず個人に言わせる時間を確保して達成状況を見極めることが大切である。

4 ◆ 入門期指導の実際

　ここでは，これまでに述べてきたことを実際の授業でどのように具現化していくかを，具体的な指導内容とその指導方法を示しながら述べていくことにする。

(1) 学習姿勢の構築

A 学習意欲の醸成

　教師がいくら一生懸命指導しても，生徒がその気にならなければ学習はうまく進まない。そこで，生徒の英語に対する学習意欲をいかに喚起するかが重要になってくる。授業開きをしたら，いきなり英語学習を始めるのでなく，生徒にじっくりと英語学習に対する自分の気持ちに向き合わせ，生徒自身に英語を学習する意味を考えさせたい。

　具体的な指導の第一歩は，英語をなぜ学習するのかを生徒に考えさせ，それを発表させてクラス全体で共有することである。予想される生徒の反応は，「英語は世界共通語だから」「英語が話せると格好いいから」「将来必要だから」「教科の1つだから」「入試科目にあるから」等である。これらをどのように取り上げ，いかに生徒に英語学習の大切さを感じさせられるかが，英語教師が入門期初頭の指導で取り組むべき課題である。

　しかし，このように社会通念上必要なことだけを話題にしたのでは生徒が納得しないこともある。生徒の中には「別に英語なんか使う仕事に将来就くつもりはない」と開き直る者もいるからである。このような場合は，「そうですね。別に英語が話せなくたってあなたは十分に生きていけますよ」と言ってあげるようにするとよい。すると生徒は「英語の先生なのに変なことを言うなあ…」と感じるであろうし，驚いて実際にそれを口に出す生徒もいるかもしれない。そうした生徒の驚きの表情を見て取ったら，「でも，英語ができると，あなたの人生はきっと豊かなものになりますよ」と言ってあげるのである。そうすれば，生徒は教師が本当に自分のことを考えて英語を教えてくれようとしているのだということを感じ取り，「この先生のもとで英語を勉強したら明るい未来があるかもしれない」と思う者も出てくるはずである。

B 授業における教師と生徒の「約束事」

　英語は教養として学ぶ教科であると共に，外国語を操るという技術を習得する技能教科でもある。したがって，授業では授業でしかできない技能にしぼって指導を行うことが重要である。しかし，それを効率よく進めるには，教師と生徒の掛け合いがスムーズでなければならない。究

極的には教師と生徒の人間関係の構築という問題になるが，ここではそれは割愛し，技術的視点からよい指導法を提案することにする。

筆者はかつて，英語学習指導の「名人」と呼ばれる教師がなぜそのような指導ができるのかを分析したことがある（肥沼，2001）。

その研究で明らかになったことの1つに，「名人」はそうでない教師よりも，授業における生徒との約束事を多く設定し，それを生徒に実行させているということがあった。例えば，「生徒が何か活動を始める際に教師が"Are you ready?"と聞けば，必ず生徒は"Yes!"と元気よく答える」，「ペアで活動する際には，必ず互いに向き合って相手の目を見ながら活動する」などといったことである。反対に，このようなことの指導に無頓着な教師の授業（つまり，約束事があまりない授業）では，総じて生徒の行動が緩慢であり，教師の指示に対しての反応も鈍いので，授業の進行がダラダラとしていることが見受けられた。当然，後者の授業では，前者の授業中にできている学習内容を十分に指導しきれないということが起こるわけである。

この一見すると何気ない教師と生徒のやりとりが，実は生徒の学習姿勢を良好なものにするためには重要なことなのである。特にそれは入門期にしっかりと指導しておかないと，後から指導しようとしてもなかなか生徒に根付かない。「鉄は熱いうちに打て」のたとえのとおり，入門期にしっかりとした教師と生徒との間の約束事を指導したい。

C　家庭学習の習慣づけ

2008年版中学校学習指導要領では，中学校の英語の授業時数は3時間から4時間に増加した。だからといって，生徒の英語力がその分高まるかというと話はそう甘くない。それは，英語という教科が外国語や外国の文化について知るという教養に加えて，外国語を操るという技能を習得する教科だからである。技能教科であるからには，その力を高めるにはある程度の練習時間がなければならない。そしてそれは授業だけでは足りないのである。これは，ピアノを習う生徒が自宅でも練習をしないと決して上達しないのと同じことである。したがって，英語の学習指導で大切なのは，いかに家庭学習という「練習時間」を生徒に確保させるかということになる。そして，それを定着させられるかどうかが入門

期の指導にかかっている。

　音声指導が中心となることが多い入門期は宿題を出しにくいこともあり，一般的には家庭学習の指導が難しいとされているが，工夫次第では多くの生徒に家庭学習の習慣を身につけさせることができる。ここではその具体例を紹介する。

　例えば，授業で行った言語活動の内容をハンドアウトにして，家庭で練習してくることを課す方法がある。この方法では生徒は比較的容易に宿題に取り組める。ただし，この場合はモデルとなる音声がないので，可能であればそれを生徒個人に提供してやりたい。筆者の勤務校では，1999年度から毎年4月から6月までの30時間余りは，授業で学習した重要表現をカセットテープに録音させ，それを家庭で聞きながら繰り返して言う練習を家庭学習として行わせている。

　一方，個々の課題を考えると共に，それを継続して行わせる，つまり家庭学習を習慣づけする指導も並行して行わなければならない。そのためには，毎日行わせるような家庭学習のシステムを作ることが肝要である。その方法はいろいろあるだろうが，筆者の勤務校では家庭の協力を得ながら家庭学習を行わせるシステムが確立されている。具体的には，入学準備説明会，入学後の保護者会等で家庭の協力を呼びかけ，1週間毎に家庭学習の記録（下例参照）を提出させるというものである。そして，家庭との連携を図りながら，生徒に「英語は毎日家庭学習をする教科である」という意識を植え込むのである。もちろん，この方法は家庭の事情などによって難しい場合もあるだろうから，そのような場合は別の対策を講じる必要がある。

家庭学習の記録例

第1章　入門期の指導

(2) 授業で指導する内容

A 音の指導

　1989年告示の中学校学習指導要領で「聞くこと」と「話すこと」の指導に重点を置くことが強調されて以来，入門期では音声を中心にした指導を行うことが大切であるという認識が全国的に浸透してきている。ところが，音声重視の入門期指導で陥りがちなのが「音とつづりの関係の指導」の欠落である。もちろん，これは音声重視の指導を行っていない学校についても当てはまる。

　例えば，入門期指導ではすべての教師が必ずアルファベットの「名前」は教えるであろう。しかし，その「音」を教える教師はあまりいない。具体的な現象としては，アルファベットの「読み方」を教え，ABCの歌を歌い，アルファベットの書き方を教えた時点で，「音とつづりの関係」を指導せずに教科書の音読に入っている事例が多い。しかし，例えばdogを読めるようにするためにはdが[d]，oが[ɔ]，gが[g]という「音」を出すということを教えなければならない。この指導をせずに生徒がdogを読めたとしたら，つづりと発音の関係を理解せぬままに丸覚えしたか，あらかじめ知っていたかのどちらかである。このままの指導を続けていると，少数の勘のいい生徒を除くほとんどの生徒は，いつになっても自分で英語を読めるようにならない。したがって，実際に英語を読ませる前には，まず26文字すべての「音」を教え，典型的な単語を示して徹底的に練習させる必要がある。こうすると，ごく初期の段階の生徒でも未知語（実際に存在しない語も含む）をすらすら読めるようになる。そして，この中間的な指導があって初めて「読むこと」にスムーズに移行できるのである。

　音の指導の具体的な手順はいろいろあるが，筆者の勤務校では2000年度から次のように26文字を4回に分けて指導している。

　　◇第1回　p, t, k
　　　　　　b, d, g, j
　　※破裂音と破擦音を集めてみた。比較的発音しやすい音ばかりである。
　　　また，pなどは「口からスイカの種を遠くまで飛ばす音」などと指導すると生徒が楽しみながら取り組める。

◇第2回　s, f, h
　　　　　z, v ／ m, n, l
　※摩擦音と鼻濁音というやや難しい音を集めてみた。

◇第3回　q（kw）, x（ks）
　　　　　c（k, s）
　　　　　r, y, w
　※子音の残りである。r, y, w は下の位置と唇の動かし方の指導に留意する。q は［k］と教えてもよい。

◇第4回　a, e, i, o, u
　※母音の指導である。筆者の勤務校では短母音の発音を「音読み」、長母音の発音を「名前読み」と読んで教えている。

B 文字を書く指導

　アルファベットを書く指導はどの学校でも必ず入門期で行われているものと思われる。もちろん、生徒の多くは小学校の国語の時間にローマ字を習った経験があると思われるが、その場合でも改めてきちんと書く指導を行いたい。ところが、案外多くの学校でその指導が軽く扱われているのではないだろうか。単純な指導になりがちだが、次のような工夫をするとダイナミックな指導になる。

　例えば、大文字を書く指導の前に、アルファベット（ただし、この場合はブロック体）がどのような線で構成されているかを生徒に考えさせてみる。すると、それは直線と曲線だけで構成されていることに気づくであろう。そして、さらに細かく見ていき、おおむね次のように分類されることに気づかせるのである。

○縦横の直線だけを使うもの
　E　F　H　L　T　I

○斜めの直線を含むもの
　A　K　M　N　Z　V　W　X　Y

○円を基本とするもの
　　O　C　G　Q　S

○直線と曲線を組み合わせたもの
　　D　B　P　R　U　J

　このように分類すると，教師も書く練習のさせ方に工夫ができることに気づくはずである。すなわち，アルファベット順どおりに書かせるのではなく，上のようなグループ毎に書かせた方がずっと練習させやすいのである。

　また，小文字の指導の際には次のようなことを並行して指導すると，生徒のアルファベットに対する関心が高まり，かつ理解も深まるはずである。

・大文字と小文字はどちらが先にできたか？（→大文字）
・小文字はどうしてできたか？（→早くたくさん書くため）
・それぞれの小文字は大文字からどのような変化の過程を経てできたか？（→三省堂『ヴィスタ英和辞典』参照）

C　英語を使って文型を導入する指導

　入門期の授業では，教師が使う英語も教材としてできるだけ多く生徒に聞かせたいが，実際には英語を使って授業をするのは難しいと考えられ敬遠されている。その主な理由は，生徒の語彙力と文法力が極端に不足しているからというものである。しかし，やり方を工夫すれば英語を使って新出文型の指導も行うことができる。実際，筆者の勤務校では1922年（大正11年）から入門期の30数時間は文字情報を使わずに音声英語だけで文型指導を行ってきている。

　ここでは What is this (that)? の指導を例にとって，どのようにしたら入門期に英語を使って新文型の導入ができるのかを示す。

　右頁のような指導過程を採れば，最初から最後まで文字を見せずに，しかも日本語を一切使わずに口頭による英語だけで指導できる。大切なことは，文字以外の視覚情報を上手に使って状況設定を行い，生徒が自然に教師の言う英語の意味を理解できるように工夫することである。

［指導手順例］What is this/that? の場合

1．Is that a ～? の復習から入る
   ※前時に以下の内容が指導されていることが前提である
   - ある物のシルエットの絵を見せて Question!（「質問文を言いなさい」の指示）と言う
     →生徒：Is that a CD?
   - Answer!（「答えの文を言いなさい」の指示）と言う
     →生徒：No, it is not. It is not a CD. It is an MD.
     ［注］文字を見せずに指導する場合は，構文を意識させるために，it's や isn't 等の省略形は用いないで指導している。
   - 前時に扱ったシルエットのいくつかを使って同様に行う

2．What is that? の状況を導入する
   - 上記の復習の流れの中に，前時には見せなかった物で何のことかわからない物をシルエットで見せて Question! と言う
     →生徒：Is that ...?　えっ？　何，あれ？
     ［注］このとき，生徒の頭の中にはこれから教師が言おうとしている文の意味がすでに思い浮かんでいる。

3．What is that? の表現をインプットする
   - Is that a ...? Is that「a えっ」? と言う
   - Is, that,「a，えっ」を各部分毎に言いながら手を宙にかざし，語句の切れ目を示す
   - 「a，えっ」の部分を示した手を文頭に持ってきて，「a，えっ」, is, that? と言う
   - 「a，えっ」の部分を what に置き換え，What is that? と言う
     →生徒：What is that?
     ［注］このとき，すでに生徒の頭の中では尋ねたい文の表現と意味が一致しているので，意味を確認する必要はない

4．What is that? の口頭練習をする（mim-mem）
   - 全員コーラスで What is that? を何度か言う
   - 列や個人氏名で What is that? を言わせる

5．答え方を導入する
   - Answer! と言う

　　　　→生徒：（頭に浮かんだいろいろな物の名前を言う）
　　・シルエットを裏返して答えの絵を示し，It is a panda. と言う
　6．答え方の口頭練習をする（mim-mem）
　　・全員コーラスで It is a panda. を何度か言う
　　・列や個人を指名して It is a panda. を言わせる
　7．質問と答えの口頭練習をさらに行う（oral practice）
　　・他の未確認シルエットを見せて質問と答えを繰り返す

　入門期指導で大切なことは，授業で英語を聞いたり話したりすることが自然な活動だということを，生徒に体験的に理解させることである。そのためには，教師自身が積極的に英語を使って話す姿を見せる必要がある。教師が範を見せずして生徒に積極的に英語を話すように言っても生徒は動かない。語彙や文法に制限がある入門期だからこそ，身振り手振りや視聴覚教材を駆使して，限られた英語で生徒に範を見せたいものである。

【参考資料】
肥沼則明（2001）「『名人』の指導に学ぶこと：各活動内容や指示の裏にある指導観を探る」『英語教育』2001年3月号，pp. 30-33，大修館書店

第 2 章　基本の授業パターン

　Ⅰ　1レッスンを1時間で扱う授業
　Ⅱ　文法導入を中心にした授業
　Ⅲ　リーディングを中心にした授業
　Ⅳ　活動を中心にした授業

Ⅰ　1レッスンを1時間で扱う授業

1 ◆ 1時間の授業のTeaching Planの例

　題材は，「*New Crown English Series 2*, Lesson 5 Speech— 'My Dream' 樹木医になりたい，Section 2」(注1)である((注1)以下，本節の参考文献はp.357を参照)。言語材料の文法事項として，to不定詞の副詞としての用法を扱う。

　最初に平常授業における1時間の授業の流れを概観すると以下のようになる。

1．あいさつ（2分）
2．Warm-up（5分）
　・職業の名前を英語で言う。（教科書付録p.3「職業」を利用）
3．前時の復習（Lesson 5, Section 1）（8分）
　・ペアになって将来の夢について話す。（上記付録を利用）
4．本時の新出事項の導入（Lesson 5, Section 2）（20分）
　(1) CHECK ITの絵を使って新出文法事項の導入
　(2) USE IT 5, 2を用いて新出文法事項をペアで練習
　(3) 教科書本文の内容の導入
5．音読（10分）
　(1) 新出語句の発音練習
　(2) 本文の音読練習から暗唱へ
　　・Model reading → Chorus reading → Buzz reading → Individual reading → Read and look-upの順に指導
6．まとめ（5分）
　(1) 週末の予定について書く（USE IT 5, 2での言い方を使う）
　(2) 宿題の指示（副教材のワークブックから）
7．あいさつ

　以下に，教案（Teaching Plan）を提示する。

TEACHING PLAN

Teacher: HIDAI Shigeyuki

1. Date: Thursday, October 2, 2008
2. Class: 2D (20 boys, 20 girls) Tokyo Gakugei University Setagaya Junior High School
3. Text: *New Crown English Series 2*, LESSON 5 Speech—'My Dream'
   樹木医になりたい
4. Periods Allotted:

   The 1st period: (§1)

   　Introduction of "I want **to travel** around the world" and Section 1

   The 2nd period: (§2) (this period)

   　Introduction of "Koji went to the park **to play** soccer" and Section 2

   The 3rd period: (§3)

   　Introduction of "I have some books **to read**" and Section 3

   The 4th period:

   　Students complete the task "THINK ABOUT IT" on page 48.

   　Review of Lesson 5

5. Aims of This Period:

   　To familiarize the students with the new sentence structure, words and phrases:

   　New structure: Koji went to the park **to play** soccer.

   　New words: doctor, leaf, cover, grow, sick

   　New phrases: fresh leaves, take care of 〜

   　　To enable the students to talk about their weekend plans with each other by using the words and structures they learned in this section (USE IT 5, 2)

6. Teaching Aids: CD player, flash cards, picture cards
7. Teaching Procedure（次頁以降参照, 注2）

PROCEDURE (Time)	ACTIVITIES		Points to pay attention to while giving instructions
	TEACHER	STUDENT(S)	
(1) Greeting (02')	Greets students. Asks if there are any absentees today. Asks one student to ask another student the day of the week and the date. Pronounces the day and the date.	Respond to the teacher. Respond to the teacher. One student is chosen to ask another the day and the date. Repeat after the teacher.	To make a good learning atmosphere for trying to communicate in English. Cheerful response.
(2) Warm-up (05') Saying the names of jobs in English	Points to each picture of the jobs in the Appendix p.3 and gets the students to say its name.	Say the name for each job in English.	To check whether students remember the English names for the jobs.
(3) Review (08') Talking about future dreams in pairs	Introduces the dialogue of "What do you want to be?" and "I want to be a teacher." in the Appendix p.3 at the back of the textbook.	Repeat the dialogue. Think about what he or she wants to be in the future and converse with classmates.	To put emphasis on accuracy as well as confidence and a positive attitude towards communication. (Appendix p. 3)
(4) Presentation of the new materials (20') ① Introduction of the new struc-	Puts four pictures of CHECK IT on the blackboard. Describes each of them at random and gets students	Guess which picture the teacher (or CD) is describing.	To get students to pay attention to the

ture by using pictures of CHECK IT	to guess which picture the teacher is describing. (or uses the CD instead of the teacher.)		teacher or the CD.
	Checks the answers.	Understand the meanings and usages of the new structure.	Understanding.
	Explains the new structure.		
	Gets the students to repeat after the teacher the sentences which correspond with each picture.	Repeat after the teacher.	
Note-taking of the grammar point of the new structure	Gets students to copy the blackboard.	Copy the blackboard	To get students to copy correctly.
② Practice in pairs (USE IT 5, 2)	Give an instruction about how to do the task of USE IT 5, 2.	Understand what they are asked to do.	
	Pronounces the following dialogue: "What will you do this weekend?" — "I'll go to the supermarket to buy some fish."	Repeat the dialogue after the teacher.	To get students to pronounce the words properly.
	Gets students to think about their weekend plans and demonstrates the dialogue with some students.	Think about their weekend plans and respond to the teacher.	

	Gets students to make pairs and start the dialogue. Monitors pairs or helps slow partners. Asks selected pairs to demonstrate in front of the other students.	Work in pairs.	To get students to make eye contact with their partners. To correct students' errors if there are any. To select more able pairs who can work in pairs with eye contact.
③ Contents	Introduces the contents by showing students pictures and describing Kumi's reasons for wanting to be a tree doctor. Asks students questions.	Try to understand the contents by listening to the teacher carefully and answering his questions.	To get students to close their textbooks. To ask students questions using wh-questions, alternative questions or yes-no questions effectively.
(5)Reading (10') ① New words	Shows and pronounces the new words with flash cards. Corrects individual errors.	Pronounce the new words after the teacher.	To get students to pronounce the words properly (accent, etc.).
② Reading aloud Model reading	Gets students to listen to the CD. Reads the text and adds grammati-	Follow each sentence with their eyes. Understand the	To have students open their textbooks. (CD player)

	cal and phonetic explanations. Reads the text with some explanation if necessary.	grammatical and phonetic points of the text.	
Chorus reading	Reads each sentence several times.	Read after the teacher in loud voices paying attention to the teacher's pronunciation.	To get students to pay attention to accent, intonation, linking, voice projection.
Buzz reading	Gets the students to stand up and read the text (buzz reading.)	Read the text at their own pace.	To walk around the classroom and help slow learners.
Individual reading	Some students are chosen to read the text.	Read the text.	To correct individual errors.
Read and look-up	Instructs the students to read silently, look up and say the sentences.	Follow the teacher's instructions.	To get students to read the text out loud and correct errors if there are any.
(6) Consolidation (05') ① Writing weekend plans (if there is time) ② Assignment	Gets students to refer to USE IT 5, 2 and write their weekend plans. Gives the assignment from the workbook.	Write their own weekend plans in their notebook. Understand what they are asked to do.	To monitor as many students as possible and help slow learners.
(7) Closing	Concludes the lesson with the usual farewell.	Say farewell to the teacher.	Cheerful response.

［教案添付資料１］

 L５S２　本時で扱う教科書本文

「挿絵」（教科書の挿絵は割愛）

　全面に久美がイヌを連れて公園を散歩しているイラストがある。また，右隅には，木の腐った部分を取り除いている小さなイラストが掲載されている。

「教科書本文」は以下の通り。

　I want to be a tree doctor. Why?

　First, I like trees. In spring, I go to the park to see trees. Fresh leaves cover the trees. The trees are growing. They are beautiful.

　Second, some trees are sick. We must take care of them.

「POINT」の文は以下の通り。

　Koji went to the park.

　Koji went to the park to play soccer.

「CHECK IT―①聞いてみよう②話してみよう」（絵は割愛）

☆	A	B	C
Kojiが公園でサッカーをしている絵。	Kojiが公園のベンチでお弁当を食べている絵。	Kojiが公園のベンチで本を読んでいる絵。	Kojiが樹にとまった鳥の写真をとっている絵。

［教案添付資料２］

 職業　Appendixes （「職業」の絵は割愛）

　教科書では，職業を表す絵（本稿では割愛）の下に，英単語とその発音がカタカナで記載されている。記載されている英単語は以下の通り。

　actor, baker, violinist, carpenter, cartoonist, potter, dentist, diplomat, farmer, interpreter, politician, office worker, lawyer, newscaster, nurse, flight attendant, pilot, fire fighter, scientist, barber, programmer, police officer, priest, writer

また，男の子と女の子のイラスト（本稿では割愛）の吹き出しには以下の英文が記載されている。
　　男の子：What do you want to be?
　　女の子：I want to be a teacher.

[教案添付資料3]
USE IT 5 （教科書に掲載の絵は割愛）
1　将来の夢を話してみよう
　　例にならって，将来どんな職業につきたいかを友だちに聞いて，その結果を下の表に書いてみよう。
　　[例]　自分：What's your dream?
　　　　　由美：I want to be a teacher.
　　　　　自分：That's nice.

友だちの名前	[例]　由美			
将来の夢	teacher（教師）			

2　週末の予定は？
　　あなたの週末の予定を考えて，どこへ何をしに行くのか話してみよう。
　　[例]　I'll go to the supermarket to buy some fish.

公園の絵 park		listen to	the music
図書館の絵 library		read	books
		buy	some food / fish / fruit
スーパーの絵 supermarket		play	soccer
		study	trees
		see	

2 ◆ 1時間の授業構成における各活動の具体的な進め方

p.20 からの教案の指導手順（Teaching Procedure）に焦点を当て，その活動が具体的にどのように行われているのか，さらに説明を加えたい。

(1)　Greeting（02'）

本時では教師と生徒で以下のようなインタラクションを通して行っている。

　T: Good morning, everyone.
　S: Good morning, Mr. Hidai.
　T: How are you?
　S: Fine, thank you. And you?
　T: I'm fine too. Thank you.
　　あいさつの後は，出欠席を確認する。
　T: Is anyone absent today, S_1?
　S_1: Yes. S_2 is absent.
　T: Thank you.
　　続いて，月日の確認を英語で行う。
　T: S_3, ask S_4 the day of the week.
　S_3: What day of the week is it today?
　S_4: It is Thursday.
　T: S_5, ask S_6 the date.
　S_5: What is the date today?
　S_6: It is October 2.
　　その後，教師は曜日と日付を板書し，生徒に後について言わせる。

(2)　Warm-up（05'）── Saying the names of jobs in English

Warm-up の活動では，教科書の巻末の付録の英語の歌を活用したり，ビンゴ（Bingo）などのゲームを行ったり，英語の早口言葉（tongue twister）なども効果的である。

本時では，教科書巻末の付録「いろいろな単語を使って言ってみよう」の「職業」（教案添付資料2）を提示し，教師が一つ一つの職業を

表す絵を指して，生徒に英語で言わせる。生徒に声を出させることでWarm-upの活動を行っている。以下のように進める。

　T: Everyone, look at this picture. How do you say the name of this job? (What's the name of this job? / What's this in English?)
　S: It's actor.
　T: That's right. Everyone, repeat after me. "Actor"

(3)　Review (08')──── Talking about future dreams in pairs

復習の活動では，前の週や前の学年で学習したことの復習を行う場合や，前時に学習した言語材料の復習の場合も考えられるが，本時の教案では前時に学習した言語材料の復習を行っている。前時では，USE IT 5, 1「将来の夢を話してみよう」として，友だちの夢を表にする活動（教案添付資料3）を学習し，以下の対話を行った。

　自分：What's your dream?
　由美：I want to be a teacher.
　自分：That's nice.

本時では，前時の復習として，教科書付録「職業」の以下の対話文を活用している。

　A: What do you want to be?
　B: I want to be a teacher.
　A: That's nice.

生徒は，まず自分の将来の職業を考え，対話文の下線部の職業に置き換えて，クラスメートと対話する。その際，5分以内などと時間を設定し，男子は女子3人以上，男子3人以上と会話し，女子は男子3人以上，女子3人以上と会話するなどと目標を設定してクラス・ワークの形態で行うとよい。

(4)　Presentation of the new materials (20')

① Introduction of the new structure by using pictures of CHECK IT

　New Crown English Series 2 の教科書では，セクション毎に「CHECK IT」というコーナーがあり，絵を使って，「①聞いてみよう」，「②話してみよう」のタスクを通して新出文法の導入と練習を行う

ように構成されている。本時の授業は教科書構成を活用し，下記のように文法の導入を行っている。

○「①聞いてみよう」の扱い方
　1) 教師は4枚の絵を黒板に貼りながら，必要に応じて絵について説明を行う。教案添付資料1のCHECK ITに挙げた図柄である。
　　T: Look at the picture. Do you know the name of this boy? His name is Koji.
　2) 生徒は，教師の英語またはCDを聞いて，絵の下の（　　）の中に1, 2, 3の番号を書く。
　　T: I'm going to say three different sentences. Which sentence describes picture A? Which sentence describes picture B? Which sentence describes picture C? Write the number of the sentence for each picture in the brackets.
　　No. 1　Koji went to the park to read a book.
　　No. 2　Koji went to the park to eat lunch.
　　No. 3　Koji went to the park to take pictures.
　　（それぞれ1回ずつ聞かせる）
　3) 答えあわせと説明を行う。
　　T: Can I have the answer for A, S_1?　(S_1: No. 2.)　T: Right.
　　T: Did you get the answer for B, S_2?　(S_2: No. 1.)　T: That's right.
　　T: How about the answer for C, S_3?　(S_3: No. 3.)　T: You're right.（続けて以下のように説明する）

　　A「幸司は公園に昼食を食べに行きました」と言う時には，Koji went to the parkと先に言ってから，「昼食を食べるために」ということでto eat lunchを付け足して，Koji went to the park to eat lunch.と言います。

　　B「幸司は公園に本を読みに行きました」と言う時には，Koji went to the parkと先に言ってから，「本を読むために」ということでto read a bookを付け足して，Koji went to the park to read a book.と言います。

C「幸司は公園に写真を撮りに行きました」と言う時には，Koji went to the park と先に言ってから，「写真を撮るために」ということで to take pictures を付け足して，Koji went to the park to take pictures. と言います。

○「②話してみよう」の扱い方
　T: This time, please repeat the sentences after me.
　T: Point, Koji went to the park to play soccer. Everyone. (Everyone repeats after the teacher.)
　T: Picture A, Koji went to the park to eat lunch. Everyone.
　T: Picture B, Koji went to the park to read a book. Everyone.
　T: Picture C, Koji went to the park to take pictures. Everyone.
　　This time I'm going to give you some cues. Make sentences.
　教師のキューの語句を聞いて生徒はイラストの説明をする。
　T: Point, play soccer. Everyone.（生徒全員：Koji went to the park to play soccer.）→ T: S_4（指名された S_4 のみ繰り返し）→ T: Everyone.（生徒全員で繰り返し）
　T: A, eat lunch. Everyone.（生徒全員：Koji went to the park to eat lunch.）→ T: S_5（指名された S_5 のみ繰り返し）→ T: Everyone.（生徒全員で繰り返し）
　T: B, read a book. Everyone.（生徒全員：Koji went to the park to read a book.）→ T: S_6（指名された S_6 のみ繰り返し）→ T: Everyone.（生徒全員で繰り返し）
　T: C, take pictures. Everyone.（生徒全員：Koji went to the park to take pictures.）→ T: S_7（指名された S_7 のみ繰り返し）→ T: Everyone.（生徒全員で繰り返し）
　以下は板書内容で，事前に，板書計画を立てておく。

> **Ｌ5，Ｓ2文法のまとめ**
> 「〜するために」と目的を説明する時に，
> to＋動詞の原形を使います
> Koji went to the park to eat lunch.

② Practice in pairs（USE IT 5, 2）

 New Crown English Series の教科書構成は，CHECK IT（mechanical drill）から，USE IT（meaningful drill）へと，機械的な練習を経て，次に友達と会話し，情報のやり取りをするなど実際に使ってみる練習へと発展するように構成されている[注3]。本時では，この教科書構成を活用し授業を行う。

 USE IT 5, 2「週末の予定は？」（教案添付資料3）では，生徒は自分の週末の予定を考え，キューとなる語を用いて，下線部分を自分の計画にあわせて表現するタスクであるが，"What (else) will you do this weekend?" を付け加え，対話文仕立てにし，ペアワークを行うとよい。生徒の学習状況に合わせて教材化の工夫を行うことにより教材が活きてくる。

　A: What will you do this weekend?
　B: I'll go to the supermarket to buy some fish.
　A: I see. What else will you do this weekend?
　B: Well, I'll go to the park to play soccer.

 本書 p.25 の USE IT 5, 2 をご覧いただきたい。活動手順は以下のとおりである。

- 上記の対話文を教師の後について読ませる。
- 生徒に自分の週末の予定を考え，3つの情報を線で結ばせる。この時，複数結ばせるようにする。
- 会話の例を示すために，教師は2～3人の生徒と対話する。
- その後，生徒同士で対話させる。できるだけ多くの相手と対話させたい時は，後ろの人，隣の人，斜め後ろの人と対話させる，男子は女子と3回，男子と3回合計6回以上対話するなどクラスワークにし，変化をもたせるとよい。また，タイマーを活用し，ペアワークやクラスワークを行う際には時間を決めて行うことが肝要である。
- 生徒が活動している時，教師はモニターし，活動後に手短にコメントしたい。
- 最後に，意欲的な生徒を指名し（あるいはボランティアで募り），他の生徒の模範としたい。教科書の対話文を見ないで行うようにさせたいものである。

③ Contents

教科書の本文の導入では，以下の点に留意したい。
- 教師は教科書準拠のピクチャーカードを提示しながら，英語で本文の内容を導入(注4)する。
- 既習語を用いて導入する。
- 説明上，日本語を使用する場合は，必要最低限に抑え，適切なものに絞る。
- 教師は生徒とアイコンタクトを保ちながら，生徒に英語で質問し，生徒の理解を確認しながら進める。

   質問の英文に工夫を凝らす。Wh-questions や alternative questions，yes-no questions を効果的に使用しながら生徒の理解を確かめるとよい(注5)。
- 教科書準拠のピクチャーカードの裏には導入の英文が掲載されているので，生徒の学習実態に合わせて，適宜，英語を付け加えるなどして使用するとよい。

［教科書準拠のピクチャーカードを用いた本文の導入の実践例］

（久美が樹木医になることを夢見るスピーチをしている絵を見せながら）
T: Close your textbooks. (Showing a picture) Everyone, look at the picture. This is Kumi. (Pointing to myself) I am Kumi. Let me tell you my speech. This is my speech.

　I want to be a tree doctor. A tree doctor is a doctor of trees. Doctors see people, and tree doctors see trees. This is a picture of a tree doctor. Why do I want to be a tree doctor?

（久美が公園を散歩している絵を見せながら）
T: [Showing a picture] Look at the second picture. I have some reasons. "Reason" means "*riyuu*" in Japanese.

　First, I like trees. In spring, I go to the park. I see trees there. In spring, I go to the park to see trees. I can see fresh trees in the park.

　Look at the trees in the picture. The leaves on the trees are green. "Leaves" means "*happa*" in Japanese. The leaves are green. The trees are beautiful.

(病気の樹の写真を見せながら)

T: [Showing a picture] Look at the picture. Second, some trees are not fine. They are sick. "Sick" means "*byokino*." I want to do something for sick trees. We must help them. We must take care of them. "Take care of" means "*sewa wo suru.*"

T: Now I have some questions about the first picture. Who is this girl? (S: Kumi.) Right. What does she want to be? Does she want to be a doctor or a tree doctor? (S: A tree doctor.) That's right. She wants to be a tree doctor.

T: Let's go to the second picture. In spring where does she go? (S: Park.) Right. In spring she goes to the park. Can Kumi see trees there? (S: Yes, she can.) Right. Kumi goes to the park to see trees. Are the trees in the park beautiful? (S: Yes.) You're right. [Pointing to the leaves] The leaves are green. So the trees are beautiful.

T: Now let's go to the last picture. Look at the tree in this picture. How is this tree? Is the tree fine or sick? (S: Sick.) Right. The tree in the picture is sick. Some trees are sick. What does she want to do for sick trees? Does she want to help sick trees? (S: Yes.) That's right. Kumi wants to help sick trees. She wants to take care of sick trees.

(5) Reading (10')

① New words

　画用紙などの厚紙に語句を書きフラッシュカード(注6)を作成する。新出語の "leaf" などの語は，フラッシュカードの表には，"leaf"，裏には複数形の "leaves"，また，"take care of" であれば，カードの表には "care"，裏には "take care of" と書いておくとよい。

　フラッシュカードの扱い方は，すばやくカードを見せ，生徒全員に言わせ，続いて列ごとの個々の生徒を指名し（一斉→個），スピーディに

新出単語の発音練習を行わせる。生徒にフラッシュカードを見せた時，生徒が瞬時にその語（句）を発音できるようになるまで練習させたい。文字を見て単語が発音できるようになっていれば，次の本文の音読でも抵抗が減る。ここでの活動は次の reading への大切な橋渡しとなる。

T: We have some new words today. Look at this word. Everyone, repeat after me. leaf （S: leaf）［カードをクルッとすばやく裏返し］「葉が2枚以上になると leaves です。」Repeat again, "leaves". （S: leaves）［続いて列毎に個々の生徒を指名し，次々に発音させる］S_1. （S_1: leaves.） Next. （S_2: leaves.） Next. （S_3: leaves） …

② Reading aloud
○ Model reading[注7]
　一度 CD を聞かせた後に以下の手順で進めたい。

　最初は，語と語の連結による音変化，強勢など音声面に留意して読み聞かせる。本時では，"want to" の時には "want" の［t］を飲み込むようにして "to" の［t］を発音するなど，また "First," や "Second," の後に少しポーズを置くように指示する。また，"take care of" では "care_of" に連結記号（⌣）も記入させる。

　次に，教師は読み進めながら，内容面で必要に応じて日本語で説明を付け加える。日本語に訳す作業は必要なものに絞って行いたい。日本語で確認しておきたい箇所としては，本時のポイントとなる文法事項や代名詞が何をさしているのかなどが挙げられる。例えば，前時のポイントとなる文法事項の "I want to be a tree doctor." は再度，日本語で意味を確認しておきたいし，本時の新出文法事項の "In spring, I go to the park to see trees." も日本語で意味を確認したい。"They are beautiful." の they が何を指し，"We must take care of them." の them も何を指しているか日本語で確認しておきたい。

　最後に，教師の英語（または CD）で本文全体を通して聞かせる。

○ Chorus reading
　この Chorus reading は，文字を音声化するために，教師の後につい

て1文ずつ生徒が一斉に反復練習する読み方であり，次のように口火を切るとよい。

　　T: Everyone, please repeat after me.

　この課では，"want to"の箇所は滑らかに読めるように，また，"First,"や"Second,"の後にはポーズを置くように指示し，反復練習させる。また，長めの文"In spring, I go to the park to see trees."を音読する際には，音調が乱れやすいこともあり，下記のようにbackward build-up techniqueを使用するとよい。

　　T: to see trees.
　　S: to see trees.
　　T: I go to the park to see trees.
　　S: I go to the park to see trees.
　　T: In spring, I go to the park to see trees.
　　S: In spring, I go to the park to see trees.

　Chorus readingでは反復練習により音読を定着させることが大切である。音読が定着しないと次のbuzz readingがうまくいかないだけに，しっかり口を動かし，音読させたい。

○ Buzz reading

　次のように指示する。

　　T: Everyone, stand up. Read your textbook by yourself.

　全員が同じペースで読むchorus readingとは異なり，buzz readingでは自分のペースで読むことになる。生徒全員に起立して読むように指示すると，生徒にも気分転換となり集中力も高まる。また，各生徒の音読する声が教師にとっても机間支援する際，聞きやすい位置になる。

○ Individual reading

　何人かの生徒を指名し読んでもらう。対話文の場合には役割を決めて読んでもらうとよい。

○ Read and look-up

　次のように指示したい。

T: Look at the first line.（生徒は1行目を黙読。）Look up.（Look up.の指示で生徒は顔を上げる。）Say the line.
  S: I want to be a tree doctor.
  T: Look at the second line.（生徒は2行目を黙読。）Look up.（Look up.の指示で生徒は顔を上げる。）Say the line.
  S: Why?
  （3行目以降，最後の行まで同じように繰り返す。）

 Read and look-up を行うことを通して，少しずつ，英文が頭に残り，暗唱に近づく。

⑹ **Consolidation（05'）**
① Writing weekend plans (if there is time).
　本時では，学習のまとめとして，⑷② Practice in pairs の活動を受けて，生徒各自が自分の週末の予定をノートに書く活動を行う。
　時間に配慮しながら教案の各活動を進めていくが，授業の最後でもあり時間が少なくなることも予想される。時間が不足する場合には，本時のCDを聞いたり，もう一度音読したり，板書を読むことで終わらせることもある。
② Assignment
　本時では，副教材として使用しているワークブックを課題として出している。

⑺ **Closing**
授業の最後のあいさつは以下のとおりである。
  T: That's all for today. Good-bye, class.
  S: Good-bye, Mr. Hidai.

3 ❖ 教師の独創性を活かした導入の工夫

　本時では，教科書構成に沿って授業を実施する際の指導案を作成したが，教師の独創性を活かし，次のように文法の導入を行う工夫も可能である。

[Lesson 5, Section 2 の不定詞の副詞的用法〈目的〉の導入例][注8]

　既習言語材料：名詞的用法の不定詞（want to do）（L5, S1），接続詞 because（L3, S3）　＊もし扱う教科書によって because が未習であれば，Yesterday Koji went to the park. He wanted to play soccer. などと済ませることもできる。

　必要な教材：教科書準拠の picture cards（L5, S2のCHECK IT の picture を借用）

①絵を提示しながら，教師の英語による導入

(幸司が公園でサッカーをしている絵を見せながら)
T: [Showing the star picture] Look at this picture. This is Koji. Yesterday he went to the park because he wanted to play soccer. Koji went to the park to play soccer.
(幸司が公園のベンチでお弁当を食べている絵を見せながら)
T: [Showing the picture A] Yesterday Koji went to the park because he wanted to eat lunch. Koji went to the park to eat lunch.
(幸司が公園のベンチで本を読んでいる絵を見せながら)
T: [Showing the picture B] Yesterday Koji went to the park because he wanted to read a book. Koji went to the park to read a book.
(幸司が樹にとまった鳥の写真をとっている絵を見せながら)
T: (Showing the picture C) Yesterday Koji went to the park because he wanted to take pictures. Koji went to the park to take pictures.

②生徒とインタラクションしながら意味を確認

T: (Pointing to the star picture) Where did Koji go yesterday?
S: He went to the park.
T: That's right. What did he want to do in the park?
S: He wanted to play soccer.
T: You're right. Koji went to the park to play soccer.

(以下，A～C の picture についても同様に行う。最後に下記のように板書して，2つの to play の働きの違いを理解させる。)

板書
> Koji wanted to play soccer.
> Koji went to the park to play soccer.

③口頭練習

それぞれの絵について，板書を参考に教師の後について言わせる。

4 ◆ 活動の形態を工夫し効果を上げる

ペアワーク，グループワーク，クラスワークを効果的に授業に取り込むことによって授業が活性化する。1時間の平常授業のどの活動場面で取り入れることができるのか示してみたい。

(1) ペアワークを効果的に行える活動場面

平常授業の1時間の構成	ペアワークを効果的に行える場面
・Warm-up	
・Review ───────▶	前時の文法の復習としてのペアワーク
・Introduction of the new structure	
・practice in pairs ───────▶	文法の導入の後の練習としてのペアワーク
・Introduction of the contents	
・Reading aloud	
・Chorus reading	
・Buzz reading	
・Individual reading ───────▶	ペアで音読の役割練習(pair reading)
・Read and look-up	
・Recitation ───────▶	Recitation に向けたペアによる練習。一方はテキストを見て，他方は虫食いプリントなどを使って行う。(p.40 参照)

(2) ペアワークの形態を工夫し効果を上げる

◯いろいろなペアワークのパターン

・隣の生徒と行う場合：A ⟷ B　C ⟷ D

　T: Your partner is the student next to you. Make pairs and start.

・斜めの生徒と行う場合：A ⟷ C　B ⟷ D

　T: Your partner is the student across from you. You can move and start.

・後ろの生徒と行う場合：A ⟷ D　B ⟷ C

　T: Your partner is the student behind you. Stand up and turn round and start.

・決まった相手とペアワークを行う場合

　T: Stand up and go to your partner.

（生徒の配置図）

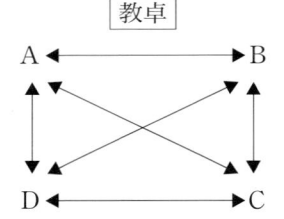

　　教卓

　A ⟷ B
　　╳
　D ⟷ C

時間を決めて活動を行うので，時間を計るために，音の出る stopwatch や cooking timer などの小道具があると便利である。

・Rotational pair work のパターン

　教卓

A	E	I	M
↑	↑		↑
B	F	J	N
↑	↑		↑
C	G	K	O
↑	↑		↑
D	H	L	P

ペアの一方の生徒は固定で，相手の生徒が回戦毎に↑のように移動する。

T: We're going to have three rounds of rotational pair work.

1回戦目：AとE，BとF，CとG，DとH

2回戦目：AとF，BとG，CとH，DとE

3回戦目：AとG，BとH，CとE，DとF

5 ◆ 教科書の英文を頭に取り込むための工夫

(1) Recitation を通して英文を頭に取り込む[注9]

　本時では，Recitation への一歩として Read and look-up の活動を行っているが，さらに，下記のような手順を踏むことによって Recitation にまで発展させることができる。平常授業の1時間の構成で，Read and look up から Recitation までの流れを以下に示す。

- 生徒は教科書を閉じて，教師の後について英文を言う。
- 生徒は教科書を閉じて，CD に合わせて英文を言う。
- 虫食いプリント（各文の文頭の1，2語を残し，後の語は削除）配布。ペアになり，一方はプリントの空所を補って英文を言う。他方は，教科書を開き，相手をサポートする。
- 教師の言う文頭の1語あるいは2語をキューにして，生徒は英文を言う。以下のように行う。

　　教師：I want
　　生徒：I want to be a tree doctor.
　　教師：Why?
　　生徒：Why?
　　教師：First, I
　　生徒：First, I like trees. （以下省略）

- 黒板に貼った教科書準拠のピクチャーカードをキューにして，生徒は英文を言う。以下のように行う。

　　教師：(教科書の本文の導入で用いた最初のピクチャーカードを指し示し) Please tell me about this picture.
　　生徒：I want to be a tree doctor. Why?
　　教師：(2枚目のピクチャーカードを教師が指し示し) How about this picture?
　　生徒：First, I like trees. （以下省略）

- ボランティアの生徒に Recitation を発表してもらう。教師は生徒の発表に合せてピクチャーカードを指し示す。

［虫食いプリントの例］
　　　I want ☐. Why?
　　　First, I ☐. In spring, I ☐.
　　Fresh leaves ☐. The trees ☐. They
　　are ☐.
　　　Second, some ☐. We must ☐.

［Reading から Recitation まで進む上で留意しておくこと］
　Recitation は生徒にとって学習の負荷のかかる活動であり，各セクションを追いながら，少しずつ行うことが大切である。以下に，１時間の授業のどの活動場面で行うのが適切か例を示す。

［Recitation を行う場面の例］

	Section 1	Section 2	Section 3	Lesson のまとめ
復習		Section 1 の recitation	Section 1 & 2 の recitation	Section 1 & 2 & 3 の recitation
文法・本文の導入				
展開	音読から Section 1 の recitation	音読から Section 2 の recitation	音読から Section 3 の recitation	

(2)　Picture description で英文を頭に取り込む(注10)
　中学２年生以降は教科書の１文の語数も増え，内容も複雑になり，暗唱も難しくなっていく。一方，今までの学習も蓄積されているだけに，その知識を活性化させたい。中学２年からは，各セクションのキーワードを使って，自分の言葉でセクションの内容を伝える Picture description の活動に取り組ませたい。中学３年生の Picture description の活動では，２年次での活動を受けて，キーワードを押さえ，自分の言葉でたくさん話せるようにすることを目標としたい。

1時間の授業構成では，音読の Read and look-up の後に続いて行うか，本時の宿題として課し，次時に前時の復習として行うのがよい。

　ワークシートの Task 1 では，教科書からキーワードを拾い出す。この時，文で書くことのないように指示する。文で書いてしまうと，Task 2 ではその文を読んでしまうので，スラッシュを使って語で書き出すように指示する。例えば，最初のピクチャーでは，キーワードとして "Kumi / a tree doctor" などと書くとよい。

　Task 2 では，2人1組となり，ペアワークを行う（ペアワークの組ませ方は4(2)を参照されたい）。ペアワークでは，ピクチャーについて，一方の生徒が話し終えたら，次に他方の生徒が話をするように交替で行う。

　使用するワークシートは，オーラル・イントロダクションで使用した教科書準拠のピクチャーカードを縮小コピーすれば簡単に作成することができる。

[ワークシートの例]

```
                    Class_____ Number____ Name_____
L 5, S 2 Picture Description
           Describe the pictures in your own words
Task 1   各 picture の key words を書き出してみよう！
Task 2   自分の言葉でお話を伝えられるようにしよう！
┌─────────────┬─────────────┬─────────────┐
│久美が樹木医になる│久美が公園を散歩し│病気の樹の写真   │
│ことを夢見るスピー│ている絵         │                │
│チをしている絵   │                 │                │
├─────────────┼─────────────┼─────────────┤
│                 │                 │                │
│                 │                 │                │
└─────────────┴─────────────┴─────────────┘
```

第2章　I・1　レッスンを1時間で扱う授業

II 文法導入を中心にした授業

1 ◆ 文法を中心に扱う授業展開の例

　学習指導要領に則り編集される教科書には，取り扱うべき言語材料が意図的に網羅されている。言語材料の中でもその中心をなすものの1つに文法が挙げられる。教科書の1セクションに，新出文法事項を盛り込み，その文法事項を確実に定着させ，教科書本文の読解や発展的な言語運用練習に結びつけることが，日々の授業に求められる。

　本章では，1時間をかけて新出文法事項の導入から，それを用いた言語運用の練習までを行い，次時で本文内容を扱うための橋渡しとなるような授業展開の例を示すこととする。

[指導過程]

> 1．Warm-up（3〜5分）
> 2．Introduction of the New Grammar Point（3〜5分）
> 3．Oral Drill（1〜2分）
> 4．Oral Explanation of the Grammar（2〜3分）
> 5．Pattern Practices（5〜10分）
> 6．Communicative Activities（15〜20分）
> 7．Summary（5〜10分）
> 8．Greetings（3〜5分）

　この展開例では，1〜8の指導過程を設けている。まず既習事項を用いて，本時の学習内容を導入しやすくする活動に始まり（1），新出文法事項を口頭導入し，それに慣れるような練習を行い（2〜4），さらに解説を加えた後で発展的な言語運用練習を設ける（5〜8）という展開になっている。文法事項によって，設ける練習活動は様々であろうが，学習者にとって新出文法事項を身に付けていくために，十分な量の練習が必要になることは変わらない。コミュニケーションを重視するあまり，性急に発展的な活動に取り組ませては，定着が不十分のまま課題を解

決することができず，学習者の意欲を減退させることにつながりかねない。飽きさせることなく，繰り返し多くの運用例に触れさせるよう工夫することが求められる。場面や条件，難易度を変えながら，学習者の発達段階に応じた練習活動を設けたい。

それぞれの指導過程における学習者の発達段階は，次のように考えられる。

 指導過程１〜３：新出文法事項に対する関心が高いが，場面からその意味を推測している手探りの段階
 指導過程４〜５：新出文法事項のルールや，その表す意味を理解し始め，それに既習の語彙や表現を適用しようとしている試行錯誤の段階
 指導過程６〜８：試行錯誤を通して新出文法事項のルールとその表す意味を理解し，確実な運用をし始める独り立ちの段階

教材研究を進めるうえで，これらを踏まえて50分の授業展開を模索することが，生徒にとって無理なく確実に基礎的な文法を定着させる授業をつくることにつながるのである。

以下に，それぞれの指導過程ごとに，展開例を詳述する。

2 ◆ Warm-up（指導過程１）

授業の始まりに行われる Warm-up は，英語学習の雰囲気づくりのために大切である。短時間で，多くの英語を使う活動を設けたい。そのためには，説明なしでできるようななじみのある活動や，学習者集団のほぼ全員が到達できるような平易な活動を設けたい。また，新出文法事項の学習に関連するような活動であれば，さらに学習効率を高めることが期待される。

── ねらい ──
・既習事項から，本時の学習に必要な言語材料を想起させる。
・音声英語に慣れさせ，英語学習の雰囲気をつくる。

(1) **単語当てクイズ**
　①活動の概要
　　　ペア活動とし，つづりやジェスチャーなどから語句を当てさせる。片方の生徒に問題となる語句を文字や絵で提示し，もう一方の生徒がその語句を言えれば終了とする。手早く提示し，数多く行うことで，その後のイントロダクションや練習活動に用いる語句を想起させる。
　②活動の手順
　　②－1　動詞（自己紹介の学習時など）
　　　・動作を示すピクチャーカードを用意する。
　　　・ペアを組ませ，答える側の生徒に目を閉じさせる。
　　　・もう一方の生徒にピクチャーカードを提示し，ジェスチャーでその動作を示すことを伝える。
　　　・答える側の生徒は，相手のジェスチャーを見て，その動作が表す動詞を口頭で答える。
　　　・同様に，役割を替えながら複数のクイズに取り組ませる。得点制で勝敗を決したり，スピードを競わせたりする。
　　②－2　名詞，形容詞（複数形，比較表現の学習時など）
　　　・答となる語句を示すフラッシュカードやピクチャーカードなどを用意する。
　　　・②－1と同様の手順で行うが，ジェスチャーの代わりに，指でつづりを書かせて出題させる。
　③参考事項
　　　このような活動を円滑に行うために，授業規律を確立させたい。また，ペアの組み方についても，座席の組み合せなどで数種類のパターンがあると，学習者同士の刺激になり，飽きさせずに練習量を増やすことができる。

(2) **クイズ "What Is This?"**
　①活動の概要
　　　出題者1名対学級全体で行う。ジェスチャーなどで示すのではなく，簡単な英語で説明させて，他の生徒に答えさせる。短時間で行

うために，1回に2名程度で順番に行うとよい。比較表現や，分詞句や関係詞節による後置修飾表現の学習時に用いられる。
②活動の手順
・説明に用いるヒントを用意させる。書いて行うコミュニカティブ・アクティビティ（p.58参照）などで準備させるとよい。自信をもって行わせるために，事前指導を行う。
・あらかじめ決められた順に，出題させる。授業者は，英語でのコミュニケーションが継続するように，適宜支援する。
・終了時に，活動中に用いられた英語表現の中から，新出文法事項や復習させたい表現などを挙げ，指導してもよい。
③参考事項
　学級全体が解答者になるので，この活動に慣れると質疑応答などを行わせながら進行することができる。また，出題者自身に，問われそうな質問を予想させたりすることで，積極的にコミュニケーションを継続させようとする態度を育むことができる。

(3) **クイズ "What Is This?"** ［簡略版］
①活動の概要
　活動例(2)を，即興的にペアで行わせる。出題者にとっての負担が軽くなり，学習者全員が同時に取り組むことができる。
②活動の手順
・説明させようとする語句を示すフラッシュカードやピクチャーカードなどを用意する。
・活動例(1)と同様の手順で行わせる。
・終了時に，数名の生徒を指名し，ヒントとして与えた英語を発表させ，学習事項を想起させる。
③参考事項
　活動例(2)に比べ難易度は増すが，文でなく単語やジェスチャーを使えるため，コミュニケーションを図ろうとする意欲を継続させることができる。
　また，説明させる語彙を，日本文化紹介などにすることで，より現実味のあるコミュニケーションを行わせることができる。

(4) インタビュー「こんな人を探せ！」
①活動の概要

　　インタビュー活動を通して，目指す人物を見つける活動である。例えば「数学が好きな人を3人探せ」，「自分と同じテレビ番組を見た人を探せ」など，その時に取り扱っている言語材料で表現できそうな課題を与えるとよい。

　　多くの文型の疑問文導入前の活動として用いることができる。

②活動の手順（一般動詞の過去時制を扱う場合）
- 授業者がテーマを提示する。
  "I watched a soccer game last night. How about you?" など，簡単な質問をし，話題を決める。
- 簡単な口頭練習をさせ，1分程度でインタビューに取り組ませる。
- 終了時に，数名の生徒を指名し，探し当てた人物についての報告をさせる。

③参考事項

　　この活動に続いて，"How about you?" にあたる疑問文として，"Did you watch the soccer game?"，"What did you do?" などを導入することができる。

3 ◆ Introduction of the New Grammar Point（指導過程2）

　その授業で学習する新出文法事項を英語で導入する。学習者にとって新鮮な文法事項を提示する場面であるため，既習事項を十分に用い，適切な場面を設定して意味を推察させたい。

　また，英語で導入した直後の意味確認は，可能な限り英語で行うことで，次に続く Oral Drill に円滑に移行することができる。

┌─ ねらい ─────────────────────────
│ ・新出文法事項を用いた英語の意味を推察させる。
│ 　　　　※適切な場面で
│ 　　　　※わかりやすく（易しい英語で，短時間に）
│ ・その後に続く練習活動に対する関心をもたせる。

(1) 既習事項を用いての導入（現在完了の導入例）
　①口答導入の実際

> Look at this. This is my friend. He came to Japan two years ago. He was in Japan last year, too. And he still lives in Japan. That means *he has lived in Japan for two years*.

　②提示の留意点
　　・時間の流れを示す表示（ two years ago や矢印など）を用意し，時制に関する表現であることを意識させる。
　　・lived と対比させるために lives を強調して言う。

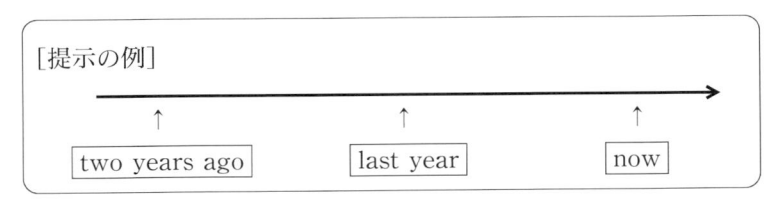

[提示の例]

　　　←――――――――――――――――――→
　　　　　↑　　　　　　↑　　　　　　↑
　　two years ago　　last year　　　now

　③意味の確認方法
　　2年前から現在までの時間を示す矢印上で，複数の時点を示しながら，"Did he live in Japan?" などの質問を数回繰り返す。

　④備考
　　・Warm-up の活動で，この表現に用いられる状態動詞を想起させておくとよい。
　　・現在完了の初出の場であれば，ターゲットセンテンスをゆっくり明確に言う。

(2) 適切な場面を設けての導入（疑問詞の導入例）
　①口答導入の実際

> I have a bag. I have something in it.（中のものの一部分だけを見せて）*What is this?*

②提示の留意点
- 疑問詞を用いる場面であるため，指し示すものが何であるかわからないように示す。一部を見せる，瞬時に隠すなど，様々な手法をとることができる。
- 短い文であること，そのまま頻繁に用いることなどを考慮し，導入時に何度も聞かせる。

③意味の確認方法

What is this? の質問に対して，そのものの名前を言うよう促す。生徒が言おうとしていれば，答えが違っていたり英語でなかったりしても，新出文法事項の意味が理解できたと考える。

④備考
- 他の疑問詞を扱う際も同様に考え，「わからないから尋ねる」場面を設定する。
- 既習の疑問文を複数用いなければならない状況を避けるために，疑問詞を用いる場面を設けることもできる。

> (落とし物を掲げ，生徒を次々に指名しながら) Is this your book? Is this your book? ... *Whose book is this?*

(3) 必然性のある場面を設けての導入（原級の導入例）

①口答導入の実際

> (はちどりの写真を見せて) This is a very small bird. How small is it? ... *It is as small as a baseball.*

②提示の留意点
- How small is it? の質問に対する答え方について，応答のしかたを考えさせたうえで，ターゲットセンテンスを言う。
  ジェスチャーや比較級の表現では伝えきれないため，ターゲットセンテンスの必然性が生じることを実感させる。
- 「同じくらい」であることが学習者にとって驚きとなるような題

材を提示する。
③意味の確認方法

まず，学習者の表情や反応から理解の様子を判断する。その上で，2つの写真を並べて提示したり，大きさの異なる他のものと比べて提示したりしながら，ターゲットとなる英語の意味を確認させる。

④備考
- ターゲットセンテンスは，次に続く Oral Drill で発話させる文になるので，簡単で言いやすいものにする。そのために代名詞の one を避けたり，具体的な名前や記号を用いて言わせる。
- 導入段階では，あえて自然な速さで聞かせるばかりでなく，形容詞の接尾辞と次の語との間での音声変化が起こらないような速さでも聞かせる。

(4) 英語以外で場面を設けての導入（比較級の導入例）
①口答導入の実際

> （目の錯覚を起こす図（次頁参照）を提示して）Which is longer?
> （2つのものを比べながら）*A is longer than B*.

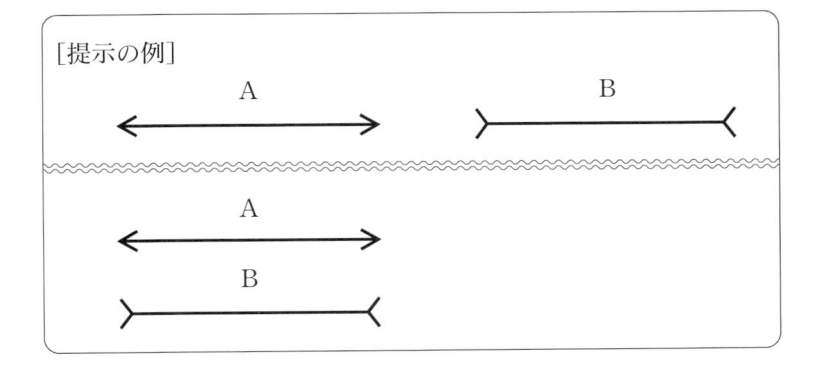

[提示の例]

②提示の留意点
- 図を見ただけで，何を問われているのかわかるような場面を用意する。
- 一般的には同じ長さのものが違って見える経験をしているが，ここでは，実際に長さが違うことを示し，そのことを表現する英語を明確に言う。

③意味の確認方法
　まず，学習者が，どちらが長いかを詮索するような言動をしているかを確認し，そのうえで２つの図を並べて言うことにとどめる。

④備考
- 原級の表現が既習であれば，A is as long as B. などと，答えの選択肢を与えてもよい。
- 形容詞の語尾の音声変化を強調して聞かせる。

(5) 言語の働きを意識させる導入・1（依頼する表現の導入例）

①口答導入の実際

> （筆記用具を探すふりをしながら）*Do you have a pen? Can I use your pen? Will you lend me your pen?*

②提示の留意点
- 授業者が表情や身振りで，何かを探している様子を明確に表現する。
- 短い文であること，そのまま頻繁に用いることなどに考慮して，導入時に多くの種類の表現を聞かせる。

③意味の確認方法
　学習者がペンを差し出したり，No. などと意思表示をすれば，新出文法事項の意味が理解できたと考える。

④備考
- 授業者自身が，ジェスチャーなどの表現を日常的に用いる姿勢を示したい。

- 実際のコミュニケーションで起こり得る応答のしかたを例示すると，その後の練習活動に対話を取り入れることができる。

(6) 言語の働きを意識させる導入・2（描写する表現の導入例）
①口答導入の実際

> （いくつかの家の写真を次々に見せながら）This is a house *that* I bought last year. This is a house *that* I bought three years ago. This is a house *that* I want to buy next Sunday. This is a house *that* my friend gave me.

②提示の留意点
- 同種のものを数多く見せて，それぞれに異なった描写を加える。
- ひと通り見せた後に，もう1度繰り返したり，描写する部分の表現を明確に言ったりして，情報を正確に伝える。

③意味の確認方法
　写真を提示しながら"What is this?"と尋ねる。描写部分のキーワードを言えれば，この段階では理解できていると判断する。

④備考
- 上の例は関係代名詞 that の導入場面であるが，他の関係代名詞節や分詞句などの導入でも同様に行い，人や物を区別するために描写していることを意識させる。
- 授業者自身が，重要な部分を強調して言う姿を見せながら導入したい。

4 ◆ Oral Drill（指導過程3）

　導入されたターゲットセンテンスの表す意味を理解させたうえで，モデルをまねて言わせる練習である。意味内容を表すようなリズムや強勢，区切りのモデルを示し，学習者の記憶にとどめさせたうえで，できるだけ文字を見せずにまねをさせる。

この段階の学習者は，まねる文に関しては意味を理解しているものの，新出文法事項の構造については身に付いていないと考える。そのため，この練習で取り上げるターゲットセンテンスは，何度も聞かせる必要があり，また，まねをさせやすくする指導上の工夫が必要となる。

>―ねらい――――――――――――――――――――――
>・ターゲットセンテンスの音声に慣れさせる。
>・ターゲットセンテンスを正しく言わせる。

(1) **音声に慣れるためのドリル**

> T：*It is as small as a ball*. It ... is ... as ... small ... as ... a ball.
>   *It is as small as a ball*. Repeat. It is as small as a ball.
> S：It is as small as a ball.
> T：It is ....
> S：It is ....
> T：as small ....
> S：as small ....
> T：as a ball ....
> S：as a ball ....
> T：It is ... as small ... as a ball.
> S：It is as small as a ball.

[留意点]
・意味のまとまりを分断しないように言わせる。
・音声変化を再現させる。
・暗唱できるように繰り返す。
・正しく言えているか，個人指名で確認する。

(2) 正しく言うためのドリル

> T：This is *a house that my friend gave me*.
>   A house ... that ... my friend ... gave me. Repeat. A house that my friend gave me.
> S：A house that my friend gave me.
> T：Gave me.
> S：Gave me.
> T：That my friend gave me.
> S：That my friend gave me.
> T：A house that my friend gave me.
> S：A house that my friend gave me.
> T：This is a house that my friend gave me.
> S：This is a house that my friend gave me.

[留意点]
- 長い文の場合は，そのうちの一部に焦点を合てて言わせる。
- 文末のまとまりから言わせると，英語らしいリズムで言える。
- 正しく言えているか，個人指名で確認する。

5 ◆ Oral Explanation of the Grammar（指導過程4）

　Oral Drill で言えるようになった文を取り上げ，その構造について簡単な説明を加える。ここでは，確実な定着を図るために，日本語で説明することが多い。さらに，その表現を応用して練習するために，変化を加えられる部分を指摘しておく。

　この段階の学習者は，新出文法事項が表す意味を確実に理解するようになり，その表現を運用しようとする意欲を高めていると期待される。闇雲にまねするだけの不安をこの説明によって取り除くことで，これに続く練習活動に積極的にまた効率よく取り組むことができる。

　ねらい
- ターゲットセンテンスの意味や働きを確認する。
- ターゲットセンテンス応用のために，新出文法事項を指摘する。

(1) 説明する内容
- ターゲットセンテンスの意味
- ターゲットセンテンスの使用場面と働き
- 文構造や語順（応用するために練習で変化を加える箇所）

(2) 説明の方法
- 日本語での説明
- プレゼンテーションデータ
- 板書（短時間で行うような手だてを講じる）

6 ◆ Pattern Practice（指導過程5）

　文構造を理解した上で，様々な運用例に触れられるように練習を行う。取り上げるパターンは，文構造や語順ばかりでなく，語形変化の音声指導も取り上げる必要がある。できるだけ細やかに練習活動を設計する。

　また，ここではやや機械的な練習が多くなりがちであるので，スムーズに，スピーディに行うような工夫が必要である。日常的に行われる練習であるため，練習のしかたについては時期を追うごとに浸透させ，指示をしなくても学習者が必要なことを自分から行うようにしておきたい。

　この段階の学習者は，新出文法事項のルールを理解し，コントロールされた状況でそのルールを適用しようとしている。試行錯誤が多く，間違いを冒すことが予想されるが，その1つ1つが正しく新出文法事項等を身に付ける過程であるととらえ，細やかに指導し，必要に応じて修正をさせながら取り組ませる必要がある。

ねらい
- 新出文法事項を用いた例に多く触れさせる。
- 新出文法事項のルールに則って，正しい英語を生成させる。

(1) 語形変化の音声指導を扱う練習（比較級の練習）
　①練習の実際

> T：Small. *Smaller*. Small-er. Repeat. Smaller.
> S：Smaller.
> T：Tall. Taller.
> S：Taller.
> T：Pretty. Prettier.
> S：Prettier.
> T：Large.
> S：Larger.

　②練習の留意点
　　・接尾辞の音に着目させて，例示する形容詞の語形変化を，音声面から理解させる。
　　・ターゲットとなる言語材料の表現で多く用いる語彙を取り上げるとよい。また，後の練習活動で使うと予想される語彙も積極的に取り入れる。
　　・つづりのルールはSummary（p.60参照）で取り扱うこととし，この段階では扱わない。

(2) 文の一部を入れ替える練習・1（依頼する表現の練習）
　①練習の実際

> T：*Can I use your pen?* Repeat. Can I use your pen?
> S：Can I use your pen?
> T：（動作を示す絵を提示して）Can I use the telephone?
> S：Can I use the telephone?
> 〈同様の練習を繰り返す〉
> T：（動作を示す絵を提示するだけにして）
> S：Can I use the car?
> T：That's right. Can I use the car?
> S：Can I use the car?

〈同様の練習を繰り返す〉

②練習の留意点
- 依頼する内容を示す動詞句として，実際の運用場面が容易に想像できるものを取り上げる。機械的な活動であっても，学習者の耳に残ることを前提に，使用場面を意識して練習活動を設けたい。
- はじめは単純な繰り返し練習だが，徐々に動詞句だけを提示したり，絵だけで提示したりするなど，難易度を高め，学習者自身が英語で発話できるように組み立てる。

(3) 文の一部を入れ替える練習・2 （SVOO の文型の練習）
①練習の実際

T：Please *show me the picture*. Repeat. Please show me the picture.
S：Please show me the picture.
T：（見せるものを絵で提示して）Please show me the map.
S：Please show me the map.
〈同様の練習を繰り返す〉
T：（見せるものを絵で提示するだけで）
S：Please show me the book.
〈同様の練習を繰り返す〉
T：（絵を見せずに）Her.★
S：Please show her the book.
T：Good. Please show her the book.
S：Please show her the book.
〈同様の練習を繰り返す〉
T：（絵を見せずに）Give.★
S：Please give her the book.
T：Good. Please give her the book.
S：Please give her the book.
〈同様の練習を繰り返す〉

②練習の留意点
- 文構造が複雑になり，複数の句を含む文になると，それぞれの句の入れ替え練習をして（左頁の例では名詞句が2つ，動詞句1つ），句の働きと現れる順番をパターンとして定着させたい。
- 入れ替える句が変わる時（例の★の場面）に，学習者はとまどい，不安そうな反応を示すが，英語で言おうとしていることを肯定的にとらえて，修正を加えながら十分に繰り返させる。

(4) 対話形式で量を確保する練習（助動詞の練習）
①練習の実際

> S_1：Excuse me. *Can you play the guitar?*
> S_2：Yes, I can. I like music. Can you play the piano?
> S_1：No, I can't.
> S_1・S_2：Thank you.
> S_1：Excuse me. Can you play the guitar?
> S_3：No, I can't. Can you cook curry?
> S_1：Yes, I can. I sometimes cook curry at home.
> S_1・S_3：Thank you.
> 〈同様の練習を繰り返す〉

②練習の留意点
- やや発展的であるため，(1)〜(3)のような機械的な練習を経てから行う。この例では，S_1がギターを弾ける人を探していることになるが，生徒それぞれにテーマをもたせることで，助動詞を用いた疑問文に数多く接することができる。
- また，1人の生徒がいろいろな動詞句を入れ替えて多くの疑問文で尋ねる練習もできる。このような場合には，入れ替える動詞句をあらかじめ生徒が用意している必要がある。授業者がリストにして渡したり，ビンゴのような枠を利用することもできる。
- 生徒同士での対話練習であるため，授業者が正しく評価したりフィードバックするために，活動後に全体指導の場を設け，個々に正しく言えたかどうか確認する必要がある。

7 ◆ Communicative Activities（指導過程6）

　本時の最終目的となる活動である。新出文法事項を用い，実際のコミュニケーションを意識したものとなる。これまでの練習では，その量を確保し，慣れ親しむことが念頭におかれるが，ここでは，新出文法事項を用いることができるような場面を設定することを心がけたい。扱う文法事項にもよるが，1つの文法事項を極端に多用するコミュニケーションは，実際の運用の場面では多くない。自然に運用でき，それを用いることで学習前よりも豊かな表現ができたり，正確に理解できたりするような活動を設けたい。

　この段階で学習者は，新出文法事項の意味やルールを十分に理解し，自己表現の場において，それを運用することができるようになる。

---ねらい---
・新出文法事項を用いて，自己の考えを表現させる。
・新出文法事項を含む英語を，正しく理解させる。

(1) インタビュー活動（現在完了の練習）
　①練習の実際

　　S_1：Excuse me. *Have you ever been to Kyoto?*
　　S_2：No, I haven't.
　　S_1：Thank you very much.
　　　　　　　　⋮
　　S_1：Excuse me. Have you ever been to Kyoto?
　　S_3：Yes, I have.
　　S_1：Really? How many times have you been there?
　　S_3：Many times. My uncle lives there. I go to Kyoto every summer.
　　S_1：What is your favorite temple?
　　　　　　　　⋮

②練習の留意点
  ・生徒は新出文法事項を用いて，インタビュー活動を行うことになる。関心のある街について調査する活動でもあり，単に経験を尋ねるだけでなく，さらに話題を広げていくよう意欲づけをしたい。
  ・学習の振り返りをさせるために，インタビューでわかった内容を日本語や英語でメモさせたり，活動後に報告させたりする場面を設定すると，コミュニケーションの必然性が高まる。

(2) インフォメーション・ギャップをうめる活動（there is / areの練習）
  ①練習の実際
  共通の部屋の絵を配布し，その部屋にいくつかのものを文字や絵で書き加えさせる。

  > S_1: There are three books on the desk. There is a computer on the desk too. There are tennis balls in the box.
  > S_2: How many balls are there?
  > S_1: There are 10 balls.

  ②練習の留意点
  ・新出文法事項を用いて，互いの持つ情報を伝え合う活動である。クイズの要素があり，擬似的なコミュニケーションとなる。必要に応じて聞く側の学習者が質問するようにさせると，双方向の対話となる。
  ・準備やメモにかける時間を短縮し，相手を変えながら練習量を増やしていくとよい。

(3) 場面に特有の表現の練習活動（道案内の練習）
  ①練習の実際
  街の地図を用意し，その地図1枚につき1つずつ，目的となる場所を明記して，複数種類の地図をつくる。学習者はその地図をたよりに，相手の説明を聞いて，目的地を自分の地図に書き込む。

  > S_1: Excuse me. Will you tell me how to get to the hospital?

> S₂ : Sure. Go straight and turn right at the second corner. You will see a hospital on your left.
> S₁ : Thank you very much.
>   ︙

②練習の留意点

　ゲーム性が強く，実際の運用場面に似た活動である。目的地を探すことにだけ意識が集中すると，口頭での説明でなく，地図を見せて済ませがちになる。このようなことを避けるために，事前の十分な練習と，活動中の個別指導を充実させる必要がある。

8 ◆ Summary（指導過程7）

　口答での練習を十分に行った後で，学習した内容を整理する活動である。指導過程4の説明を踏まえて，それ以降の活動で指導した内容を加えながら，整理させる。

　この段階の学習者は，新出文法事項の運用を経験し，練習の中で成功と失敗の両方を体験している。あらためて文字を見て整理し，うまくできなかったことを確認・解決する場面である。

> ┌─ねらい
> ・新出文法事項の構造や働きを整理させる。
> ・新出文法事項を運用する際の自己の課題を解決させる。

(1)　ノート整理

　指導過程4の説明で用いた教具や板書をノートに整理させる。その際に，練習活動時に指示した内容を書き加えさせる。

(2)　自己表現の作文

　指導過程5～6で行った練習活動で，自分が表現した英語を想起させ，記録させる。この際に，正しく言えていたか自己評価させたり，机間指導で評価や指導をすることができる。

(3) 書いた内容の相互評価

新たに書く活動を設ける場合には，ペアなどで相互評価をさせて添削をさせる。英文を読む活動を確保でき，また新出文法事項の定着を図ることができる。

9 ◆ Greetings（指導過程 8 ）

学習の最後の活動である。通常は定型のあいさつをするだけであるが，扱った新出文法事項によっては，授業者と一言ずつ対話をして締めくくることもできる。

― ねらい ―
・新出文法事項の学習の整理を通して，正しく運用する。

(1) 助動詞 will を学習した際の例（予定を言わせる）

S₁：I *will* watch a baseball game this evening.
T ：Have a good time.
S₂：I *will* cook dinner for my family.
T ：Wow! Great!

(2) 不定詞を学習した際の例（学校に来る目的を言わせる）

S₁：I came to school to study P.E.
T ：You are good at sport, aren't you?
S₂：I'm here to see you.
T ：You are a very nice student.

10 ◆ 授業の実際――目的格関係代名詞を扱う授業の例

1時間の授業を組み立てる際には，学習者にさせたい活動を明確にする必要がある。その活動によって，そこに到達するまでの練習の内容や扱う語彙などが決まるからである。次頁に指導過程の1例を示す。

1. **Greeting, Warm-up**
   ペアで歴史上の著名人を，人を表す関係代名詞 that を用いて説明し合う。前時と同様のクイズ形式で行う。
2. **Introduction of the New Grammar Point**

   > I am very rich! This is a house that I bought last year. This is a house that I bought three years ago. And *this is a house that my friend gave me*.

3. **Oral Drill**
   斜体字の箇所の意味を確認したうえで，模倣練習させる。
4. **Oral Explanation of the Grammar**
   プレゼンテーションのためのデータを作成し，提示する。

   > This is a house.　　My friend gave me the house.
   > This is <u>a house</u> <u>that</u> my friend gave me　　　．
   > 　　　　先行詞　関係代名詞

5. **Pattern Practice**
   (1) 先行詞を変える。a house → a camera → a picture
   (2) 関係代名詞以下を変える。
   　　that my friend gave me → that my uncle gave me
   　　→ that my uncle bought me → that my sister sent me
6. **Communicative Activities**
   あらかじめ用意させた自分の持ち物を，関係代名詞を用いて紹介する。(Show & Tell)

   > [例] This is a nice picture. I love it very much, because this is a picture that my friend sent me. He lives in Australia ....

7. **Summary**
   4で説明した内容を記録し，6で話した内容を加える。
8. **Greetings**
   生徒が各自，6で紹介した持ち物を教師に紹介して退出する。

III　リーディングを中心にした授業

教科書本文の指導

> 「授業で教科書本文をどのように読ませたらよいか」このように悩んでいる人はかなり多いと聞いている。
> このような声に応えて、指導のヒントを少しでも提供するために、「本文のリーディング指導はどうあるべきか」という視点に立って実践的指導を提案することにした。

1 ◆ リーディング指導の前に

(1) 読解のプロセスと知識

「読解する」とは、読むテキストから、まず語や文を拾い、その内容を予測し、確認していくプロセスである。読み手は、テキストの本文を読み進めるうちに、いろいろな情報に出会い、自分の過去の経験を引き出してそれに当てはめてみる。また自分が持っている知識や情報を活用してさらに読み進め、内容の予測をし、どのように読んでいったらよいのかなど、その方策を立てる。

この作業を進める上で必要な知識が、大きく分けて2つある。それらは次のようなものである。

①文化的、社会的な人間の実生活に関する知識

　　これは1人1人の経験から得た知識や、その人が学びながら得た情報などからの背景知識を指す。

　　たとえば Life in Australia in December というタイトルの英文を読むとする。もし読み手に、南半球にあるオーストラリアが、12月には真夏であるという知識があれば、「暑い時期のクリスマス、浜辺のツリー」などを思い浮かべる背景知識が活性化するだろう。つまり

これらの知識は，内容を予測して読み進める上で大きな助けとなるのである。

②語彙，文法などの言語に関する知識

これは語彙の意味や，過去形・受動態などの文法や文の構造，文と文とのつながりなど言語に関するすべての知識を指す。「未知語を予測して読んでみて」といっても生徒には限界があるだろう。特に中学生にとって語の意味や，言語に関する知識を持っていることが英文を読み進める上で大切な働きをするのは言うまでもない。

この①②の2つの知識が両輪のように活性化して，「読む活動」を進めていくということを踏まえて，リーディング指導を行うのがよいだろう。このことは，これから述べる読解の指導の際，「この時点でなぜこのような指導を行うか？」を理解していただく重要なポイントである。

それを前提にして，読む段階を

- 本文を読む前の活動（Pre-reading activities）
- 本文を読んでいる間の活動（While-reading activities）
- 本文を読んだ後の活動（Post-reading activities）

という3つに分けることにする。

(2) **タスクについて**

1文1訳で全文を和訳することだけが教科書本文のリーディング指導ではないだろう。それでは部分だけ見て，全体を見通せない。また書かれている事実しかわからない。生徒に「読む楽しみ」も与える効果的なリーディング指導とはどうあるべきか。そこでタスクを使ったリーディング指導を提案したい。「タスク」とはいわゆる作業である。質問に答える，選択肢から選ぶ，内容を表などにまとめる，TFで答える，などの生徒の学習作業はすべてタスクである。タスクを行うことを通して，生徒はいつの間にか，英文を読み終えたという達成感を味わうことができる。オーラルのみによるQ&AやTFを使った授業では，耳だけの記憶なので，教えたことをきちんと生徒が記憶し，学んでいくのは難し

い。ワークシートでこのようなタスクを行うことで，生徒は後でそのワークシートを用いて，復習することができる。授業中にやったことや覚えたことを振り返ることが出来るのである。

　タスクを設定する上でおさえておきたいポイントは以下の通りである。

- タスクを行う段階――読む前，読んでいる間，読んだ後
- タスクを行う目的――時の流れをつかませる，主人公の気持ち，など
- タスクで扱う箇所――全体を読ませる，部分を読ませる，など
- 方法―――――――Q&A，TF，穴埋め，など
- 授業の形態――――インディビジュアルワーク，ペアワーク，グループワーク，など
- 教師の役割

これらについて，以後，具体例を示しながら説明をしていきたい。

2 ◆ タスクの具体例

(1) 本文を読む前の活動のタスク

A プレ・リーディング・タスクの目的

　教室で生徒たちが教科書を読む時，彼らは何のために読むのかという明確な目的は持っていない。とりあえず（まあ授業だから，仕方ないから読むか）と思っている生徒が多いだろう。

　そこで本文を読む前に，「読む気にさせる活動」すなわちプレ・リーディング・タスクを使った activities が必要になってくる。

　読むモチベーションを上げるプレ・リーディング活動におけるタスクには，次のような目的がある。

　　ア　生徒に「これからどのような内容のものを読むのか」について手がかりを与える。
　　イ　生徒にこれから読む内容について，興味・関心を持たせる。このプレ・リーディング活動を行うことによって，生徒に「読む気」を起こさせ，本文の内容を予測しながら読もうとする姿勢を持たせることができる。すなわち，生徒が持っている背景知識を活性化させ

るのである。もちろん，読み進めるには言語に関する知識も必要になる。
では，プレ・リーディング活動において，どのような種類のタスクがあるか述べてみよう。

B　プレ・リーディング・タスクの種類
①タイトルやトピックから予測させ，話し合わせるタスク
○トピックについて生徒の知識・経験を尋ねる。
［例］Ainu（*New Crown 2*，三省堂）

> ★「アイヌ」について知っていることを書こう。
> 　（Please write about Ainu.）
> ＿＿＿＿＿＿＿＿＿＿＿＿＿＿＿＿＿＿＿＿＿＿＿＿＿＿
> ＿＿＿＿＿＿＿＿＿＿＿＿＿＿＿＿＿＿＿＿＿＿＿＿＿＿

本文のトピックについて生徒が持っている知識を引き出していく。まず"Ainu"と板書する。

T: Pease read this word, everybody.
Ss: Ainu.
T: Yes, then please write something you know about Ainu. You can write them in Japanese. Please write them in English if you can. I'll help you.

いきなり「さあ今日はアイヌについて読みます。ではアイヌについて知っていることを言って下さい」と指導しても授業はスムーズには行かないだろう。生徒に聞く前，読ませる前に，まず考えさせよう。書くことで生徒は持っている知識を引き出し，整理することが出来る。また英語で書きたいという生徒があれば，机間指導して言いたいことを英語でどのように表現するか指導する。表現する力は様々な場面で育てることが出来る。知識を引き出すためにトピックにつながる実物を見せるのも効果的である。
　このような活動を通して，生徒が持っている背景知識を引き出し，活性化し，本文を読むことにつなげていく。

○タイトルから内容を予測させる。
［例］Jenny's First Day at School（*Columbus 21 2*，光村図書）
　First day at school の意味を教えた後，黒板に First Day at School と書く。

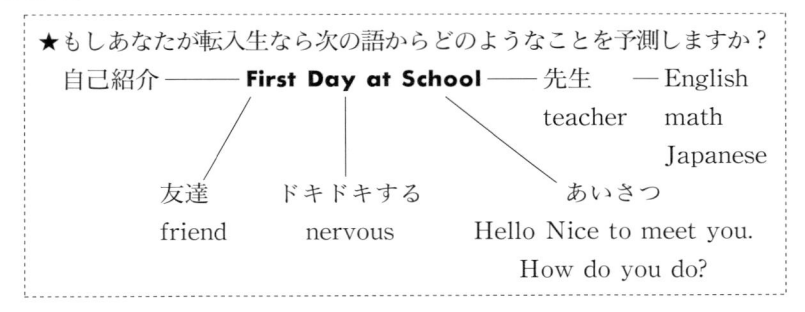

```
★もしあなたが転入生なら次の語からどのようなことを予測しますか？
　自己紹介 ──── First Day at School ──── 先生    ── English
                                                    teacher   math
                                                              Japanese
        友達       ドキドキする        あいさつ
        friend     nervous             Hello Nice to meet you.
                                       How do you do?
```

　"First day at school" というタイトルからどのような内容の本文か予測させる。この場合は生徒自身が転入生の気持ちになって予測することがポイントである。
　この状況から連想することをできるだけたくさん言わせる。生徒が発した言葉を次々と足していって，出てきた日本語を英語にしていく。この作業を通じて本文の新出単語を導入することができる。このような活動を最初から口頭で行うのが難しいようなら，先に書かせてもよい。「ドキドキする」などの語が出てきたら "*Dokidokisuru* is nervous in English." と言って，本文以外の単語を導入することもできる。タイトルから内容を予測することで，その課のキーワードを引き出し，本文を読む手がかりも与えることができる。

○聞かせて推測させる。
　最初に聞き取らせるポイントを与えて，そこから本文がどのような内容なのかを推測させる。何を聞き取らせて，本文につなげていくかを明確にすることが大切である。また聞き取らせることが多すぎて生徒の負担にならないようにしたい。

［例］I have a dream.（*New Crown 3*，三省堂）

> ★聞いて答えよう。
>   ①聞こえた人の名前をすべて書こう。
>   ②聞こえた色をすべて書こう。
>   ③聞こえた人の職業を書こう。
> ☆次の写真を見て，聞こえた言葉からどんな内容か想像して書いてみよう。

　聞き取った単語と写真を関連づけて，本文がどのような内容であるかを想像させる。塾などで予習をしている生徒も，リスニングから入るこのようなタスクは，新鮮に感じるかもしれない。写真等は，ピクチャーカードなどから教科書に載っていない絵や写真を選んで使う方が，生徒にとって意外性があってよい。

　実際の授業では，教科書の挿絵にはない，バスボイコット運動を推進して女の子が1人でヒッチハイクをしている写真を使用した。すると生徒からは，「彼女は彼とドライブをしようとしている」など，本文と全く関係のない予測が出て来た。このように生徒たちはお互いの考えを自由に交換して楽しんでいた。

②絵や写真を使うタスク
○英語で質問をする。
［例］Students in the USA（*New Crown 1*，三省堂）
　教科書 p.68 のアメリカの中学のカフェテリアの写真を見せて次のように質問をする。

> T: Where is this?
> S: 食堂？
> T: Yes. This is a <u>school cafeteria</u>.
> 　　Who are they? Are they teachers?
> S: No. They are students.

　このような Q&A を通して，生徒は本文の内容の予備知識を得ることができる。また下線のような新出単語を Q&A に織り交ぜて導入するこ

ともできる。

③新出単語を導入するタスク

　本文を読み取らせるためには，言語の知識を与えることはもちろん必要である。ただし，新出語をすべて最初から導入してしまわないようにする。未知語も残しておくことで，それらの意味を予測しながら読み進める能力を育てたい。

　具体的には次のような方法で新出語彙を導入していく。

〇実物や絵を見せる。

　教室にあるものやその単語が示す実物を用意して，語を導入する。直接的に把握できるため，最も理解しやすい方法であるが，限界はある。実物がなかったら絵を用いて導入しよう。ピクチャーカードがあればそれを使うのもよいだろう。

〇ジェスチャーを使う。

　動詞の中で，特に動作を示す語などはこの方法に適している。

〇文脈の中で語の予測をさせる。

　導入したい語を，普段私たちがどのように使うか文脈を与えて示す。生徒は文脈における語の意味を推測する。

［例］wear の導入

> 　　I'm wearing a jacket.（と着ているものを指して）
> You're wearing a school uniform. What is school uniform?
> 　　生徒に「制服」と答えさせ，この文を書いて wear の意味を推測させる。

〇語の意味を確認する。

　文脈の中で語の意味を推測させた後，語と意味を線で結んだり，空欄に意味を書かせたりするタスクが考えられる。

[例] 新出単語の導入

> ★下線部の語の意味を右から選んで線で結ぼう。
> That is my book.　　　　　　・兄弟の
> You are nice.　　　　　　　　・すてき
> This is my brother's room.　　・あれは
> Is that your room?　　　　　　・部屋

　上のタスクは，導入したい単語を意図的にいくつかの異なった文脈で提示している。その中で語の意味を予測させるのである。

(2) 本文を読んでいる間の活動のタスク

A リーディング・タスクの目的

　本文の内容を理解させるタスクである。ここでは「何をどのように読み取らせるか」が大きなポイントになる。大づかみに意味をとるスキミングや特定の情報にねらいをつけてそれを拾い読みするスキャニングを使って，まず本文全体の概要を読み取らせる。読み取らせたいセクションの概要でも構わない。大まかに本文の内容を理解させ，だんだん細かい点に入っていく。読み取らせる手段として，よく使われるのがTFやQ&Aであるが，いつも同じパターンのタスクだと生徒も飽きてしまうので，以下に述べるような様々な工夫が必要である。また本文の内容に応じて，それに適したタスクを作ることが重要である。

B リーディング・タスクの種類

①要点・概要を理解させるタスク

　本文の構成や概要・要点を読み取る。あらすじや本文の中心となる情報をつかむために，本文を時系列（時間経過の順）に整理したり，ストーリーの展開の仕方によってタスクを作って理解させる。

○5W1Hを確認させる。
[例] Ainu Festival (*New Crown 2*, 三省堂)

★本文を読んで下の表を埋めよう。

Questions	Answers
ケンが話しているのは誰？	
ケンは何をしている？	
ケンが行った場所は？	
その場所で聞いたものは？	

　これは本文を「いつ？」「どこで？」「誰が？」「何を？」「どうして？」「どうやって？」という5W1Hのポイントを通して理解させるタスクである。

　このタスクをさらに発展させると，本文に書かれていないことで，行間から答えを想像させるような問いを作ることもできる。
　　・ケンはなぜその楽器を買ったのか？
　　・ケンはなぜラトナに演奏を聴かせたのか？
これらの理由は本文には書かれてはいないので，生徒に各々自由に想像させる。本文のつながりを理解し，深く読むことによって生徒たちは登場人物の気持ちになってその心理を推測していくのである。生徒はこちらが思っている以上に想像力がある。このようなタスクは，生徒たちの想像力をかき立てて，読む意欲をさらに高める効果がある。

○表や図を使って，本文全体の流れや，登場人物の行動を理解させる。
［例］Interview with Ms Kileo（*New Crown 3*，三省堂）

★本文を読んで，ケンがキレオさんにインタビューした質問と，キレオさんの答えを表にまとめよう。

Ken's questions	Ms. Kileo's answers
1　When did you come to Japan?	1
2	2　I like it.
3	3

これは本文に書かれている情報を表に移し替えること（Information Transfer）で，登場人物の言動を整理して理解するタスクである。すべてを空欄にして質問と答えを自由に書かせる難易度の高いタスクにすることもできる。しかし，このように表をところどころ空けておけば，他のQ&Aの答え方がヒントになり，英語が苦手な生徒にも取り組みやすくなる。

○本文の流れ（時間の隔たりや場面の転換）に従って，絵を並べ替えさせる。
［例］The Whale Rider（*New Crown 3*，三省堂）

> ★次のせりふが本文の内容の順になるように（　　）内に番号を入れよう。また右側に意味を書こう。
> （　）You will be our leader.　＿＿＿＿＿＿＿＿＿＿＿＿
> （　）Come, Father. You must listen.＿＿＿＿＿＿＿＿＿
> （　）Come to the beach, men.　＿＿＿＿＿＿＿＿＿＿＿
> （　）Look at the sea.　＿＿＿＿＿＿＿＿＿＿＿＿＿＿

　これは本文の登場人物の重要なせりふを抜き出し，それが使われている時間経過の順番を理解するタスクである。単に番号を書くだけでなく意味を書くことで，内容の詳細も理解させることをねらいとしている。

②本文の詳細（細かな点）を理解させるタスク
　本文の内容の細かな点を，生徒が理解しているかどうかをチェックするタスクである。次のようなパターンがある。

○登場人物の発言や行動を確認させる。
［例］Assistance Dogs（*New Crown 1*，三省堂）

> ★本文を読んで，内容に合うように（　　　）内にMs MatsumotoかMioの名前を書き入れよう。
> （　　　）helps Ms Matsumoto.
> （　　　）tells "Someone is at the door."

本文を読んで，介助犬と飼い主の関係が理解できているかどうか，読んだ内容を整理するタスクである。名前を入れるだけのことだが，きちんと内容を読み取ることができているかどうかを，このタスクによって確認できる。

○何を話題としているか詳しく読み取らせる。
[例] Landmines and Children（*New Crown 2*，三省堂）

> ★本文を読んで，下線部がそれぞれ何を指しているか日本語で答えよう。
> Emma: Landmines are terrible. Are they removed easily?
> Paul:　No, they aren't. Specialists are needed.
> Emma: How do they remove landmines?

　このタスクは，それぞれの代名詞が何を指しているかを答え，文と文のつながりを理解させるものである。
　1文1訳のみの指導に終わらず，本文の細かい点も読み取らせるこのような指導を通して，生徒が読解力を深める姿勢を養える。

(3)　本文を読んだ後の活動のタスク
A　ポスト・リーディング・タスクの目的
　読み終わった後，本文をどのように理解したか，またどのように感じたかは，次のような目的で作るタスクによって確認することができる。
　A　読んだ内容をまとめさせる。
　B　読んだ内容を思い返させる。
　C　読んだ内容を，自分の知識や興味や考えに照らし合わせ考えさせる。

B　ポスト・リーディング・タスクの種類
①生徒自身の考えを引き出すタスク
○感動した文や印象深い文に線を引かせる。

> ★本文を読んで印象深かった文に線を引き，下に抜き出して書こう。その理由をできたら英語で書いてみよう。書き終わったら隣

> りの人とペアで話し合ってみよう。
> _____
> Why? _____

「読み終わった後の活動なんて…。もう時間がないし。」という理由で，この活動を省いてしまうことが多いのではないだろうか。しかし，本文をもう一度読み直させ，考えさせるために，このように「線を引く」というだけのタスクは簡便である。これだけのタスクでも，読んだ内容を生徒の考えや意見に照らし合わせることができる。さらに，なぜその文を選んだか，理由を言わせる活動も加えるとより定着する。その際，ペアやグループを組んで話し合わせると楽しく行える。他の人の意見を聞くという経験を通して，本文をより深く理解できるのである。

○自分の意見を書かせる。

> ★自分の意見を書いてその理由も書いてみよう。
> I agree with 〜's idea.　　　　　Why?_____
> I don't agree with 〜's idea.　　Why?_____
> または
> ★もしあなたが〜だったら，沖縄でどんなことをしたいか次のように書いてみよう。
> I want to_____ in Okinawa.

これは本文のトピックと関連する質問（guided questions）をして，生徒自身の意見や考えを引き出すタスクである。

②要約するタスク
○本文を要約させる。
[例] A Pot of Poison (*New Crown* 2，三省堂)

> ★本文を読んで（　）内に適当な語を入れよう。
> … An knocked over the (　　). Kan thought that the pot was full of (　　). So he began to eat the (　　). …

これは本文を読んでその内容を要約するタスクである。ここで気をつけたいのは，空欄に新出文法事項を入れるか，あるいは本文の概要や要点を書かせるかを最初に決めておくことである。上のタスクでは内容を書かせている。もし新出文法事項を書かせたいのであれば，

　　An knocked (　　) the pot. Kan thought that the pot was (　　) of poison.

のように空欄の位置を変えることで可能になる。本文をそのまま出すと，暗記さえしていれば書けてしまうので，例えば，会話を叙述文の形に変えるなど「少し変える」工夫をする。

③聞かせて書かせるタスク（Listen and write）
○空所を埋めさせる。(Gap-filling)
　まず，本文に空所を作り，本文をCDなどで聞かせてその空所を埋めさせる。空所を作る観点は，先に書いたように言語の知識の観点なら新出文法事項を書かせ，理解の観点からなら本文の内容（概要，要点など）を書かせるなどと決めておく。

○書き取らせる。(Dictation)
　本文の重要な文型や文法的に大切なポイント，あるいは会話表現として覚えてほしい文などを書き取らせる。書いた文は日本語に直させると，復習がよりしっかりできる。

④文を並べ替えさせるタスク（Jumbled Sentences）
　教科書本文をコピーする。それを文ごとにはさみで切ってバラバラにする。生徒はそれらを意味の通るように並べ替える。これは，1人よりもペアかグループで行うとよい。

[例] Jenny's Experience on a Farm（*Columbus 21 3*，光村図書）

> ★本文を思い出して，次のカードを会話が成り立つように並べ替えよう。
>
> | Look at Kazu | He's doing a great job. |

> I'm not surprised   He's going to be a farmer.
> ⋮   ⋮

　カードを作らなくても，ワークシートに本文をバラバラにして書いて，それをまとめさせるタスクでもよいだろう。最後に本文全文をCDなどで聞かせるか，生徒自身が読むことでそのタスクができているかどうか確認をする。

⑤本文を取り出して会話を付け加えさせるタスク（Role play）
　本文の会話の一部分を取り出してペアなどで演じさせる。その際，自分たちでオリジナルの会話を付け加えさせるのも面白いだろう。読む力から発展させて，表現する力を高めることもできる。
［例］Flower Viewing（*Columbus 21* 3，光村図書）

> ★次の会話に自分の言葉を付け加えてペアで演じよう。
> Jenny: Look at that man. He's taking up two seats. Unbelievable!
> Hiro:　Yes, but he looks really mean.
> Jenny: And look. There's a woman with a baby .... Someone shoud tell him to move over.
> Hiro:　Not me.
> Jenny: OK, then I will. He's so selfish.
> Hiro:　All right. All right. I'll talk to him.

　このようなタスクを通して，生徒は登場人物の気持ちをより深く理解することができるようになるだろう。
　このように本文を読んだ後の活動（Post-reading activities）のタスクの中には，本文を読んでいる間の活動（While-reading activities）のタスクとしても使えるものがある。また手間がかかるタスクは，自分が指導しやすいように工夫することも必要である。
　では，実際の授業で，どのようなタスクを使ってどのようなプロセスで，教科書の本文の指導を進めればいいかについて述べたい。

3 ◆ 実践編(1)

(1) **Lesson Plan**
—— **Assistance dogs** (*New Crown 1*, Lesson 6, 三省堂)

時限	指導過程と教材 （ワークシートなど）	学習内容
1	新出文法事項の導入 ［ワークシート］	・三人称単数の導入 （どんな時にsがつくか自分で気付かせる）
2	新出文法事項の導入 ［ワークシート］	・三人称単数の疑問文 ・否定文（言語活動を通して）
3	文法のまとめ プレ・リーディング・タスク ［ワークシート］	・三人称単数の文の確認 ・読む動機付けをする
4	文法の復習 リーディング・タスク(1) ［ピクチャーカード］	・既習文型の定着を図る ・本文の概略を理解する 「ねらいと学習内容」参考
5	リーディング・タスク(2) ポスト・リーディング音読(1)	・本文の詳細を理解する ・音読する
6	音読(2)，暗唱， ［ピクチャーカード］	・ピクチャーカードを見て本文を言う ・ジグゾーリーディングなどで本文を振り返る

［参考］ Lesson 6 Assistance Dogs 本文

> ① This is Ms Matsumoto. She lives with a dog.
> The dog helps her.
> Look, the dog runs and touches her. The dog tells her, "Someone is at the door."
> Ms Matsumoto is deaf. Mio, the dog, is her 'ear'.
> ② Kumi: Mio is a hearing dog.
> Paul: I see. Hearing dogs help people with hearing problems.
> Kumi: Right. Mio knows the sound of the doorbell.

>   Paul:　Does she know other sounds too?
>   Kumi:　Yes, she does. For example, she knows Ms Matsumoto's name.
> ③ Paul:　Mio works very hard.
>   Kumi:　That's right. She doesn't bark then.
>   Paul:　In the USA, we also have guide dogs and service dogs.
>   Kumi:　We have them in Japan too. But we need more.
>   Paul:　We do too.
>
> （*New Crown 1*，三省堂）

(2)　プレ・リーディング・タスク

［例］プレ・リーディング・タスクのワークシート

Lesson 6

1 (1) 次の語句の意味を調べてみよう。

　　　deaf　　　　　＿＿＿＿＿＿＿＿＿

　　　a dog　　　　＿＿＿＿＿＿＿＿＿

　　　her ear　　　＿＿＿＿＿＿＿＿＿

　　　the sound of the door bell　　＿＿＿＿＿＿＿

(2) どんな話だと思いますか？上の語句から本文がどんな話になるか想像して書いてみよう。

　　＿＿＿＿＿＿＿＿＿＿＿＿＿＿＿＿＿＿＿＿＿＿＿＿＿＿＿
　　＿＿＿＿＿＿＿＿＿＿＿＿＿＿＿＿＿＿＿＿＿＿＿＿＿＿＿

2　左の語句と右の意味を線で結んでみよう。できたらペアで質問し合って確認しよう。

　　　live(s)　　　•　　　　　•　手伝う，助ける

　　　help(s)　　　•　　　　　•　住む，生活

　　　run(s)　　　•　　　　　•　走る

　　　touch(es)　•　　　　　•　話す，語る

　　　tell(s)　　　•　　　　　•　さわる，ふれる

　　　know(s)　　•　　　　　•　必要とする

work(s)	・	・ほえる
bark(s)	・	・持っている，〜がいる，ある
have(has)	・	・知っている
need(s)	・	・働く

(3) プレ・リーディング・タスクのねらいと指導方法

①ワークシートを配る（この時，教科書は閉じさせておく）。

②ワークシートの設問1(1)では生徒は語句の意味を，教科書巻末のリスト，もしくは辞書を使って調べる。できたら教師が意味の確認を行う。この段階では，それらの語が発音できなくても構わない。

　②のタスクの目的は，想像することで本文のイメージをふくらませることにある。本文のキーワードを与えて，これらの語句から本文の内容がどんなものかを考えさせることによって，生徒は**本文との関わりを深める**。塾等で予習をしている生徒たちは，内容を全部書こうとするかもしれないが，与えられている語だけからの予測であることを徹底して指導する。**予測する力を育てることは，読む力を高めることにつながるからである。**

③予測した内容を発表させる。生徒は，意外にも**他の生徒の予測した話を聞くのを楽しむものである**。中には思わぬ予測，たとえば「耳の聞こえない犬が，耳にドアベルをつけて音をたてている」などの予測をする生徒もいたりする。**様々な予測を，指導する側も楽しむゆとりを持つといい**。その後，語句の発音をさせる。こうして**本文の新出語句を少しずつ導入していくことができる**。

④ワークシートの設問2は新出語句の導入である。線で結ぶだけのタスクなので，英語が**苦手な生徒も取り組みやすい**。できたら教師が読み上げて答えをチェックする。生徒は，ペアを組んで，1人が日本語を読み，もう1人が英語を発音するというように**ペアで語句と意味を確認し合う方法もいい**。次の時間にこれらの語句のテストをする。（評価の観点：語の知識）

(4) リーディング・タスク(1)

[例] リーディング・タスクのワークシート

1　本文を読んで（　　）に Mio, あるいは Ms Matsumoto の名前を書き入れよう。

(1) (　　　　　) lives with a dog.
(2) (　　　　　) runs and touches her.
(3) (　　　　　) tells (　　　　　　), "Someone is at the door."
(4) (　　　　　) is deaf.
(5) (　　　　　) is (　　　　　　)'s 'ear'.
(6) (　　　　　) is a hearing dog.
(7) (　　　　　) knows the sound of the doorbell and other sounds.
(8) (　　　　　) works very hard.
(9) (　　　　　) doesn't bark when she works.

2　次の質問に合う答えに○をつけよう。

(1) Does Mio help Ms Matsumoto?
　　　　　　　　　　　　Yes, she does. / No, she doesn't.
(2) Is Mio Ms Matsumoto's 'eye'?
　　　　　　　　　　　　Yes, she is. / No, she isn't.
(3) Do hearing dogs help people with heaing problems?
　　　　　　　　　　　　Yes, they do. / No, they don't.
(4) Does Mio know Ms Matsumoto's name?
　　　　　　　　　　　　Yes, she does. / No, she doesn't.
(5) Does Mio bark when she works?
　　　　　　　　　　　　Yes, she does. / No, she doesn't.
(6) Do people in the USA have only guide dogs?
　　　　　　　　　　　　Yes, they do. / No, they don't.
(7) Do we have guide dogs in Japan too?
　　　　　　　　　　　　Yes, we do. / No, we don't.

3　Mio が hearing dog としてしていることを3つ選んで日本語でまとめてみよう。

(1) _____
(2) _____
(3) _____

(5) リーディング・タスク(1)のねらいと指導方法

　ワークシートの設問1は登場人物の行動を確認するタスクである。誰が何をするかを理解することで本文の詳細を理解していく。生徒は未知語を予測して読み進めるか，または意味を調べながら読んで，どちらかの名前を空欄に入れる。このタスクは，**登場人物が限られていて，その言動や行動が明確な内容なので，作りやすいタスク**である。

　生徒は登場人物の行動を確認しながら読み進めるうちに，本文の新出語句も理解していくことになるだろう。タスクそのものは名前を入れていくだけなので，英語が苦手な生徒にも取り組みやすい。

　ワークシートの設問2のタスクは，設問1の文の内容とできるだけ異なる内容を選んで作成している。様々な角度から，本文を理解できるようにすることをねらいとしたからである。3人称単数のdoesを使った疑問文を導入していなくても，タスクを解いていくうちにDoes...?の導入もできるようになる。また，このタスクの前後にDoes...?を導入したり，まとめたりする指導をすることもできる。タスクが終わったら本文を聞かせ，生徒はそれを聞きながら選んだ答えが正しいかどうか判断する。

　終了したらこのタスクを使ってペアでQ&Aをし合うことができる。このタスクも選ぶだけなので一見簡単に見える。**生徒にとって，簡単に見えるということは学ぶ上でとても大きなことなのである。**

　ワークシートの設問3は本文の中から，Mioが松本さんのためにしていることを読み取り，それをまとめるというタスクである。この中では最も難易度の高いタスクである。単に書かれていることだけでなく，**書かれている情報を通して自分が判断，想像して答えたり，本文の様々な場所に書かれている情報を自分なりに構成して答えるタスク**になっているからである。

　設問1，2はピクチャーカードを使って，再度Q&Aなどで確認させる。繰り返す時はワークシートを見ないで答えさせることも大事である。

(6) リーディング・タスク(2)とポスト・リーディング・タスク
[例] リーディング・タスクとポスト・リーディング・タスクのワークシート

Lesson 6

1　教科書 p.60 を読んで次の質問に答えよう。
　(1) She doesn't bark then.
　　　then とはどんな時か日本語で答えよう。
　(2) We have them in Japan too.
　　　them とは何を指すか日本語で答えよう。
　(3) We need more.
　　　この文の後に続く言葉は何ですか？
　(4) We do too.
　　　この文を次のように言い換えると（　　）に何が入りますか？
　　　We (　　　　　　　　) more too.

2　もう一度本文を最初から読んで英語で答えよう。
　(1) With who does Ms Matsumoto live?
　　　_____
　(2) How does Mio tell Ms Mastumoto, "Someone is at the door"?
　　　_____
　(3) What sounds does Mio know?
　　　_____
　(4) What dogs do people in the USA have?
　　　_____
　(5) What dogs do we need more?
　　　_____

3 (1) Mio についてあなたが印象に残ったことはどんなことですか？本文から抜き出してみよう。
　　　_____
　(2) なぜその文が印象に残りましたか。理由を書いてみよう。
　　　_____

(7) リーディング・タスク(2)とポスト・リーディング・タスクのねらいと指導方法
①文と文の関係や語と語の関係を問うタスクである。

　よく定期テスト等で出題されるが，普段の授業の中でこうした指導を積み重ねた上で出題することが大切である。

　このように1年生段階から**リファレンス（関係）について問う指導をスパイラル**に行っておけば，生徒は本文を読み進める際，語の指示関係や代入関係に対して敏感になる。このような訓練が蓄積されて読む力に結びついていくのである。

②**タスクは易→難となるように進める。**

　リーディング・タスク(1)の空欄に記入したり，○をつけたりするだけのタスクから，ここでは英語の文を読んで英語で答えるQ&A方式のタスクにした。(1)の質問は英文の難易度としては少し高いかもしれないので，答え方を教えてもいいだろう。(2)(3)は，本文のいくつかの文を読んで，読んだ範囲の中から自分で判断して答えるタスクにしてある。

　このタスクも終了後，**ペアワークで，1人が質問し，1人が答える**という形で確認し合い，それが終了したら役割を交替する。1, 2共に少し問題を変えて定期テストに出題する。（評価の観点：理解の能力）

③ポスト・リーディングの節で述べたように**線を引くだけの簡単なタスク**である。

　もう一度本文を読んで考えて書く。読んでいるうちに，**読んだ内容を自分の心に反映させる**。このタスクを行うことで，生徒は**もう一度本文を読む**ことになる。それがポイントなのである。

　実際の授業では，生徒の多くが印象に残った文として"Mio, the dog, is her 'ear'."を選び，その理由として「ミオが松本さんにとって本当に大切な存在であることがよくわかるから」「ミオの役割がよく伝わってくるから」などを挙げていた。また"Mio doesn't bark then."を挙げて「ミオが我慢している姿が目に浮かぶから」と書いた生徒もいた。

4 ◆ 実践編 ⑵

その他のポスト・リーディングのタスクを紹介しよう。

[例1] Lesson 2 School Web Reports (*New Crown 2*, 三省堂)

★教科書p.13を読んで次の表を英語で完成しよう。

Kumi の作ったもの	
Kumi が参加した授業	Social studies / PE / Fine Arts（○をしよう）
Paul が参加した授業	
Paul が参加した時間	
Paul の授業の感想	

読んだ内容を表にまとめるタスクである。生徒はこのようなタスクに答えながら未知語を予測したり調べたりする。それができたら、教師が答えを発音して生徒に後について言わせる。それにより、本文の音読指導が少しずつ行える。全文を読む時にはタスクを通して語句を既に学んでいるので、音読はスムーズに進むだろう。

[例2] Lesson 4 At a Nature Park (*New Crown 1*, 三省堂)

★教科書p.37を読んで次の質問に日本語で答えよう。
　1　鳥の数を数えているのは誰でしょう？
　2　Emma はどうして Just a minute. と言ったのでしょう？
　3　また Emma はどうして Oh, dear. と言ったのでしょう？

2，3は読んだ内容から推測して答えるタスクである。実際の授業では「ゴミがたくさん浮いているから、数えるのに時間がかかった」「鳥とゴミの区別ができにくかったから」「望遠鏡を逆さに見て直そうとしたから」というユニークな答えが出て盛り上がった。また3では、「ゴミが浮いていることにショックを受けたから」という、本文のメッセージをきちんと受け止めた生徒が多かった。

5 まとめ

(1) 教科書タスクをどう作るか？
　教師がそれぞれの本文を読んで，この本文なら時系列のタスクで，この文章なら主語を抜いて埋めさせる，登場人物の行動を問うタスクにするなど，どのタスクが適切かを判断する。

(2) 和訳はいけない？
　タスクで指導する中で，和訳も最後にさせている。タスクだけでは内容理解が補えない文章もある。そのため，タスクが終了したら普通に和訳を課題としている。タスクを使って概略→詳細理解へと進んで，最後に全文の和訳をさせる。単語の導入方法でも，フラッシュカードを使って新出単語を導入するなど従来のやり方も続けたい場合は，効果的に併用すればいい。

(3) 音読は？
　実践例で示しているように，タスクを通して少しずつ本文の新出単語や文の発音を学んでいく。だからタスクが終わる頃には，本文全体の音読指導をする前に，生徒はけっこう本文が読めるようになっている。

(4) 評価
　先にも触れたが，指導と評価の一体化は大切なことである。タスクを通して学んだことが，どのくらい定着しているか，理解できたかを，テストによって確認する必要がある。その際，行ったタスクをそのまま出題するのではなく「少し変える」ことを心がけたい。理解した内容を，Q&Aなどによって答えさせるようなタスクなら「理解の能力」に，感想を英語で自由に書かせたりするタスクなら「表現の能力」に，新出単語の使い方や文の構造などが身についているかどうか試すタスクなら「言語の知識」につなげることができる。
　あまり「これでなければならない」とこだわらないで，自分でやりやすいように工夫していけばいい。

Ⅳ 活動を中心にした授業

1 ◆ グループ・ゲーム——皆で楽しむ授業

　授業の時々にカルタやハングマンといったゲームや，聞き取り力の要るクイズを行うことは教師と生徒の双方にとって楽しいものである。また，行事や季節，テストなどのせいで生徒に活気がない時，こういう英語遊びは生徒の心を寛がせ，「またがんばろう」という気持ちに導いてくれる効果がある。時にはゲーム中心授業で，生徒たちが「ああ，面白かった。」と思っている間に，① 生徒同士の仲間作りを進め，② 英語への関心を高め，③ 英語をたくさん使用させてしまおう。

　ゲーム中心の授業は新学年の始まり，学期の終わり，またはテストが終わった後など節目に行う。

準備：ゲームの選定，作成，賞品または賞状の用意（必要なら）

↓

［授業の流れ］

ゲームをすることと約束事の告知

↓

ゲーム1　易しいゲーム

↓

ゲーム2　難易度中位のゲーム

↓

ゲーム3　書く・競争するゲーム

↓

優勝チームの発表，講評，片付け

(1) ゲームのバリエーションを多く

　同じゲームを長々と続けてはいけない。生徒が「もう少ししたい。」と思っているあたりで次のゲームに切り替える。また初めて試すゲームは当たり外れがあるので，予備のゲームも用意しておくとよい。

　学力差があっても全員の生徒が参加し，楽しく競争できるようにゲームを選び，組み合わせる。例えば，誰でもできるが運の要るビンゴ，反応スピードが要求されるカルタ，機知や生活知識が要るクイズ問題，協力の必要なチームでのゲームといった具合である。

　また，聞き取りゲームばかりでなく，英語を書く，話す，読み上げる力の必要なゲームを混ぜる。授業の始めは聞き取りゲームにするが，次第に書く・話す力の要るゲームに移行する。

(2) ゲームの例

①カルタ

　外来語カルタ（カタカナ語を英語の音で聞いて札を取る），好き・嫌いカルタ（絵に○×と表情や品物が描いてある。否定文と肯定文を聞き分ける），数字カルタ（1～3桁くらいの数字が書いてある。または動作と時刻が書いてある）など，様々な内容を扱うことが可能。同じカルタも慣れてきたら，また学年によって，読み上げる英文を変えることができる。

　生徒を活動中叱らずに済む工夫も必要。カルタは何色か異なる色画用紙で作成し，隣あった班に違う色を渡す。セットは多めに作り破損や紛失に備える，1セットずつシールチャックのビニール袋に入れるなど。

　1回毎に各班の勝者と敗者を確認する。クラスの雰囲気によるが，敗者は言われたアルファベットを身体で表現する程度の楽しい罰ゲームをする。そして「敗者になった人が取りやすいようにカードを置いて2回戦用意！」。または班を組み直して行う。

②すごろく

　ALTに日本のすごろくを説明し，英語で作ってもらうとよい。途中に，英語の質問や命令を入れる。"Say 3 hobbies." "Say 7 days." "When is Halloween?" また "Jump 5 times." "High 5 with the teacher." など動作の必要なものを入れると和やかな雰囲気になる。習

得させたい文法事項を織り込むが，易しい英語も混ぜるのがこつ。さいころを班の数だけ用意しておく。

　すごろくもカルタも，陽気でムキになる生徒のいる班が盛り上がる。英語学習の苦手な生徒も存在意義を発揮できる場となる。

③単語レース

　黒板を縦に6等分し各列に割り当てる。新しいチョークをバトンに，席の順に前に出て，教師が指定したジャンルの単語を書く。本やノートを見てもいいが黒板のところに持ってくることは禁止。先頭の机ラインを越えて黒板に来られるのは選手だけ。後ろから叫んでつづりを教えてはいけない。席まで戻って確認するのはよい。一旦バトンが次の選手に渡れば後で訂正してはいけない。しかし他の班が書いた単語は見えてしまうので真似してもよい。語彙力のない生徒も，必死で覚えて黒板のところに来るか，他の班から目当ての単語を探し出して書く。

　教師がStop!と叫ぶまでどんどん書く。単語ジャンルは，「食べ物・飲み物」「季節，12ヶ月，曜日」「数を表す語」「生き物」「スポーツまたはその道具」「動詞」「単語しりとり」「abc順に書く」，教科書を使用禁止（または可）で「○課に出ている単語」など。

　採点がミソ。1語1点，綴りの間違いは0点。他の班が書いていないユニークな語と，つづりが長く難しい語は2点とする。そういう語が複数の班にある時は一番先に書いた班にポイントを与える。これにより生徒は意欲的に語彙を選んで書くようになる。このゲームはヒートアップするので3回くらいで止めるのがよい。

④教科書クイズ

　1年間使った教科書から，登場人物や挿絵について10〜20問ほどクイズを作り，プリントにする。各班で10〜15分取り組ませた後，他の班と解答用紙を交換，正解を発表しながら採点する。教科書の総復習になる。[例] What color is Mr. Smith's tie?

　その他，フルーツバスケット，伝言ゲーム，記憶ゲーム（いろいろな単語の絵を描いた紙を各班に配り1分間記憶。後で英語で書くまたは言う）。間違い探し（違う箇所を英語で説明させる）などがある。

(3) **授業を終わる**

　カルタやすごろくはゲーム毎に勝者を確認するが，同じチームでいくつかゲームをした時は優勝チームに立ってもらい，拍手を贈る。小さなシールや賞状などの賞品を用意してもよいが，ゲームの賞品はなんといっても楽しさの共有である。仲良く遊んだチームやクラスをほめてやろう。同時に「よくがんばって勉強したから，ゲームをする時間が取れました。またこういうゲームができるようしっかり勉強しよう。」といってゲームのおねだりを封じておく。

2 ◇ 英語の歌を使った授業

　歌の選定が命である。歌詞，メロディ，そして投げかけるメッセージが生徒たちの学力や生活にあったものを選ぶ。未習の文法事項が多少あってもよいが，語彙の難し過ぎるものは避ける。

準備：歌詞プリント作成，CD の用意

↓

[授業の流れ]

歌を聞かせ，生徒の知識を問う。
↓
歌詞を聞き取り，プリントを使って穴埋め。1，2回聞かせる。
↓
穴埋め箇所直後でCDを止めながら答え合わせ
↓
歌詞の意味，背景など解説
↓
歌詞音読。その後，一緒に歌う。
↓
感想をまとめる活動

生徒はただ聞かせるより，穴埋めクイズにすると集中して聞く。穴埋め箇所は教師自身が歌詞を見ながら聞いて，意図を持って選ぶ。生徒たちが聞き取れる単語にする，弱音になった代名詞に意味を類推して気付かせる，対句になった部分を発見させる，等。聞き取らせる際はカタカナ書きでも音をとらえるよう励ます。her の弱音をとらえ「ア」と書いたら大いにほめ，弱音の存在を教える。音の連結と消失を発見させるよい機会である。脚韻を教える絶好の詩教材となる英語の歌も多い。

　最後に，歌の感動や感想をなんらかの形でまとめさせる。例えば，①気に入ったフレーズを写し自分の訳をつけるか絵を添える。②作者または歌の主人公宛に英語で感想を書く。③歌のイメージを絵で描き自分の英語メッセージを添える。④歌の物語を数コマの絵にまとめ英語の説明文をつける。①②は小さめの紙に書かせ，クラス全員分を色画用紙にはりつけて掲示すると共同作品になる。③④はそのまま掲示できる。

3 ◆ クイズやスキットの発表会

　スピーチを書いて発表することだけがスピーチトレーニングではない。クイズ出題やスキット発表も格好のトレーニングとなる。クイズやスキットは，単純な内容でも聞き手の興味を引くため，英語の苦手な生徒も参加できる，絵や小道具で理解させることができれば少々難しい英語を使ってもよい，個人でもペアや班でも取り組める，といった利点がある。

　また，聞き手の反応が明瞭なので，発表者は聞き手の反応を引き出す工夫をするようになり，話し手として成長する。

(1)　クイズは便利な手法

　クイズは生徒が興味を持って聞くので，新出文法事項の導入に効果的な手法である。ふだんから教師がクイズを授業に取り入れておくと，生徒たちも自作クイズを作成し発表する活動に抵抗感なく取り組む。1年生なら What's this?，2年生なら something to 不定詞，3年生なら受動態，といった特定の文法事項の定着や習熟を図るために取り入れることもできるし，学年の終わりに様々なタイプのクイズを作りクイズ・シ

ョーを行うこともできる。

　ここではクイズ発表会の例を示すが，スキット発表会も同様の手順である。スキット作成の指導は第3章・Ⅶスピーキング参照。

```
┌──────────────────────────────────────────────┐
│ 下準備：日頃から授業で文法事項の導入の際などに，教師が絵やジ │
│         ェスチャーを使ったクイズをやってみせておく。          │
└──────────────────────────────────────────────┘
                        ↓
┌──────────────────────────────────────────────┐
│ 準備：クイズのモデル作成，教師のモデル原稿とクイズ原稿作成用  │
│       紙の用意                                              │
└──────────────────────────────────────────────┘
                        ↓
┌──────────────────────────────────────────────┐
│ 第1時  ┌─────────────────────────────┐        │
│        │ クイズモデルを見せる              │        │
│        └─────────────────────────────┘        │
│                     ↓                          │
│        ┌─────────────────────────────┐        │
│        │ 生徒によるクイズ発表会の告知      │        │
│        └─────────────────────────────┘        │
│                     ↓                          │
│        ┌─────────────────────────────┐        │
│        │ 班毎にクイズ原稿作成，役割分担話し合い │     │
│        └─────────────────────────────┘        │
└──────────────────────────────────────────────┘
                        ↓
┌──────────────────────────────────────────────┐
│ 第2時  ┌─────────────────────────────┐        │
│        │ ウォームアップ：テキストの復習音読など │     │
│        └─────────────────────────────┘        │
│                     ↓                          │
│        ┌─────────────────────────────┐        │
│        │ 班毎に発表練習                    │        │
│        └─────────────────────────────┘        │
│                     ↓                          │
│        ┌─────────────────────────────┐        │
│        │ クイズ発表                        │        │
│        └─────────────────────────────┘        │
│                     ↓                          │
│        ┌─────────────────────────────┐        │
│        │ 優勝チームの発表，講評            │        │
│        └─────────────────────────────┘        │
└──────────────────────────────────────────────┘
```

(2) **クイズモデルの提示**

ここでは受動態を使ったクイズ活動の例を取り上げる。

モデル1：スポーツクイズ

What sport is this?
It is played in the gym.
It is played between two teams.
A big ball is used for this sport.
Two baskets are used for this sport. （答：バスケットボール）

モデル2：エスニックフードクイズ

What's this?
It's a Japanese food.　　　どこの国の食べ物か
It's light.　　　　　　　　形状，色，サイズなどの特徴
It's made from wheat.　　　何から作られているか
It's used for sukiyaki or miso soup.　何料理に使用されるか
It has a lot of protein.　　何を多く含んでいるか（※）
　　　　　　　　　　　　　　　　　　　　　（答：麩）

※または「どんな時に食べられるか」を述べる。
　It's eaten on New Year's Day.
　It's eaten every day.

まずは教師がクイズをやってみせる。動物や品物についていくつかクイズを出した後，最後に上記のクイズをする。解答の後，各班で1つ受動態を用いたクイズを作り，次時に前に出て発表することを知らせる。

(3) **クイズの作成**

4人1班で作成し，発表は4人全員が前に出て1〜2文ずつ分担し，メモを見ないで行う。作成するクイズは，モデル1のスポーツクイズの方が易しい。生徒の学習状況を考え，①モデル1のみ与える，②モデル2のみ与える，③2つ与えどちらか一方で作る，④2つ作成し内1つを発表する，のいずれかの方法を取る。

クイズ原稿作成用紙を全員に配布。班毎に集まり作成する。教師は机間巡視しアドバイスする。作成用紙は，モデル原稿の下にクイズ作成に必要な行数分の線を引き，各行に発表担当者名の記入欄がついている程度でよい。なお班長（リーダー）を決めさせ，班長の仕事を伝えておく：最初の1文を必ず言うこと，挙手した解答者を指名すること，解答が出ない場合はもう一度最初から出題文を言う判断をすること，正解が出た場合 "That's right. It's 〜." 違う場合は "No! It's not 〜." と答えること。この英語の文言は紙に書いて，後ろの正面壁に貼っておくとよい。

(4) **クイズ発表会**

ウォームアップとして前時に習ったテキストをリズミカルに音読する。その後，班内で発表練習5分間。

班長を集め発表順を決める。クイズの場合，同じような問題を先に発表されてしまう恐れがあることを伝えた上で，くじ引きかじゃんけん（勝った者から何番目に発表するか選ぶ）で決める。

発表の際の黒板前の立ち位置を決めておく。班長が向かって左端，文を読み上げる順に残りの3人が並ぶ。劇や朗読の発表も同じであるが，こうして立つ順番を決めておくと，各班の発表がスムーズに進む。

発表チームが2度問題文を読み上げてもまだ正解が出ない場合は，教師が答えにつながる質問をする。

［例］モデル1，スポーツクイズの場合

Who is the famous player of that sport?

How many players does one team have? Five? Six?

(5) **優勝チームと優秀チームの発表，講評**

挙手して正解を言ったチームにポイントを与え，得点が多かった班が優勝。次に，どこの班のクイズが一番面白かったか生徒の意見を聞く。推薦が一番多かった班が優秀チームである。ALTがいればALTにも講評してもらう。最後に教師から，クイズ文の工夫，発表態度，班の協力の様子，英語が苦手な生徒がどう取り組んでいたかを総合して，それぞれの班のよかった点と今後の課題を言う。ただし長過ぎないこと。

(6) バリエーション

①正解の提示

　クイズの正解が出た時，スポーツクイズの場合ならジェスチャーで，食べ物など品物クイズならあらかじめ用意した絵で示すようにさせると，クイズ大会が一層楽しいものになるだろう。

②クイズ原稿の集約と配布

　発表後，各班の原稿を集めて印刷し配布する。生徒はおたがいの作品を喜んで読むのでよい学習になる。

③個人で発表

　クイズを個人で作り，答えになる絵や品物を用意してクイズを行う。答えを発表する時に "That's right. It's ..." と言いながら何か見せると，少々下手なパフォーマンスでもフロアがよく注目し，それにより聞き手と話し手の関係がよくなり，言葉の使い方が上達する。

　個人発表の場合，時には原稿暗記にこだわらずリード・アンド・ルックアップでさせるのもよい。下は生活圏を同じくして育ってきた公立中学１年生向け，三単現の動詞用法の習熟を狙ったクイズ活動の例である。暗記を要求せず，長めの原稿を落ち着いてしっかり音読させる。

［例］

Who is this?
This boy is my friend.
He lives in Aoyama 3 chôme.
He plays baseball very well.
He likes Hanshin Tigers.
He has a big dog.
Who is he?

用紙はＢ４サイズ２つ折り。
表に友人の似顔絵，裏にクイズ原稿を書く。

4 ◆ 劇台本の朗読会や群読

　教科書にある劇形式のレッスンを実際に劇として演じられればよいが，授業の一環として取り組むには時間がかかり過ぎる。朗読の形であれば2時間程度で取り組むことができる。

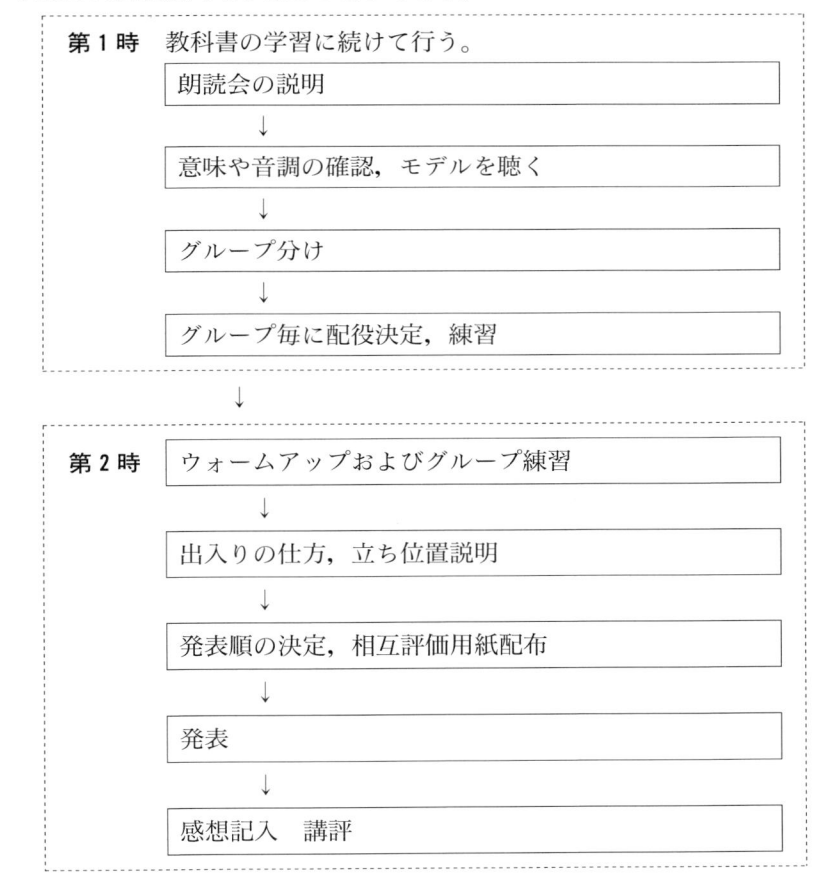

```
第1時　教科書の学習に続けて行う。
        ┌─────────────────────────┐
        │ 朗読会の説明              │
        └─────────────────────────┘
                    ↓
        ┌─────────────────────────┐
        │ 意味や音調の確認，モデルを聴く │
        └─────────────────────────┘
                    ↓
        ┌─────────────────────────┐
        │ グループ分け              │
        └─────────────────────────┘
                    ↓
        ┌─────────────────────────┐
        │ グループ毎に配役決定，練習  │
        └─────────────────────────┘
                    ↓
第2時   ┌─────────────────────────┐
        │ ウォームアップおよびグループ練習 │
        └─────────────────────────┘
                    ↓
        ┌─────────────────────────┐
        │ 出入りの仕方，立ち位置説明  │
        └─────────────────────────┘
                    ↓
        ┌─────────────────────────┐
        │ 発表順の決定，相互評価用紙配布 │
        └─────────────────────────┘
                    ↓
        ┌─────────────────────────┐
        │ 発表                      │
        └─────────────────────────┘
                    ↓
        ┌─────────────────────────┐
        │ 感想記入　講評            │
        └─────────────────────────┘
```

(1) 音読練習

　本文をある程度読めるようになったら，朗読発表会をすることを告げ，再度意味や場面を確認しながら，どのように読めばよいかを問いか

け，考えさせる。また，すぐ近くの人に呼びかける時と遠くの人へ呼びかける時の声の出し方の違いも実際にやらせてみる。その上で教科書付属CDや教師モデルをもう一度聞かせる。

(2) グループ分け
　男女混合，座席順でよい。劇台本に合わせ，4～6人程度のグループにする。グループ毎に練習する。

(3) 発表当日のウォームアップおよびグループ練習
　授業始めに短くてよいからクラス全体でしっかり声を出す。その課の新出単語を軽快なリズムに乗せてフラッシュカードを見ながら読む，チャンツ，歌などで行ってもよい。その後，グループで3分程度の仕上げ練習。欠席者が出た場合は他グループから同じ役の生徒が代役を務める。

(4) 立ち位置と出入りを決めると進行はスムーズ
　教師は黒板の生徒の頭位の高さに全役名を書き，生徒に立ち位置を明示する。生徒たちは黒板に向かって右手から出て並び，終わったら拍手の後，左手へ退場。次のグループも右手から出る。

(5) 評価用紙
　各生徒にB6サイズの評価用紙をグループ数だけ配る。声量，表現，態度をABCで評価し，一言コメントを書く程度の簡単なものでよい。発表中は紙を伏せ，発表後に1分程度で書かせる。後で綴じて対象グループに渡す。

(6) 発表
　発表の前後はクラス全員で拍手。発表者にしっかり注目させる。発表者は教科書を読むが，視線を聞き手の方に向ける努力をする。

(7) 感想，講評
　評価用紙を集めた後，感想記入用紙を配布。感想を記入させる。最後に教師が各班のよかった点を中心にほめる。

(8) バリエーション
①群読
　物語や詩を朗読するが，グループ内で話し合い，分担する部分を自由に決める。音楽を流しながら朗読させるのもよい。音楽は教師が決めても，各グループが決めてもよい。

②ディベートや討論形式の課
　こういった内容の課は朗読ではなく暗記して発表させる方が面白い。机をハの字型に対面させて行うと，より臨場感が増す。

③小道具を用意して演じる
　暗記して行うなら，人物を表す小物（帽子やエプロン）と手に持つ小道具を用意し，少し動作もさせる（衣装は不要）。"Here you are." なども実際に物を渡しながら言うと音調が正しくなる。古典的なトム・ソーヤーの塀ペンキ塗りの話は，黒板を塀に見立て，この方法で行うのにぴったりの教材である。

5 ◆ スピーチ作成と発表──ハワイで自己紹介

　スピーチ活動はクラスのほぼ全員がうまく発表できるように組み立てる。それによりクラスの雰囲気がよくなり，生徒の学習意欲が高まる。（参照：第3章・Ⅶ　スピーキング）

(1) **時期の設定とスピーチの目的**
　2年生の4月，生徒は新しい級友たちの中でやや緊張している。自己紹介と仲間作り，そして2年生での英語学習への動機付けという目的で行う。もちろん3年生の4月でも有効。

(2) **スピーチ活動の告知**
　活動の告知は生徒が「やってみよう」と思うように，次のように行う。
　「ハワイで開かれる世界中から中学2年生が集まる国際交流の集いに出席します。30人ほどのグループで1人1分の自己紹介スピーチ

```
準備：スピーチ発表時期の設定，モデル原稿作成，辞書の用意
```
↓

第1時
- スピーチ活動の告知
  ↓
- モデルの提示
  ↓
- 発表方法と評価の説明
  ↓
- 原稿作成
  ↓
- 班毎に練習

↓

```
準備：感想記入用紙作成，司会マニュアル作成と係生徒の指導
```
↓

第2時　（スピーチを2回に分けての実施なら第3時まで）
- ウォームアップ
  ↓
- スピーチ発表
  ↓
- 感想記入
  ↓
- 講　評

をします。多くの人から友だちになりたい，と思ってもらえたらスピーチは成功です。ここがハワイだと思ってスピーチをしてください。」
　剣玉を実演する，自分の名前の漢字を墨で書いたものを見せるなどすると海外での自己紹介として興味をひきやすいことや，逆に日本でしか通じないような情報やだらだら長いのは魅力に欠けることを教える。

(3)　スピーチモデルの提示
　実際にスピーチをしてみせる。小道具（写真，品物など）を使い，ジェスチャーも入れる。出入り，立ち位置，拍手の後に席に戻る，アイ・コンタクトなど動作面も実演して説明する。その後，原稿例を配布。

(4)　発表と評価方法の説明
　暗記して発表する。または暗記できる長さで発表する。
　発表順は，スピーチをしない生徒を出さず，次の話者が出るまでのロスタイムが多くならない方法を選ぶ。
　例えば，席順で前から4人ずつの班で行う。左右の先頭の班にじゃんけんさせ，スタートする側を決める。各班から1名発表し，一巡したら次の1名が発表し，四巡する。4名の発表順は各班にまかせる。また，スピーチは一斉にできないので，最初の10人くらいまではやや甘く判定する，後の人ほど楽なので判定は少し厳しくなる，という約束事も伝える。
　評価の説明を行う。「A$^+$，A，B，Cの4段階です。発表しない生徒はDです。充分な声量で，原稿がきちんと言え，アイ・コンタクトを保ち，品物や絵を使うといった指定条件を備えていればAです。これに加えて，相手に聞いてもらおうという積極的な態度で，音調やジェスチャー，顔の表情などが伴っていればA$^+$です。」

(5)　原稿作成
　"Hi！"または"Hello, everyone."で始め"That's all. Thank you."で終わることは共通にし，その間の本編部分を考えさせる。「スピーチ中，頭が真っ白になって困ったら，"That's all. Thank you."と言って明るく切り上げて終わりなさい。」と教える。原稿ができたらざっとチェックし，チェックが終わったら班内で練習させる。

⑹　事前準備
　感想記入用紙を用意する。Ｂ５用紙に班の人数分＋αが書けるように作成。同じ班の人には必ず感想を書き，残りの欄には印象に残った人の感想を記入させる。生徒に評価をさせるのはよいことだが，評価用紙を持たせるとスピーチをしっかり聞かなくなりがちである。用紙を裏返して聞き終わってから書く，といった工夫で聞くことに集中させる。
　教師は何をどうほめるか，ほめ言葉が言えるように準備しておく。
　２時間かけてスピーチ発表を行うなら時間の余裕が生じるので，司会の要領を英語で作成し，英語係に司会させてもよい。

⑺　いよいよスピーチ発表の授業
　楽しい雰囲気で始められるよう，叱責や説教は避ける。短い楽しい歌を歌う，チャンツ，前時に習ったテキストをリズミカルに音読する，など楽しいウォームアップをする。その後，班内で２分間練習させる。
　感想を後で書くことを伝える。「スピーチが終わってから，同じ班の人と印象に残った人についてよかった点を書き，後で本人に渡します。印象に残ればたくさん感想がもらえます。」
　発表順を確認し，最初のスピーカーからスピーチを始める。"Please look at the speaker."と言ってスピーカーに注目させる。終わったらスピーカーが前にいる状態で"Please give him / her a big hand!"と言ってクラス全員の拍手を促す。始まる前からの注目，集中した視聴，終わったら拍手，この３点が大切である。

⑻　感想記入および講評
　講評の前に感想記入用紙を配布し，おたがいの感想を書かせる。
　講評の基本はほめること。よい点を具体的にほめる。スムーズに言えた，アイ・コンタクトがよい，この表現がよかった，声が大きい，よく練習している，笑顔で言えた，つまったら文頭に戻って言い直していた，見せた絵がよかった，姿勢がよかった，躊躇せずにさっと出てきて話した，など。この講評を通して生徒たちにどういう視点でスピーチを行うべきか，また視聴すべきかを学ばせていく。スピーチは話し手と聞き手があって成立する活動であるため，最後はクラス全体をほめて終わる。

(9) 失敗の訂正と改良

　スピーチを評価するだけに終わってはならない。大事なことは，活動を通して話す力とコミュニケーションをとる力を伸ばすことである。以下はすべてよい点を認めた上で「惜しかった点は…」と言って指導する。

　①アイ・コンタクト：全体を見渡すべきとわかっていてできないのだから具体的な助言が必要。スピーカーをそばに立たせ，女子なら女子，男子なら男子の名前を挙げて「両隅の○○さんと△△さんに話しかけるつもりでやってごらん。車のワイパーのように右から真ん中そして左へ顔を動かすの。」その後，もう一度スピーチをやらせ，成功させる。

　②姿勢：ぐずぐず出てくる，身体がまっすぐ保てない，終わると同時に身を翻して席に戻ろうとするなど，教師がよくない例とよい例をオーバーに，ユーモラスにやってみせ，いかに身体表現が大切か感じとらせる。上体の保持はスピーチの印象を左右する大事な要素である。

　③暗記の失敗：暗記だけでとにかく言い終えた生徒や，暗記に自信がなく原稿を読んでしまった生徒は，原稿を預かりもう一度発表させるか，原稿の内容について英語で質問する。

　④声が小さい：生徒の声が小さ過ぎたり，上手に読めなかった時は「原稿はしっかり書いたのに惜しいね。じゃあ，先生がやってみよう。」と，本人をそばに置き，代わりに行う。聞き手がよく聞いている様子を体験させる。本人が望めば再挑戦させる。

　スピーチ活動に慣れたら，スピーチ内容について教師が英語で質問する，聞き手側の生徒から質問や感想が出るよう指導するなどして，双方向のコミュニケーションを目指す。

6 創作ライティング――家族紹介

(1) ライティングモデルの作成

　クラスの全生徒が創作ライティングを楽しみ一定レベルの作品が書けるように指導するには，最初にモデルを与えるのがよい。

　ライティングモデルは，①生徒が「書きたい」と思うテーマで，②現在履修中の文法事項や既習表現の利用を促し，③全体の構成やレイアウトを明確に，④モデル文の単語を入れ替えればある程度書くことができ

```
準備：ライティングモデル作成
      下書き用紙，清書用紙，和英辞書の用意
                ↓
授業：1時間ないしは2時間
      ライティングモデルの紹介
                ↓
      作品作成の条件とルールの説明
                ↓
      ①下書き用紙に下書き
      ②教師によるチェック
      ③清書用紙に清書
                ↓
      提出または提出日の指定
                ↓
事後：作品の展示または印刷配布
```

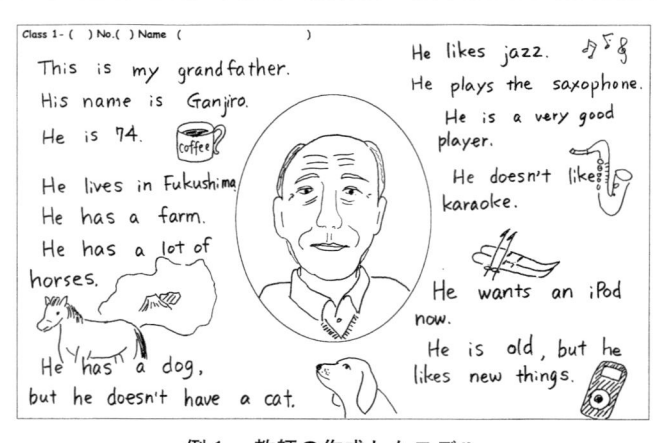

```
Class 1-( ) No.( ) Name (        )
This is my grandfather.         He likes jazz.
His name is Ganjiro.            He plays the saxophone.
He is 74.                       He is a very good
                                player.
He lives in Fukushima.          He doesn't like
He has a farm.                  karaoke.
He has a lot of
horses.
                                He wants an iPod
                                now.
He has a dog,                   He is old, but he
but he doesn't have a cat.      likes new things.
```

例1　教師の作成したモデル

るよう細心の注意を払って作る。

　前頁の例1は動詞三単現の学習後に取り組む家族紹介の自由作文用に教師が作成したモデルである。生徒が書く時に参考にしやすいように例文を選び，同時に丸写しは難しいように内容を構成している。モデル文を変えれば2〜3年生でも同様にできる。

　教科書によい例があればそれを利用する。例2は *New Horizon* 1年の教科書本文をモデルに作成した「架空の旅行先から教師に宛てた手紙」の生徒作品例である。

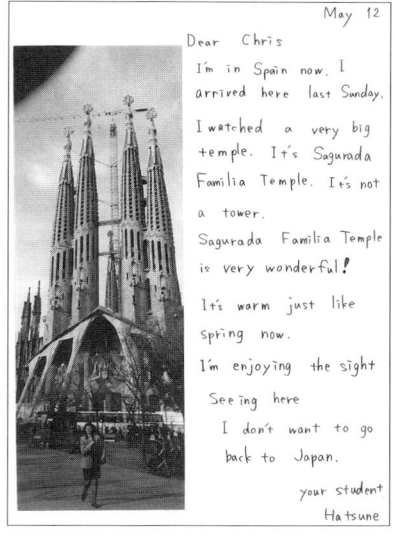

例2　生徒の作品例

(2) 創作の約束

　作文に限らず英語の時間に自分の性格や家族について語る時，自分や家族のことは自分が語りたいように内容を決めてよいこととフィクションを混ぜてよいことを教室の約束にしておく。

　また，自分の家族の長所を強調して紹介するアメリカ人と，謙遜して伝える日本文化の違いを教え，家族のよい点を探して，「なければ創作して」書くよう教える。

(3) 下書き

　教師のモデル（例1）を表に，裏には周囲の四角と中央の楕円だけを印刷した用紙を配布する。モデルを読み上げ，簡単に説明する。中央の楕円になるべく大きく顔を描くこと，住む場所，食べ物の好み，苦手なもの，趣味，など話題のまとまり毎に固めて書き，小さい挿絵を入れること（実はこれにより段落を構成しながら書くことに誘っているのである），できれば結びの1文を工夫することである。班毎に机をつけ相談しながら書かせる。質問のある生徒は教卓のところに来るように伝える。下書きができた生徒は清書に移る。

(4) 清書

　清書用紙は体裁は下書き用紙と同じだが上質紙にし，色鉛筆などを使って仕上げさせる。時間内に提出できない生徒は家庭で仕上げて提出させる。清書を家庭学習にすると未提出の生徒が多くなる状態なら，2時間計画で行う。その場合は早くできた生徒用に別の課題を用意しておく。

(5) 事後指導

　各クラスから優秀作品を選び掲示板に展示する。またはクラス毎に全員の作品を印刷し，綴じて作品集にして配布する。

7 ◇ ディベートにつながるクラス2分割討論

　これはディベートの形式はともかく，議論することの面白さに目覚めさせる活動である。前の時間に仕掛けしておけば1時間ででき，2年生2学期以降，比較級学習後ならいつでも実施できるし，英語が不得意な生徒も面白がり，ALTとのTTで行うと彼らも喜ぶ異文化理解授業になる，という優れものの活動である。以下ALTとのTTとして紹介するが，ソロまたは日本人同士のTTでも可能。

(1) ディベート・トピック

　"Who are luckier, boys or girls?（または men or women)"
　"Which is a better place for the school trip, Kyoto or Okinawa?"
　"Which can be a better pet, a dog or a cat?"
　冬と夏のどちらがよいか，など「答えは1つではないけれどユーモアをもって議論できる」テーマがよい。ALTの意見も聞く。

(2) 事前準備

　機械的にクラスを半分に分け，サイドを決め，英語で少なくとも5つ，他の人が思いつかないような理由を書いてくるよう指示する。5つ以上は日本語でもよい。家族中の知恵を集めて書いてくるように言う。自分の意見と反していてもよいことをしっかり念を押す。

準備：① ALT と協議
　　　　（トピックの決定，議論の予想，役割の説明と確認）
　　　②ワークシート（意見記入用紙）作成

↓

前時の終わり 10 分程度

　ディベートの告知　⇒　クラスを2分割し，サイドを決定

⇒　ワークシート配布。時間いっぱい記入し，残りは宿題

↓

ウォームアップ　⇒　対峙して座る。リーダー決定。　⇒　準備3分
⇒　討論　⇒　仕切りなおし：作戦タイム　⇒　討論
⇒　討論終了　⇒　判定，講評　⇒　発言内容の検討

[ワークシート例]

Who are luckier, boys or girls?
　　　　　　　　　　　　　　サイド □
Class (　) No. (　) Name (　　　　)
I think (　　　　) are luckier than (　　　　),
because ...
①_____
②_____
③_____
④_____
⑤_____

　ここからは日本語でもよい。<u>他の人が考えつかないようなユニークな理由</u>をできる限り多く書こう。
・_____
・_____
・_____
・_____

(3) ALT に役割を伝える

　生徒の英語をシンプルでわかりやすい英語に言い換える，生徒を励まして，間違いを恐れず発言させる，ブレーン・ストーミングのように自由な発想を促す，表情と言葉でしっかりほめる，などを ALT と確認する。
　また，生徒の発言の中に文化的，人権的に問題があっても，活動の最中はゲーム中の意見として受容し，時間の終わりにきちんとチェックすることも伝えておく。

(4) リーダーの決定

　クラスを2つに分け，向い合って座らせる。グループ内では相談しやすいように席を移動してよい。各チームのリーダーを決める。発言が途絶えたらリーダーが発言者を指名する。リーダーの指名には従わなければならない。また，英語で言い尽くしたら日本語での発言も可だが，断片的でも英語を混ぜるよう奨励する。

(5) 討論の進め方

　ALT が司会し生徒に発言させていく。この時 ALT は生徒の英語を聞き取ったら，よりシンプルで理解しやすい英語に大きい声で言い直す。この作業には日本人教師（JTE）の協力が不可欠である。JTE は生徒の発言を2つのサイドに分けて黒板に書いていく。
　生徒は英語で発言するのが精一杯で，相手の意見に反論することは難しいが，どんな発言もほめるようにする。1つでも反論になる意見が出てきたら大いにほめ，黒板上に書いた英文に両矢印をつけるなどして対比を明確にする。上手にほめると議論は続くものである。
　英語が出なくなったら日本語で言わせる。すぐに JTE が生徒にわかる程度の英文にして言い，生徒に復唱させる。日本語であっても着眼点やユニークさをほめる。

(6) 作戦タイム

　議論が停滞したら，ALT が中間判定をする。説得力のある意見を赤丸で囲み，反論している数も指摘し，どちらの側が優勢であるか伝え，5分間の作戦タイムを与える。作戦タイムの間，それぞれのチームに教

師が関わる。未だ発言のない生徒は必ず発言させるようリーダーに指示する。その後，再開し前半と同様に進める。

(7) **判定と意見の正当性についての議論**
　授業の残り時間7分くらいで打ち切り，判定する。まず発言内容の論理性と説得力で優れている点を挙げ，その後反論できたか，英語で言おうとしていたか，チーム内で発言者が偏らず皆が参加していたかで勝敗を判定し，勝者をたたえる。また敗者サイドのよかった点も指摘し，ほめる。
　さらに「議論はブレーン・ストーミングで自由に発言したけれど，文化と人権の見地から発言内容を考えてみよう。」と言って，発言内容を検討していく。ここではALTもJTEもそれぞれ意見を言い，生徒も意見を言う形をとる。3者が一致する意見もあれば食い違う意見があっていい。生徒は未だ意見と事実，現状とルールを混同しがちな年齢である。追い詰め過ぎないように配慮しながら社会の諸問題について考える糸口にしたい。「女性はデート費用を払わなくていいから得」という生徒発言に，イギリス人男性の反論は「僕は割り勘にしない女性とはデートしない。」クラス中の生徒が驚き，一瞬ぽかんとしたのも楽しい思い出である。

(8) **事後指導**
　当日出た意見を両サイドに分けてALTに英訳してもらい，印刷して配布する。自分の意見に近いものにマーカーを引き，覚えるよう指示。定期考査にも同じトピックを出題し，理由をつけて意見を書かせる。

8 ◆ ディベート初歩

　中学2年生の3学期以降で可能な，単純な形式のディベートである。討議も司会も英語で行うが，討議中に生徒が困ったら教師が臨機応変に対応して，失敗のまま終わらせず必ず成功に導くことが大切である。

(1) **前年度から心がけておきたいこと**
　ディベートは総合的な活動だが，中でも自分の意見を英語で構成し書

く力は，生徒が主体的に取り組む核となる。日記やエッセーはもちろん，実施の数ヶ月前から意見とその理由を書く活動に親しませておく。

教師	・教員研修等を利用し，英語ディベートを体験する。 ・日頃より授業中，教師が英語を多く使用する。 ・ALTと，お天気会話でなく，いろんな議論をしておく。
生徒	①英語でのライティング活動：日記，エッセー，意見と理由 ②英語を話す・聞く活動 ③相手を見て読むリード・アンド・ルックアップの訓練 ④グループ活動

(2) ディベートのテーマ選びとチーム分け

　制服やアルバイトの是非，二者択一（犬・猫，田舎・都会，無料で旅行に行くならUSAとオーストラリアのどちら）等。議論に難しい特殊な語彙が必要なテーマを避け，生徒の生活を考慮して選ぶ。例えば，電車やバス通学がない地域では「優先座席は必要か否か」よりも，「携帯電話と自転車，どちらが中学生にとって有用か」のほうが盛り上がる。

　1クラスに6チーム作ると，ディベートは3回となり，テーマが3つ必要である。男女混合で，1チーム4〜5名がよい。多くて6名位。対戦チームは力が釣りあっている方がよいが，チームは基本的に教師があまり操作せず決める。欠席者が出た場合や特に弱いチームは当日，他の班から助っ人を1名借りる。

(3) 準備と授業の実際

　ディベートとは何か，教室の前方での席の配置，英語は司会のALTに通じればよいことなどを簡潔に説明する。

　トピックおよび肯定・否定のサイドはなるべく生徒に選択させる。希望が重なればじゃんけんで選ぶ。対戦相手が決まったら，3つのディベートをどの順で実施するか決める。

　スケジュールとディベートの実施予定日を知らせる。ただし，生徒の討議がうまく行かず再度チャンスを与える必要のある場合も想定し，教師は密かに予備日を1時間設定しておく。

準備中は机間指導し，ほめたり意見をゆさぶったりして予想意見や反論をたくさん書かせる。ALTにこの段階から手伝ってもらう。準備は日本語でもよい。全員でアイディアを出し合うこと，本番でどの人も必ず1回は発言しなければいけないことを徹底する。

(4) ディベート実施

黒板の前に司会者とディベーターの席を設定し，それ以外の生徒はやや後ろに下がりオーディエンス席を作る。

ディベート手順とタイムスケジュールに従って進める。タイマーを利用する。司会の仕方，JTEの仕事，討論の進め方などは前節の2分割討論と同様である。ALTは両チームの生徒だけでなく，聞き手の生徒にも理解できるようしっかり復唱し，JTEは黒板に論点を明記する。

ディベートの手順をあらかじめ説明しておいても，中学生にすれば経験したことのない活動は難しい。1つ目のディベートをしながら説明し，理解させていくつもりで進行する。

Cross Examination中，相手の意見に対する反論らしき意見が最初に出た瞬間をとらえ，「反論が出た。素晴しい。こんな風にもう一度言ってみよう。You said（相手の意見），but（今言った意見）」と言って，どの意見に対する反論であるかを明確にするフレーズを与える。黒板の一番上に書いてやるとよい。事前に「反論の時はこんな風に言うのだよ」と教えておいてもできないのが中学生。場面をとらえ，その場で指導すればよい。

聞き手の生徒は，討論中はしゃべってはいけないが，作戦タイム中は意見や感想を述べあってよい。この時間を利用して，議論がどの方向に進んでいるかや，難かしい語句をJTEが聞き手の生徒に説明してやるとどの生徒も観戦しやすい。中学生にとっては，自分たちで考えたことのないトピックについての議論を聞き続けるのは難しいからである。

Cross Examination後，両チームとも黒板の記録を見ながら最も説得力のある理由を3つ選び，Summary Speechを構成して発表する。判定は，英語使用量や反応スピードがほぼ同じならば論理的説得力の上回る方を勝ちとする。ジャッジはALTでよいが，近隣のALTや地域の方など日頃生徒と接していない人物に依頼できるとなおよい。

(5) **ディベート授業の流れ**（準備については7参照）

第1時：準備1回目
- ディベートの概略説明，3つのトピックの紹介
  ↓
- グループ分け，リーダーの決定
  ↓
- トピックと対戦相手の決定
  ↓
- ワークシート（pp.112-113参照）配布，ブレーン・ストーミング
  ↓
- 主張の柱の設定，家庭で準備してくることの確認

↓

第2時：準備2回目
- ディベート手順の説明
  ↓
- グループ内の役割分担決め
  ↓
- 相手チームの主張や反論の予想，それらへの反論
  ↓
- 最初のスピーチの清書。サマリースピーチの準備

↓

第3時：1つ目のディベート（第4時，第5時は同様。）
- ウォームアップ（3分） → 席の移動（2分）
- → グループ毎に準備，評価用紙（p.114参照）配布（10分）
- → ディベート（25分）　…第4時に2つディベートを実施することも可能。
- → クラス全体への講評，次時の予告（5分）

ディベート手順

```
The proposal of the theme [テーマの紹介]：司会者（30秒）
  司会者がテーマを発表し，両チームを紹介する
                    ↓
Presentation Speech by Group 1 [最初のスピーチ，先攻]（1分）
Presentation Speech by Group 2 [最初のスピーチ，後攻]（1分）
  両チームが順番に意見と理由3つを述べる。
                    ↓
Preparation Time [作戦タイム]（2分）
  相手チームの主張にどう反論するか，誰が言うか作戦会議。
                    ↓
Cross Examination [反論・質問]（10分～15分）
  ・You said …, but … のフレーズを教える。
  ・攻撃タイムと守備タイムを分けずにどんどん言う。
  ・最初の3点の理由以外のことも言ってよい。
```

議論が低調なときは途中で作戦タイムを取る

```
        Preparation Time [作戦タイム]（2分）
                    ↓              教師がサポートする。
        Cross Examination [反論・質問] 再開
                    ↓
Preparation Time [作戦タイム]（2分）
  ・黒板に列記された自分たちの主張の中から最も説得力がある
    と思う主張3つを選び，サマリースピーチを組み立てる。
  ・既に発言した内容からしか言ってはいけない。
                    ↓
Summary Speech by Group 2 [まとめのスピーチ，後攻]（30秒）
                    ↓
Summary Speech by Group 1 [まとめのスピーチ，先攻]（30秒）
                    ↓
Judgment [判定]（30秒）
                    ↓
Comments from the Judges [コメント]（2分）
```

[ディベート用ワークシート例]

Debating Class (　　) No. (　　) Name (　　　　　　　)

Topic： 　　または ＿＿＿＿ vs. ＿＿＿＿ 　（自分のチームのほうを○で囲む）	Members（全員の名前）：

ディベートの手順（実施予定：3月13日月曜日〜17日金曜日）
　①　Presentation by Group 1　　　最初のスピーチ（1分）
　②　Presentation by Group 2　　　最初のスピーチ（1分）
　③　Preparation time　　　　　　作戦タイム（2分）
　④　Cross examination　　　　　　反論・質問（10分〜15分）
　⑤　Summary speech by Group 2　　まとめのスピーチ（30秒）
　⑥　Summary speech by Group 1　　まとめのスピーチ（30秒）
　⑦　Voting by the judges, Announcements of the result,
　　　Comments from the judges　　勝負の判定とコメント（2分）

自派のプレゼンテーション・スピーチ（言う人：　　　　　）
《英語で書く》

We think that ＿＿＿＿＿＿＿＿＿＿＿＿＿＿＿＿＿＿＿＿＿＿＿＿＿＿＿＿＿
These are our reasons.
First

Second

Third

So we think that ＿＿＿＿＿＿＿＿＿＿＿＿＿＿＿＿＿＿＿＿＿＿＿＿＿＿

その他，自分たちのチームの主張（英語・日本語）
　←相手チームの反論予想（日本語）
　　・
　　・
　　・
　　・
　　・
　　・

相手チームがプレゼンテーション・スピーチで主張しそうな点
（日本語でよい）

- _____
    ←反論（英語で）_____
- _____
    ←反論（英語で）_____
- _____
    ←反論（英語で）_____
- _____
    ←反論（英語で）_____
- _____
    ←反論（英語で）_____

その他相手の言いそうなこと

-
-
-
-
-
-

まとめのスピーチ 《最後にやっぱり主張したいこと》
　　　　　　　　　　　　　　　　　　（言う人：　　　　　）
　（準備しておくが当日，議論を受け必要な部分は入れ替える）

We think that _____, because

1st

2nd

3rd

So we think that _____

第2章　基本の授業パターン・Ⅳ　113

第2章　Ⅳ・活動を中心にした授業

[ディベート評価用紙例]

Debating match evaluation sheet

今日のディベートを評価しよう。Date：_____ ___, 2008

Class （　　） Name （　　　　　　　　　　　　　）

Topic：_____

Pro	司会者	Con

木村舞　正

上の四角に各チームのメンバー名を書き，発言回数などをメモする。

↓ A, B, C に○をつけます。
（A：優れていた　B：だいたいできた　C：もう少しがんばろう）

Everyone must speak!　全員発言できたかな
　　　　　A　B　C　　　　　　　　　　A　B　C

English is better!　英語を使う努力をしていたか
　　　　　A　B　C　　　　　　　　　　A　B　C

Thinking fast!　すばやく返答していたかな
　　　　　A　B　C　　　　　　　　　　A　B　C

Strong opinions　「よい」と思った意見

_____　　_____
_____　　_____
_____　　_____

Circle the winning team

勝ったチームに○　　自分の判定　[Pro / Con]　　ジャッジの判定　[Pro / Con]

Your comments
感想

第3章　指導技術

I　全般
II　発音／文字
III　文法
IV　語彙
V　リスニング
VI　リーディング
VII　スピーキング
VIII　ライティング

I 全般

1 ◆ ペアワーク

(1) ペアの作り方

①座席の隣同士

　これは最も単純な方法である。男女で組むことが基本となる。学年始めの授業で、英語の授業の決まり事の1つとして、誰とでも仲良く積極的にペアで学習する規律を身につけさせることが大切である。英語が苦手な生徒同士が偶然ペアになってしまう場合もあろうが、学級で座席替えをするまでは教師の支援を多めにするなどして対処するとよい。

②座席の斜め前後同士

　①と基本的な考え方は同様だが、①でどうしてもうまくいかない場合や、ペアワークに変化をつける時に有効である。また隣同士の場合に比べて、より大きな声で音読したり話したりしないと相手によく聞こえないので、大きな声を出させる練習としても有効である。

③座席の隣同士だが、片方の列の生徒だけ毎回ずれる。

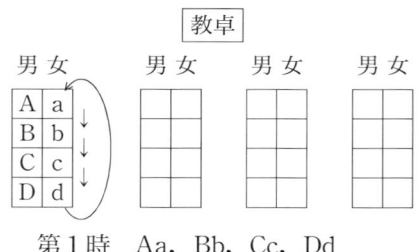

　　　　　　　　　　　教卓

　　　男女　　男女　　男女　　男女
　　　A a
　　　B b
　　　C c
　　　D d

　　　第1時　　Aa, Bb, Cc, Dd
　　　第2時　　Ad, Ba, Cb, Dc
　　　第3時　　Ac, Bd, Ca, Db
　　　第4時　　Ab, Bc, Cd, Da

※女子のみ毎時間後ろに1つずつずれると、違うパートナーとペアが組める。

授業の始めに毎回短時間チャットを行う場合などは，いつも同じ相手では生徒が飽きてしまう。その場合，ペアの片方の生徒だけが毎時間座席を前（後ろ）にずれて行うようにするとよい。この方法で同じトピックのチャットを繰り返した場合，相手が毎回変わることで，内容も毎回違ったものになるため，生徒は新鮮な気持ちで活動に取り組むことができる。また，同じトピックについて何度も話すことになるため，同じ相手と繰り返し練習するのと同等の効果が期待できる。

(2) どのような学習でペアワークを行うか
①音読練習および音読から暗唱へつなげる活動
　教師やCDの範読について読めるようになったら，パートナーとの音読練習を取り入れたい。
　教科書の本文は対話形式になっていることが多い。その場合，役割分担して読ませることができる。感情を込めて音読させたり，状況を様々に設定して音読させるなどの工夫をしたい。対話文でない課でも，1文ずつ交互に音読しあうという方法でペアワークを行うことができる。さらに，単に交互に音読しあうのではなく，自分が言う番の時には教科書を見ないで言う，だんだん教科書から顔を上げさせていく，という段階を踏んで暗唱につなげさせることができる。特に対話文の暗唱は1人の生徒が覚える英文も少ないので，生徒に比較的容易に達成感を味わわせることが可能である。このような活動は入門期のうちから授業で取り入れて，英語の学習はパートナーと協力して行うものだという認識を生徒に持たせることが大切である。対話文でない課でも，1人が日本語を言い，パートナーが英語に直すという方法で暗唱につなげる練習を行うことが可能である。
　この発展としてスキットの作成がある。教科書の対話文に1〜2文足すだけの簡単なものから，単語を入れ替えたり，オリジナルの対話文を創作するものまで，難易度は様々に調整できる。

②インフォメーション・ギャップ活動
　ワークシートなどを使用して，パートナー同士が互いに異なる情報を持つようにして，ターゲットとなる文法事項を用いてやりとりしながら

情報のギャップを埋めていくことによってタスクを完了させるというタイプの言語活動。ペアワークで行われる典型的な活動の１つである。

③ライティングでのピア・フィードバック
　書いたものを交換して互いにチェックしあう活動で，文字，単語，文など様々な単位で行える。生徒は，教師が与える正解や教科書記載の正解を見て，パートナーの書いた英語に対してフィードバックを与える。生徒が書いた英文をすべて教師が集めてチェックするよりも時間が短縮できる。また，相手の書いたものを読むことで，自分の誤りに気づいたり，異なる表現を知るきっかけにもなりうる。発展的な活動としては，自由英作文をパートナーと交換し，互いに誤りを指摘しあったり，構成や内容について意見を述べあうことで，次の段階のドラフト作成の参考にすることも可能である。

2　グループワーク

(1)　グループの作り方
　生活班や学級の座席をそのまま活用するのがよい。最も単純な方法であるが，英語の学習を通して，誰とでも仲良く協力しながら学習を進める大切さを学ぶことができる。教師が意図的に英語の得意な生徒とそうでない生徒を混成させ（あるいは分け）てグループを作ると，生徒の動機づけの面であまりうまくいかないことが多いので，よほどのことがない限り，学級の生活班を基本とするのがよいだろう。

(2)　グループの人数
　どのような活動をさせるかによって，適切なグループサイズは異なるが，４人１組程度にすると，活動に参加しない生徒が出ないため，うまくいくことが多い。

(3)　どのような学習でグループワークを行うか
　適した活動としては，一斉指導での指導内容の定着を図るような練習的活動や，よりクリエイティブな表現力を養う活動などが挙げられる。

①ライティング
　○練習的活動
　　［例］ターゲットとなる学習事項を含んだ言語活動をグループ対抗で行う。グループ間に競争意識が生まれるので学習が活発になる。例えば，ある文字で始まる単語を10個書く（sならsea, show, send, song, sing, …など）という活動が挙げられる。
　○クリエイティブな表現活動
　　［例］グループで料理のレシピを考えてイラスト等を入れながら色画用紙に作品として書き上げ，発表しあう。仲間と協力して行う学習活動であり，英語が苦手な生徒も，イラスト担当になるなどして自己達成感を得ることができる。

②音読
　○練習的活動
　　［例］次に述べるグループ対抗「リーディング・ショー」の準備段階としての音読練習。競争意識が働くので生徒は熱心に練習に取り組む。また，通常のコーラル・リーディングよりも1人当たりの音読練習時間をはるかに多く確保できる。
　○クリエイティブな表現活動
　　［例1］グループ対抗「リーディング・ショー」を行う。教科書の中で，ある程度分量のある読み物の課や登場人物の多い課を選び，グループ内で役割分担をして，グループごとに音読発表をする。この活動では，役割分担する際に，苦手な生徒はセリフの少ない役になるなどの工夫ができる。評価の観点を示し，相互評価させて表彰すると生徒は一生懸命活動する。
　　［例2］スキットを演示する。教科書本文を発展させた形で，生徒たちにオリジナルのスキットを演じさせる。やらせっぱなしでなく，評価の観点を示して生徒間で合評会を行わせると，生徒どうしの学び合いにつながる。

③ディスカッション
　まずはセルフディスカッション（自分1人で考え，ぶつぶつ言う），

次にペアでディスカッション（パートナーと意見交換），次にペアを合体して4対4でディスカッションさせるという段階を踏むとよい。さらに，時間が許せば同一テーマでいろいろなグループとディスカッションさせてもよい。同じ学習活動を変化をつけて繰り返し行えるので，話し合いに特有な表現の定着や，変化に対応しながら話す力の育成が期待される。1回ごとに振り返りを行うようにして，「成果と（次回への）課題」を書かせるようにするとよい。具体的には「友だちが使っていて今度はぜひ自分も使いたい英語表現」や「言いたかったけれど英語で表現できなかった事柄」などをワークシートに書かせていく。このような工夫により，1回ずつの学習を整理して次の回に臨むことが可能になる。

3 ◆ ティームティーチング

　ティームティーチング（Team Teaching，以下 TT）は，a）日本人英語教師（Japanese Teacher of English，以下 JTE）とネイティブ・スピーカーの外国語指導助手（Assistant Language Teacher，以下 ALT）とで行う場合，b）JTE 同士で行う場合，c）JTE がボランティア大学生などのティーチング・アシスタントとともに行う場合などがあるが，本項では JTE と ALT による TT に絞って論じる。いずれの場合も，前もって授業の組み立てについて打ち合わせをしておくことが必要である。

(1)　JTE と ALT が1つの教室で授業を行う場合

　新しい学習事項（主に文法規則）の導入から練習までの指導を行うのが最もオーソドックスな形である。例えば，規則動詞の過去形を教える場合，JTE と ALT とが過去形を含んだ英文からなる簡単なスキットを演じ，過去形の形式・意味・使い方を生徒に理解させ，その後 ALT に音声モデルを示してもらい，生徒にリピートさせるというような手順で授業を進めていく。この方法の長所としては，言語形式の実際の使用場面がわかること，生徒の発話や反応に応じて形成的評価をしながら音声モデルを変えて示せること，また教師が2人いるので言語活動時にも生徒の学習状況を細かく見て回れることなどが挙げられる。

生徒にとって，英語で外国人とコミュニケーションできたと体感することが，なによりも学習動機を高めることにつながるので，なるべく多くの時間，外国人講師と生徒が個別にコミュニケーションする場を設定するよう留意したい。

(2) JTE と ALT が別々の教室で授業を行う場合
①クラスを2つに分けた指導

クラスを2つに分けて，半分の生徒は授業の前半に JTE の指導を受け，後半に ALT の指導を受ける。もう半分の生徒は前半に ALT の指導を受け，後半に JTE の指導を受ける。JTE のクラスでは文法規則の導入やまとめなどを行い，ALT のクラスでは文法規則を用いた言語活動などを行う。

②学習した文法事項をもとにした即興対話

具体例
　　過去形を学習した後に，「先週末に行ったこと」に関して ALT と生徒1人または生徒数名とで話をする。

学習過程
　ア　教科書に基づき過去形の学習を終える。
　イ　先週末に行ったことを5つほどノートに書いてくる。
　ウ　それについてパートナーとペアでやりとりをする。
　エ　ALT とそのトピックについて2分間程度やりとりする。

留意事項
・授業始めに短時間チャットなどを取り入れて，あらかじめコミュニケーションに用いられる定型表現（Pardon? / Speak more slowly, please. / Well, let me see, / Oh, is that so? 等）を指導し，生徒が十分に慣れるようにしておく。
・ALT ばかり質問して生徒は答えるだけにならないよう互いに質問しあい，その答えからさらに話を深めたりする方法を指導しておく。
　　例　S　：What did you do yesterday?
　　　　ALT: I went to a concert with my friend.
　　　　S　：Oh, really? <u>Whose concert did you go to?</u>

- ALT と話す前に授業で口頭練習を十分しておき，ALT との会話では「話せた！」という自信を持たせるようにする。
- 生徒には ALT といきなり1対1で話させるのではなく，最初はグループで話させ，次に2人で話させる。最終的には，生徒1人でも1つのトピックについて ALT と一定時間話ができるように，順を追って慣れさせる。

4 ◆ 誤りへの対処

(1) スピーキングにおける誤り

　授業中の生徒の発話における誤りには，即座に直接的に訂正したほうがよい場合と，そうでない場合がある。訂正が推奨されるのは，発音や文法事項の練習をしている時の誤りである。

　英語の発音は学校でしっかり教えなくてはならないので，単語単位，句単位，文単位の英語らしい発音法を充分に練習させたい。全体→個人という順で練習させるとよい。全体練習の際に気づいた誤りは，全体にフィードバックして再度練習させる。個人の誤りは，その個人に対して訂正をするのが基本であるが，他の生徒も犯しそうな誤りについては適宜全体にフィードバックして注意を促す。日本語にはなく，識別が難しい発音（heart [hάːrt] と hurt [hə́ːrt]，light [lάɪt] と right [rάɪt] など）や，リズム，イントネーションについては入門期に繰り返し指導を行うようにする。通じればよいと考えて不正確な発音を安易に許容しない姿勢を持ちたい。これは後の学習のためにも大切なことである。

　また，文法事項の定着を図るために行うドリルや言語活動における生徒の発話の間違いは訂正するほうがよい。言語形式の習熟を目的とする活動における形式上の誤りはきちんと訂正すべきであろう。

　対照的に，チャット，ディスカッション，ディベート，自由意見発表等，生徒がこれまで身につけてきた英語力を総動員して行う話す活動においては，生徒の発話に対して，意味が相手に通じない場合等を除いて極力訂正は控えたほうがよい。ましてや生徒の発話を中断し，正しい英語で発話し直させるようなことはしないほうがよい。発言している生徒の意識は言語形式に対してではなく，何を話すかという内容に対して焦

点化されているので，教師が1つ1つ発話の細かい表面上のミス（例：動詞の三人称単数現在の-s が抜けていた等）を指摘すると，生徒の思考を分断させてしまうおそれがあるからである。また，生徒は一生懸命に話す内容を考えて言葉にしているのであるから，その意欲を減退させるような訂正はしないほうがよい。しかし同じ間違いが繰り返し続くような場合は，生徒の思考の流れを分断してしまわないように，さりげなく言い直す（recast）（例：S: I teached math to my brother yesterday. T: Oh, you taught math?）などの方法で誤りに気づかせ，自発的に言い直させたり，発話がすべて終わってから訂正する方法をとるのがよい。

このように，話す活動をさせる時には，何に重点を置いて学習活動をさせるか（言語形式の定着なのか，英語でどんどん話そうという積極的態度であるか等）によって，誤りに対する適切な対処法が違ってくる。

(2) **ライティングにおける誤り**

書いたものに対する誤りへの対処の基本も，発話上の誤りへの対処と同様である。すなわち，入門期における，正しい文字で正しい英文を書くことができるようになることが目標である学習活動等では，誤りをそのままにしてはならない。正しい形が定着するように訂正することが必要である。教師の負担は大きいが，この入門期にはこまめに生徒のノートを点検して，間違いがそのまま定着してしまわないように気を配りたい。

一方，上級学年になり，自己表現活動として何かまとまりのある英文を書かせた場合，誤りをすべて訂正するのか，指摘のみにとどめるのか等，すべての誤りを指摘されても対応できない生徒，多くの誤りを指摘されることによって，やる気を失ってしまう生徒，そして，誤りについてのフィードバックよりも教師のコメントを望む生徒もいるからである。どのような場合にどのような対処がよいのかは一般化するのが難しい。正解をそのまま与えるのではなく，マークを用いて誤っている点を示すなどの指摘方法が有効であることもあるだろう。教師が自分の受け持つ生徒をしっかり見つめ，その時々に最善の方法で対処することが必要である。

II 発音／文字

1 ◇ 発音指導

(1) 基礎編

　小学校から英語の学習が始まっているとはいえ，中学校1年生にとって英語は新しい気持ちで頑張ろうと思う教科である。その生徒に，入門期に英語発音の基礎を身につけさせることは教師のつとめである。英語をうまく読めたり話せたりすることによって，生徒は「できた！」という自信をまず持つことができるからである。

　その一方，生徒に完璧な発音を求めすぎて英語学習に対する意欲を失わせたり，話す内容よりも発音のほうに重点がいきすぎてもいけない。そこで入門期においては，毎回時間を区切って発音指導を行うようにするのがよいだろう。発音練習には繰り返しが必要だが，そればかり続くと飽きるからである。正しい発音を身につけるためには，

　1　音の識別ができる
　2　識別した音の正しい出し方を知り，実際に発音できる

の2点が必要である。一般的には，音の recognition ができてから production ができるようになることが多いからである。

　生徒に英語を発音させる時には，全体→列→個人という段階を踏むと，生徒の心理的不安を軽減することができる。特に英語学習の初期の段階では，いきなり個人で発音させられた生徒が，うまく発音できないために英語嫌いになってしまわないように気をつける必要がある。

①アルファベットの表す音

　アルファベットには，A（エィ），B（ビー），C（シー）という文字の名前と，A（ア），B（ブ），C（ク）という文字の表す音の両方があるということ，またCのように2つの音（ク，ス）を持つものもあることを指導する。その際，歌やリズムに乗せて発音させるなどして，口ずさむのが楽しくなるように工夫したい。市販の CD 付き教材で優れたもの

も多いので利用したい。

　［例］ A says　　　a, a, apple,　B says　　　b, b, bear.
　　　（文字の名前）（文字の音）（文字の名前）（文字の音）

②母音の指導

　英語の母音は日本語の「あいうえお」の音とは違うことを認識させる。そのためには，実際の英語音をよく聞かせる必要があるが，その際に「よく聴いてその通りまねしなさい。」と指示するだけでは，どのようにすれば正しく発音できるか生徒はわからない。そこで口の格好（舌の位置，唇の開き具合など）を具体的に教えて何回もやらせてみるとよい。楽しさを感じさせ自信を持たせることが大切であるので，体育の授業になぞらえながら，ゲーム的要素も入れつつ行うと楽しく練習できる。[æ] [e] [i] [o] [u] だけ練習してもつまらないので，絵などを提示しながら bag, cat, hat, map, rat, jam などのように，共通する母音を含む単音節語をまとめて練習すると受容語彙を増やすことにもつながる。リズムに乗って教師が楽しそうにやってみせることが肝心である。

③子音の指導

　子音については，日本語では対応する類似の音が１つしかないもの（[r] と [l]，[v] と [b]，[θ] と [s] 等）は，特に対比させて提示し，発音のしかたの見本を示し，コツを伝え，実際にやらせてみる。

　また，舌の位置や音の出し方は同じだが，有声音と無声音がある場合，それらを対比して練習させるとよい。

　[例] [p]-[b], [t]-[d], [k]-[g], [f]-[v], [s]-[z]

　「のどを振るわす場合とそうでない場合」とルールを言ってから，生徒に実際に自分ののどに手を当てさせて違いを実感させると，生徒は楽しく学習できる。

　子音字（子音を表す文字）は他の子音字と結びついて一定の音を持つことも徐々に指導していく。

　[例] sh [ʃ], ch [tʃ], ck [k], ph [f], t [t], h [θ]

④母音と子音の結びつき

　母音と子音の学習の後，それらが結びつくとどのような音になるかを学習させる。

　［例］bat［bæt］, cat［kæt］, mat［mæt］, hat［hæt］

　これらの語は最初の子音が異なるが，続く［æ］と［t］の音は共通であるので，それぞれ［b］, ［k］, ［m］, ［h］の音で始め，後は［æt］の音を出す，ということを練習によって体感させる。

　母音・子音ともに個々の音の練習をした後，minimal pair contrast（最小限の対立をなす組み合わせによる）練習を，ゲームの要素を入れて行う。

　［例］① T：pin － pen　S：違う　　② T：vat － bat　S：違う
　　　　　T：pin － pin　S：同じ　　　 T：bat － bat　S：同じ

　上記の例では，a）教師が発音し生徒が答える，b）それぞれのペアに番号を付しておき，その番号を教師が言い，生徒にそのペアの発音をさせる等の基本形に加えて，c）生徒同士ペアワークで行うと互いに発音のあやふやなところを指摘しあうこともできる。また，d）勝ち抜き戦にして行うなどゲーム的要素を加えることもできる。

　身近なものを表す語を練習する際には，日本語になっているカタカナ語（バット，オレンジ，アップル等）には特に注意を促し，「子音＋母音」という音節構造を基本とする日本語と，語末が子音で終わったり，子音が連続したりすることの多い英語では，発音が大きく違うことを理解させる。特に，strong, strange, street などのように連結する子音を含む語は，それぞれ「ストロング」「ストレンジ」「ストリート」のように子音の後に不要な母音を挿入して発音しがちなので，ねばり強く指導したい。［str］は３つの子音が連結しているが，先に tree のように２つの子音連結で始まる語の練習をするなどの段階を踏んで指導する。該当する語が出てきたところでそのつどこまめに指導をし，なおかつ，上記のようにまとめていくつかの語について練習させるとよい。

⑤単語のアクセントの指導

　日本語は「高さアクセント」（pitch accent）を基調とする言語であ

り，どの音節もほぼ同じ強さで発音されるのに対して，英語は「強さアクセント」(stress accent) を基調とする言語であり，音節によって強弱の違いが顕著である。特に，2音節以上の語になるとアクセントの指導が重要になる。はじめのうちは2音節の語から入り，徐々に音節数の多い語について指導する。入門期に限らず，授業で新出語を提示する時にはいつでもアクセントを意識して指導にあたるようにする。アクセントのある部分は強く長めに，ないところは弱く早めに発音するということを教師がきちんと手本を示して模倣させることが重要である。

[例] 2音節・強弱：tennis, soccer, baseball
2音節・弱強：guitar, bamboo
3音節・強弱弱：officer, bicycle
3音節・弱強弱：piano, musician, eraser

多くの語（特に名詞）は第一音節にアクセントがあることを実感させ，その他の場合に注意を払うようにさせるとよい。教師が手本を見せる時には大げさに強弱をつけて生徒の印象に残るようにする。またリピートさせる時も同様にし，面白くて笑いがおきるぐらいにすると楽しく学習できる。しかしながら英語の音を聞いただけではすぐにまねのできない生徒もいる。また強弱のアクセントを高低のアクセントに変えてしまう生徒もなかにいる。そのような時には，例えばtennisのような単語をまず日本語式に高低アクセントで発音させ，次に強弱アクセントで発音させてみるなどして，両者の違いを実感させる手立てとするとよい。

(2) 発展編

日本語のリズムは「音節拍リズム」(syllable-timed rhythm) であり，どの音節もほぼ同じ長さで発音されるのに対し，英語のリズムは「強勢拍リズム」(stress-timed rhythm) であり，文中の強音節と強音節の時間的間隔は，その間の弱音節の数にかかわらず一定に近づく力が働く。そのために連結や短縮などの音変化がおきることを，生徒に繰り返し練習させながら身につけさせたい。

個々の文字の表す音や，その組み合わせである単語の発音指導に並んで大切なのは，1つ1つの英文（センテンス）の発音指導である。たと

え個々の単語の発音が正確でも，文全体に及ぶリズムやイントネーションが適切でなければ，コミュニケーションに支障が生じる恐れがあるからである。その意味では，文の読み方は，個々の単語の発音よりも重点を置いて指導されるべきであるとも言える。

①文アクセントのパターン
　英語の文アクセントは主に強弱のパターンから成り立つ。一般に，名詞・動詞・形容詞・副詞などの「内容語」(content word) は強く発音され，他の「機能語」(function word) は弱く発音される。文として発音指導をする時にはこれらに意識してあたる。

　　[例] 弱強型（タ**ターン**）：I'm fine.
　　　　 強弱型（**ターン**タ）：Thank you.
　　　　 強強型（**ターンターン**）：That's good.
　　　　 弱強強型（タ**ターンターン**）：I like dogs.
　　　　 弱強弱型（タ**ターン**タ）：He likes it.
　　　　 強弱強型（**ターン**タ**ターン**）：Yes, I do.

　英文の発音練習は，このようなリズムに乗せて教師がまず大げさにやってみせてから生徒にまねさせるとよい。「まだまだ」とか「A組のほうが声が大きかったよ」などと言って，生徒をけしかけながら楽しく行うことが肝要である。男子対女子，列対抗など楽しく練習する工夫をしながら，自然に繰り返しの機会が得られるようにしたい。文単位のリズム練習を繰り返すと，英語の語順も自然と身につく。文アクセントの指導はできるだけ自然な速さで言わせ，リズムと速さの両方に慣れさせるようにしたい。

②イントネーション
　中学校では基本的に以下の3つを押さえるようにする。

　　上昇調（↗）：Pardon? / Are you a student?
　　下降調（↘）：I'm Ken. / I'm from Chiba.
　　組み合わせ：Do you like dogs (↗) or cats (↘)?

また，音調の違いによって同じ語句や文でも意味が異なることについては，学習の初期の段階から指導する。

例：a dog（下降調↘）「犬だ」／ a dog（上昇調↗）「犬ですって？」

英語では単語レベルでも文レベルでも第2アクセントが認められるが，入門期においてははっきりとした強弱と，正しいイントネーションを意識させることを優先させたい。

③強勢拍リズム

前述のように，英語の音声は強勢拍リズムであり，強音節と強音節の間の時間的間隔がほぼ一定になろうとする力が働く。

	強	強	強
	Dad is	here	now.
My	dad is at the	station	now.
My	dad will be at the	station in a	minute.

上の英文は皆アクセントの置かれる内容語が3つであり，その間にアクセントの置かれない機能語が何語入ろうとも弱音声は速く発音されるので，全体の速度は大体同じである。教師の手拍子に合わせて発音練習すると速度の間隔がつかめる。ただしスピードに合わせることにばかり注意を向けるとかえって不自然になることもあるので注意したい。

上記のような指導を入門期から繰り返し行い，英語の音声の特徴に慣れさせる必要がある。一度行っただけでは定着しづらいのでその学習状況にあった例文でその都度繰り返し行う。

④音変化

英語には，音の連続に伴う次のような音変化がある。
　○音の短縮
　　・I'll be there tomorrow.
　　・There's a bookstore over there.
　○音の同化

- Nice to meet_you.
- Clo<u>se y</u>our eyes.

○音の脱落
- Look at_that dog.
- Don't forget_to tell him.

どれも英語の音声の特徴であり，これらの発音ができるようになると，それだけでネイティブに近い発音ができたような感覚が味わえるので，ゲーム的要素など盛り込みつつ根気よく指導にあたる。まとめて指導するのではなく，音読練習のたびごとに生徒に意識させるとよい。

⑤文脈に応じた文強勢

強く発音される語は重要な意味を担う。強勢が置かれる語の違いにより，意味も変わることを指導する。

例：Mr. Tanaka is my math teacher.

強勢が置かれる語が以下の場合で意味は異なり，それぞれ次のような事柄が強調される。

1　Mr.　　　女性でなく「男性の」
2　Tanaka　 山田ではなく「田中」という名の
3　is　　　　現在は
4　my　　　 他の人のではなく「私の」
5　math　　 他の教科ではなく「数学の」
6　teacher　友だちや親戚ではなく「先生」

⑥指導上の留意点

○リピートのさせ方

　　教師の発音を聞かせるのは1回にし，必要に応じて繰り返し言わせると，単なる「オウム返し」にならず生徒は考えて発音するようになる。

○生徒の指名の方法

　　生徒が英語を正しく発音できているか，読めているかを常に教師はチェックして，できていないようだったら再度指導・練習にあた

らなければならない。意味を調べたり，英語を書いたりする学習は家庭で生徒だけでもできるが，正しい発音や読み方をしっかり聞かせ，その通りに発音できるようにさせるのは，学校で教師が責任を持って行わなければならないことである。

　しかしながら，40人近くの生徒を指導していると，1人1人がきちんと発音できているかチェックするのは難しい。そこで次のような手順を踏むとよい。
　①モデルとなる音声を十分に聞かせ，全員で練習させる。
　②少人数（例えば座席の1列）で言わせてみる。
　③1人1人言わせてみる。
　心理的プレッシャーの少ない順に練習するのである。この方法では，1人1人に言わせるまでに十分な練習量が確保される。

○教師のジェスチャーによる指示
　発音練習をスピーディーに行うためには，教師が両方の手のひらを上に向けてあげたら全員でリピート，左手だけあげたら教室の左半分，列の先頭の生徒を指して手のひらを縦に（横に）スライドさせたら列ごと，手のひらで最初の2，3人を指したら1人1人，などという合図を最初のうちに定着させるとよい。発音練習はスピーディーに行うほうが生徒を集中させることができる。

○間違いを恐れない雰囲気作り
　生徒が積極的に英語の発音をする雰囲気を作るために，「他の人が間違って発音しても笑わない」「自分が指名されていない時でも口の中でぶつぶつ言ってみる」などを約束事にしておくとよい。また，過度に緊張を強いないよう十分配慮し，よくできたらやや大げさにほめるようにするとよい。

2 ◆ 文字指導

(1) **読み方編**
①アルファベットの読み方と順番
　発音指導の項でも触れたように，語の基本となるアルファベットに

は，名前とその文字が表す音があるということを理解させる必要がある。歌やリズムに乗せて楽しく練習させて定着を図りたい。アルファベットの順番を正しく言えるようにするための活動としては，1枚に1文字ずつ書かれたアルファベットカードをばらばらに配布し，なるべく速く順番通りに並べる活動や，ランダムに散りばめられたアルファベットの文字を順番通りに線でつないでいくと絵が表れるワークシートの使用等が挙げられる。これらの活動は個人だけでなくペアで行うこともできる。何種類も用意しておいて競争させながら行うと生徒は夢中になる。市販の教材にも良いものが多数あるので適宜利用するとよい。

②フォニックス
　単語の読み方にはある程度の規則があるということを，音声指導とリンクさせながら指導する。「取り上げた単語はすぐに意味もわかり，つづりも正しく書けるようにしなければならない」とは思わず，時間をかけて何回も触れるうちに自然に覚えるのだ，という気持ちで教師は臨むようにする。ルールが単純で身の回りのものを表す語が含まれているものから順に紹介し指導するとよい。規則には例外もあるので，学習の初期段階では基本的な規則のみを扱うようにする。
○cは表す音が2つあるが，次の母音字がa, u, oであれば [k] と発音し，e, i, yであれば [s] と発音される。
　[例] cat, cute, cool, century, city, cycle
○「子音字＋母音字＋子音字」では，母音はそのアルファベットの短母音で発音される。単音で発音させた後，つなげて発音させるとよい。
　[例] cat, hat, bed, red, pin, bin, pot, dot, cup, sun
○「子音字＋母音字＋子音字」の後にくるeは発音されず，子音字の間の母音字はアルファベットの名前読みとなる
　[例] cake, Pete, bike, home, tube

(2)　書き方編
①アルファベットの指導
　英語の文字をすべての生徒が正しく書けるようにすることが肝要である。入門期では，AからZまでひと通り書き方指導をした後は，毎時

間少しずつ時間を取って指導し，4月中には正しく書けるようになることを目標としたい。その際，ワンパターンにならないように変化をつけながら工夫して指導するとよい。

　　[例]　・アルファベットの順（または逆）で書く練習をする。
　　　　　・文字のサイズと4線ノート上の位置で分類して練習する。
　　　　　　　第1線から第3線までの文字：b, d, f, h, k, l, t
　　　　　　　第2線から第3線までの文字：a, c, e, i, m, n, o, r, s,
　　　　　　　　　　　　　　　　　　　　u, v, w, x, z
　　　　　　　第2線から第4線までの文字：g, j, p, q, y
　　　　　・形が似ている文字を特に練習する：b-d, p-q, u-v
　　　　　・大文字と小文字で形が同じ文字（Cc, Oo, Pp, Ss, Vv, Ww, Xx, Zz）と違う文字に分けて練習する。

　はじめのうちは，4線ノートでも罫線と罫線の間隔の広いものを使用させて，正確にしっかり書けるように指導する。

②単語の指導
　フォニックスを取り上げ，つづりと音の関係に着目しながら練習させる。すべての語がルール通りではない点を踏まえて指導にあたる必要があるが，それでもそれぞれの文字が表す音は決まっているので，つづりを覚える時には，闇雲に覚えるのではなく音を意識して発音しながら書くように指導する。

　語中の文字と文字の間は詰めて書き，語と語の間は間隔を空けること，さらに1つの単語の途中で改行しないことも入門期にしっかり指導する。また1つの語を書く時には1文字ずつ見て書くのではなく，単語全体を見て一気に書くことをはじめから練習させる。ゲーム的要素を盛り込んで書く活動を行うのもよい。たとえば，数文字の抜けたアルファベットを提示し，抜けている文字を組み合わせて単語を作るなどの活動がある。

　　[例]　a□□d□fgh□jk□mnopqrstuvwx□z　→　bicycle
　　　　　□bcd□fghijklmnopq□□tuvwxyz　→　eraser

III 文法

1 ⇔ パタンプラクティス（Pattern Practice）　DVD Ch.1

　ターゲットになる新出文型を提示し，生徒がそれを理解した後，定着させるために行う練習方法の1つである。文法の提示をした後 aural drill，mim-mem などで口慣らしをした後に行う。ターゲットの文法事項を定着させるために，迅速に大量の英文を様々に変化させながら繰り返し言わせる。

　aural drill とは生徒に提示した新出文型の聴覚理解練習を指す。具体例としては，現在分詞の後置修飾がターゲット構造の時に，公園など広い場所に様々な活動をしている人々とその名前が入った1枚の大きな絵を黒板に張り，それらの人物について The man talking on the phone is Mr. Tanaka. The girl reading a book under the tree is Mary. The woman walking her dog is Ms. White. 等の英文を聞かせて理解を図るという活動である。Mim-mem は mimicry-memorization のことで，aural drill で聴覚理解した新出文型を，何度も教師の発音に従って模倣し，正しい音調とリズムで滑らかに言えるようにする練習を指す。この練習を通じて新出文型の内在化を図る。

　パタンプラクティスは大きく Variation と Selection の2つに分けられる。Variation はさらに代入（Substitution），転換（Conversion），展開（Expansion）に分けられ，詳細は以下の通りである。

①代入（Substitution）：英文中の語句を教師の cue に従って置き換えて言わせる活動。　　　　　　　　　　　　　　DVD Ch.2
　　[例]　T: I like dogs.　　　S: I like dogs.
　　　　　T: cats　　　　　　 S: I like cats.
　　　　　T: birds　　　　　　S: I like birds.
　この練習のバリエーションの1つとして基本文を言った後，様々な動物の絵を cue にして順々にすばやく言わせる練習をすることができる。

②転換 (Conversion)：教師の cue に従って，もとの英文を肯定文や否定文などに変化させるという操作をして英文を言わせる活動。

DVD Ch.3

　［例］T: Ken likes dogs.　　S: Ken likes dogs.
　　　　T: Question　　　　　S: Does Ken like dogs?

③展開 (Expansion)：教師の指示する修飾語句を基本となる英文に付け加えていって，徐々に複雑な長い英文を言わせる活動。 DVD Ch.4
　［例］T: I played tennis.
　　　　S: I played tennis.
　　　　T: with Ken
　　　　S: I played tennis with Ken.
　　　　T: in the park
　　　　S: I played tennis with Ken in the park.
　　　　T: yesterday
　　　　S: I played tennis with Ken in the park yesterday.

これらに対し，Selection ははじめに場面を固定しておき，その枠内で教師の cue に従って様々な英文を言わせる活動である。

④ Selection の活動例　　　　　　　　　　　　　　　DVD Ch.5
　［例］T: Jiro went to Kyoto yesterday.
　　　　S: Jiro went to Kyoto yesterday.
　　　　T: Question
　　　　S: Did Jiro go to Kyoto yesterday?
　　　　S: Yes, he did. He went to Kyoto yesterday.
　　　　T: Who?
　　　　S: Who went to Kyoto yesterday?
　　　　S: Jiro. Jiro went to Kyoto yesterday.

機械的な練習ということで批判されることもある活動であるが，新しい構文や文法構造を学ぶ際には，次の注意点に留意して行う限り，コミュニケーション活動の前段階として，大勢の生徒が短時間で繰り返し口頭練習ができるというメリットがある。

○**パタンプラクティス実施上の注意点**
①正しい手順で易から難へと進める。
　まず mim-mem などで十分に口慣らしをしてからパタンプラクティスを行う。一般的には，個人→全体，易→難と順序立てて行うが，生徒の状況に応じて順番は適宜変える。
②意味を確認する。
　機械的な練習が続くと頭が働かなくなりがちであるので，時々英文の意味を確認する。
③不自然な内容の文を作らない。
　機械的になりすぎて，ありえない英文を言わせないように注意する。［例］My cat speaks English very well.
④短時間でスピーディーに練習量を増やす。緊張感を失わないうちに終了し，長々と行わない。

2 ◆ 定型会話（Conventional Conversation）

ターゲットになる新出文型を教師が提示し，生徒に理解，定着させるために行われる一連の学習活動である。Harold E. Palmer が開発した指導技術である。

概略は次の通りである。

提示1：教師がジェスチャー等を交えながらターゲットの英文を平叙文の形で提示する（実物を持って演示する）。
　［例］This is a bag.
提示2：上記ターゲットの Yes/No 疑問文を教師が自問自答の形で提示する（実物を持って演示する）。
　［例1］Is this a bag?　—Yes, it is.
　　　　Is this a book?　—No, it isn't.
　上記の他，選択疑問文とその答え，wh疑問文とその答えも提示する。
　［例2］Is this a bag or a book? / What is it, then?　—It's a bag.
提示3：提示2を一定の順序に従って教師が自問自答し提示する。

　　　　[例] Is this a bag?　―Yes, it is.
　　　　　　Is this a book?　―No, it isn't.
　　　　　　What is it, then?　―It's a bag.
認知：教師が Yes/No 疑問文で尋ね，生徒が Yes か No で答える。
　　　　[例] T：Is this a bag (book)?　　S：Yes (No).
反復：生徒が教師の後について平叙文を言う。
　　　　[例] T：This is a bag.　　S：This is a bag.
再生1：教師の発した Yes/No 疑問文，選択疑問文，wh 疑問文に対して，生徒が答える。なお答え方は① long answer (Yes, it is a bag.)，② short answer (Yes, it is.) ③ laconic answer (Yes.)の3通りあるが，Palmer によれば②が良いとされている。
　　　　[例] T：Is this a bag (book)?　　S：Yes, it is (No, it isn't.)
再生2：提示3の疑問文を教師が発し，生徒は省略しない形で答えの部分を言う。
　　　　[例] T：Is this a bag?　　　S：Yes, it is.
　　　　　　T：Is this a book?　　S：No, it isn't.
　　　　　　T：What is it, then?　S：It's a bag.
　Palmer は定型会話におけるルールを次のように規定している。

- 問いの形式を正確に聞く習慣をつけるため，答えは問いと同じ形式を用いる。
- 答えは名詞を必要に応じて代名詞に替える等して，不必要な語句は省く。
- "Yes" "No" だけの答えは，認知練習の場合を除いて原則として認めない。

　定型会話は，オーラル・イントロダクションの機能とパタンプラクティスの機能を合わせ持っていると言える。この指導の短所も指摘されているが，次の点で有効である。
　①日本語を介さなくても，生徒は教師の演示を見て，教師の発する英語の意味を大体理解できる。
　②文字を介して導入・説明しないので，生徒は英語の音に集中できる。
　③外国語の学習に必要な反復練習ができる。

④単にオウム返しに口頭練習するだけでなく，意味を考えながら練習できる。

このように，定型会話で提示された英語がどのような意味なのかを理解し，口慣らしを行った後には，理解したものを定着させるために口頭練習が必須である。

意味の伝達に重点を置いて指導するのも大切であるが，中学校段階では，学校で教師が正しい言語形式を教え，それを身につけるための練習をしっかり行うことが優先される。正しい形式でなければ意味も相手に正確には伝わりにくい。また，英語学習の初期の段階から形式にはあまりとらわれなくてもよい，とするのは後々の学習のためにもマイナスである。

どのような文法構造でもすべて定型会話で導入し，口慣らしするのがうまくいくとは限らない。しかし比較的簡単な構造ではこの手法が有効であることが多い。オーラル中心に学習を進められる点でも，中学校の英語授業に適した指導技術である。

3 ◆ インフォメーション・ギャップ（Information Gap） DVD Ch.6

ターゲット構造の定着を図るために行う学習活動で，その提示・理解・口頭練習の後に行う，意味と形式の両方に焦点をあてたコミュニケーション活動である。話し手と聞き手（書き手と読み手）の間に持っている情報のずれがあるようにして，ターゲットとなる英語を使用しながらやりとりをすることで，情報を得たり与えたりする。典型的な活動は生徒同士で情報のギャップを埋める活動であるが，その他にも「教師対生徒集団」，「1人の生徒対複数の生徒」などがある。この他にも，教師が絵の一部を提示して生徒に何の絵か当てさせたり，クイズやなぞなぞを出すなどのguessing活動も，広義のインフォメーション・ギャップ活動と言える。ここでは生徒同士で行う活動の例を挙げる。

［例］ ターゲット：現在（過去）進行形
材料：AとBの2種類のワークシート（内容は以下の通り）

上半分にアパート一棟の縦の切断図。全部で6部屋。それぞれの部屋で住人がしている動作を表す絵と住人の名前が記載されている（ただし

ワークシートAでは3人分の姿と名前，ワークシートBではAと異なる3人分の姿と名前のみ与えられており，それぞれ残りの3人分はシルエットのみである）。

これらの住人の名前はまとめてワークシートのアパートの図の下に記載しておく。そのさらに下のスペースには下線を引いておく。

ワークシートの実例

各住人がしている事柄

①テレビを見ている　②ピアノを弾いている　③勉強している
④入浴している　⑤電話をしている　⑥新聞を読んでいる

練習方法：

①ワークシートを配布する前に，それを拡大したものを用意して黒板に貼る（名前はすべてマスキングしておく）。
②6人の人物がそれぞれどの部屋の住人かという情報を得ることが課題であることを生徒に伝える。
③6人の人物の名前を提示し，それぞれの名前の発音を生徒全員で練習させる。
④例として1人の人物について，何をしているところなのか英文で表現

させる。個人→全員の順にリピートさせる。

　　［例］Kenji is playing soccer.
⑤その動作をしている人が誰だかわからない時はどのように尋ねればよいのか考えさせる。Yes/No疑問文とwh-疑問文の両方可能性があるので，どちらの文型を練習させたいかによって質問のさせ方を決める。個人→全員の順にリピートさせる。

　　［例］Is Kenji playing soccer? または What is Ken doing?
⑥6種類の動作すべてについて現在（過去）進行形で表現練習する。個人→全員の順にリピートさせる。
⑦隣同士のペアでこの活動を行う時には，教室の前から見て縦に一列ずつ交互にワークシートAとBを配布する。
⑧教師の合図でスタートする。
⑨早く終わった生徒には，ワークシートの下段のスペースに部屋ごとに誰が何をしているのか英文で書かせる。
☆　応用編として，上記6人のうち1人の情報のみのワークシートを6種類用意してランダムに配布，教室の中を自由に移動して残り5人分の情報を得るという活動もできる。

［留意事項］
　活動内容を生徒全員に理解させてから始める。そのため，上記①から⑥までの口慣らしを十分行い，さらに「まず男子から尋ねる」などというように細かくルールを定めてから行う。
　ゲーム的要素を盛り込み楽しく活動させるため，全員立たせて始め，終わったら着席して結果を書いて待っているようにすると，早く終わった生徒も時間を有効に使えるし，生徒も速く終わらせようと意識して活動に臨むことが期待される。

Ⅳ 語彙

1 ◆ 教科書で扱われている語句の提示

(1) 新出語句の提示

　教科書の各ページには，新出語句や既出であるが品詞や意味の異なる語が扱われている。これらの語句を指導過程の中で提示するタイミングは主に次の2つの場合である。

A 　教科書本文を導入する際　　　　　　　　　　DVD Ch.7-8

　教科書の本文の導入を行う際，語句の提示も行う。導入にはいくつかの方法があるが，一般的によく行われているオーラル・イントロダクションにおける語句の提示方法について説明する。オーラル・イントロダクションの目的は，後で生徒が教科書を開いて読む際に自力で理解できるようにすること，また，題材に興味を持たせ，「読みたい」という意欲を持たせることが主である。したがって，細部にわたって説明するのではなく，題材の背景知識や概略のみを説明することが多い。このため，該当ページに載せられているすべての単語や連語について説明するのではなく，読み進める上で大切なものを扱う。オーラル・イントロダクションの際は，語句の品詞や語法まで詳しく説明するのではなく，生徒に意味を理解（推測）させる程度でよい。詳細については後で教科書を開かせてから教師が説明するのが一般的である。

　以下，新出語句の提示方法について，実際の教科書に沿っていくつか例示する。下線を施した部分が新出語句（固有名詞を含む）である。

> Mari: Are there any interesting places around here?
> Mom: Yes, there are. <u>Peter Rabbit</u>'s <u>hometown</u>, for example.
> Mari: Really?
> Dad: Shall we go there for a <u>cup</u> of <u>tea</u>?
> Mari: Sounds good.

> Jun: <u>By the way</u>, who wrote *Peter Rabbit*?
> Dad: <u>Beatrix Potter</u> did. She lived near here. There were many <u>wild</u> animals and she liked to <u>draw</u> pictures of them.
> Mom: After her <u>death</u>, she <u>left</u> her <u>land</u> to <u>the National Trust</u>. Now everyone can enjoy its beautiful nature.
>
> （*One World 2*，教育出版）

①**既製の絵や写真**：教科書準拠のピクチャーカード，インターネットからの写真やイラストなどを示しながら導入する。
　［例］Peter Rabbit⇒ピーターラビットの絵を見せる。
②**実物**：実物を見せながら導入する。
　［例］tea⇒カップにティーバッグを入れて見せる。
③**実演やマイム**：教師が実際に動作を行いながら導入する。
　［例］draw⇒黒板に線や絵を描いてみせる。
④**板書**：黒板に絵，文字，記号を書きながら導入する。
　［例］cup⇒黒板にカップの絵を描く。
⑤**言い換え**：該当の語句を他の語句で言い換えながら導入する。
　［例］After her death⇒After she died や After she finished her life などと言い換える。
⑥**説明**：英語で簡単に説明しながら導入する。
　［例］wild animals⇒ "They are the animals in the jungle, in the mountains and in the sea. They are not the animals in the zoo." のように説明する。
⑦**例示**：例を示しながら導入する。
　［例］hometown⇒ "I was born in Yokohama. I'm from Yokohama. So, my hometown is Yokohama." のように例示する。
⑧**日本語の利用**：語句を言った後に日本語を補う。
　［例］by the way "by the way，ところで" というように，英語のあとにその意味を日本語で言う。

B　教科書本文を説明する際　　　　　　　　　　　　DVD Ch.9

　ここでいう説明とは，本文を導入した後，教師がストーリーについて説明（interpretation）したり，言語材料について説明（explanation）したりすることを示す。既習の語句も含め，語法や発音などについて説明が必要なものを適宜取り上げる。説明の内容について以下に例示する。

①**発音（音とつづりの関係）**：単語の発音や強勢について説明する。発音に関しては，音とつづりの関係を示しながら説明する。
　　［例］death と板書し，下線部を/e/と発音することを指導し，復唱させる。

②**語法**：語句の使い方に関して説明する。
　　［例］leave は，後に場所を表す語句を置いて「～を去る」という意味を表すことを，例文を示しながら説明する。

③**品詞**：品詞名を説明する。
　　［例］death は名詞であることを説明し，動詞は die，形容詞は dead であることを補足する。

④**例示**：語句の使い方について例文を示す。
　　［例］a cup of ～について，I drank a cup of coffee. や My father always drinks two cups of tea. などの例文を示す。

⑤**関連語**：動詞の変化形，同義語，対義語，類義語などを示す。
　　［例］draw は「鉛筆やクレヨンなどを使って線で描く」，paint は「絵の具で描く」場合に用いることを説明する。

⑥**つづり**：大文字が使われる単語やハイフンなど，つづりに関する説明を行う。
　　［例］「National Trust は固有名詞なので，N と T を大文字にする。前に the をつけて用いる。」などの説明をする。

(2)　新出語句の発音練習

　生徒に本文の音読練習をさせる前に，新出語句の発音練習を行う。新出語句を正しく発音できるようにする練習と，語句を見て瞬時に発音できるようにする練習を事前に行うことで，教科書本文を適切なスピードやリズムで正しく音読できる下地を作る。

A 発音練習 　　　　　　　　　　　　　　　　DVD Ch.10

　フラッシュカードを作成し，個々の単語について正しく発音できるように，以下の手順で指導する。
　①教師がカードを見せながら，発音のモデルを示す。
　②一斉に復唱させる。教師は異なる発音をしている生徒がいないかモニターし，少しでも異音が聞こえたら，再度一斉に復唱させたり，生徒を指名して，発音させたりする。
　③個々の生徒を指名し，正しく発音できているか確認する。発音が得意な生徒や苦手な生徒を織り交ぜ，3名くらいの生徒を指名するとよい。

B カードをフラッシュさせての練習 　　　　　DVD Ch.11-13

　音読する際は，単語（語句）を瞬時にとらえて発音できないと，適切なスピードで読むことはできない。そこで，フラッシュカードを文字どおり「フラッシュ」させることで，瞬時に単語（語句）をとらえるための練習を行う。フラッシュのさせ方は次の2通りがよく行われている方法である。
　①カードを親指と人差し指で持ち，生徒に単語が見えないように地面と水平にして示す。中指でカードの下をたたくと一瞬カードの表面が生徒の方に向き，すぐにもとの状態に戻る。
　②単語の書かれてあるカードの前に何も書かれていないカードを置き，そのカードを一瞬上にずらすことにより，単語を見せる。その後は2枚，3枚とずらしていくことにより，すべてのカードをフラッシュすることができる。

> ○フラッシュカードの作り方
> ①厚手の画用紙をヨコ 30 cm，タテ 12 cm 程度の大きさに裁断する。自分が持ちやすい大きさにする。
> ②単語や語句を書く。後ろの席の生徒も見える大きさの字で書く。カードの端は手で隠れてしまうので，書き込まないようにする。動詞を赤で書くなどの工夫をしてもよい。
> ※なお，マイクロソフト社の PowerPoint® などのソフトやデジタルカメラなどを使用して単語や画像を提示したり，フラッシュしたりする方法もよく行われるようになってきている。

2 ◆ 言語活動等で用いる語句の提示

　教科書で扱える語数は学習指導要領により制限されているので，自己表現をする際に語彙が不足している場合が多い。教科書で取り上げられている題材や活動と関連する語彙を提示することで，生徒の表現力が伸びていく。生徒の負担にならない程度の語彙は，認識語彙（聞いたり読んだりして理解できればよく，つづりまで覚えることは要求しない語彙）として提示していきたい。以下にその例を示す。

[例1] 教科書の題材に関連した語彙
　ペットが題材になっている場合に，生徒にどんなペットを飼っているか，飼いたいかを質問し，集計した結果をイラストとともに示す。
[例2] 教科書の活動に関連した語彙
　将来の夢についてスピーチを行う活動がある場合に，職業に関する語彙を一覧表にして提示する。

3 ◆ 語彙定着のための活動

　既習の語句は，生徒に聞かせたり，読ませたり，使わせたりする回数が多ければ確実に定着していく。既習語彙を意識的に再提示する機会を作ることが大切である。語彙定着のための活動としてよく行われている2つの方法について紹介する。

(1) フラッシュカードの再利用

　発音練習で使用したフラッシュカードを次の要領で見せることで，語彙の定着を図る。授業の最初に行う活動として位置づけるとよい。

①フラッシュカードの裏面に表面の語句の日本語の意味を書いておく。30枚くらいのフラッシュカードを選ぶ。最新のものから順に選んだり，覚えるのが難しいと思われる単語を取り上げる。

②フラッシュカードの表面（英語）を生徒に見せて発音させる。発音させたカードは裏返して日本語訳を生徒にさっと見せながら，カードの束の後ろに移す。

③表面をすべて発音させると裏面（日本語）が現れる。今度は日本語を見て，英語に直して言わせる。カードを表面にして，つづりをさっと見せながら，カードの束の後ろに移す。

(2) ビンゴ

　パーティーなどで行われるビンゴゲームと似た原理で，数字の代わりに単語を使って行う活動である。ビンゴゲームの様式はいろいろあるが，中学校でよく行われているビンゴゲームの用紙の作成方法を説明する。次の図のように，1枚のワークシート上に2つの表を載せる。1つは5×5マスの表で，左にB・I・N・G・Oの文字を記入しておく。もう1つの表は，左側にB・I・N・G・Oの文字を記入し，その右に対象となる単語をリストしたものである。B・I・N・G・Oのそれぞれの文字のヨコに5個以上の単語を載せる。品詞別や種類別にするとよい。

　次に，活動のやり方を説明する。事前にすべてのマスに単語を記入させておく。BのマスにはBの表のBの単語群より，IのマスにはIの単語群より（以下Oまで）5つずつ自由に選び，順番に関係なく記入させる。活動では以下の要領で教師が言った単語を生徒はチェックしていき，チェックした単語がタテ，斜め，ヨコのいずれかの直線上に揃ったら「ビンゴ！」と言う。

[教師の発話例]

　T: B, February, February. I, July, July. N, see, see. G, cute, cute. O, who, who. B, May, May. ...

B	___	___	___	___	___
I	___	___	___	___	___
N	___	___	___	___	___
G	___	___	___	___	___
O	___	___	___	___	___

B	:	January, February, March, April, May, June
I	:	July, August, September, October, November, December
N	:	visit, use, study, see, call, play, come, bring
G	:	beautiful, pretty, cute, busy, great, warm
O	:	what, who, whose, where, when, why, which

ビンゴには様々なやり方がある。いくつかの例を紹介する。
①生徒同士がペアとなり，早くビンゴになった方を勝ちとする。
②文の中で聞こえてきた単語をチェックさせる。
　［例］B, my birthday is March 7th.
③日本語に該当する単語をチェックさせる。　［例］B，4月。
④単語の最初の音素を言ってから，単語全体を言う。
　［例］B, /f/, /f/, February.

V　リスニング

1 ◇ シャドーイング（Shadowing）

(1) シャドーイングと一連の活動

　シャドーイングとは，「聞こえてくるスピーチと同じ発話をほぼ同時に口頭で再生する行為（玉井，2005）」で，同時通訳の訓練に利用されてきた。シャドーイングは，聞いて意味を理解する練習というより，その前提である「知覚」段階を鍛える目的があり，リスニング力向上の基礎となる活動である。

　シャドーイングを中心とする学習・指導手順として，次の一連の活動が示されている（門田，2007）。

①**リスニング（Listening）**
　閉本した状態で CD 等の音声を聞いて，内容の概要をつかむ。

②**マンブリング（Mumbling）**
　閉本した状態で他人にはきこえないくらい小さな声で CD 等の音声の後についてつぶやく。

③**パラレル・リーディング（Parallel Reading）**　　DVD Ch.15
　テキストを見ながら，CD 等の音声に合わせて音読する。

④**意味チェック**
　テキストの意味を確認する。

⑤**シャドーイング（Shadowing）**　　DVD Ch.14
　閉本した状態で，英語の音声に集中し，模倣しながら復唱する。特にリズムやイントネーションなどに注意する。

⑥**コンテンツ・シャドーイング（Content Shadowing）**
　⑤のシャドーイングは音声に注意するのに対して，この段階では文の意味内容を理解しながら，同時に復唱できるレベルを目指す。

⑦**リピーティング（Repeating）**　　DVD Ch.16
　閉本した状態で句・節や文単位で CD 等を止めて復唱する。英文を覚えるためのプロセスの一部という目的で行う。

⑧レシテーション（暗唱）
　　テキストを暗唱する。
　授業では，生徒の学習段階，教材の難易度や既習・未習の別，活動に取れる時間などの条件により，⑤までで終了したり，①〜④の活動を行わなかったりするなどの指導手順を考える。

(2)　シャドーイングのテキスト選び
　シャドーイングは生徒にとっては負荷の高い活動なので，モデル音声のスピードと英文の難易度が生徒に適したものを選ぶようにする。現在の生徒の学習段階より易しめの教材を選ぶとよい。
①教科書
　　教科書には音声CDがついている上，英文の難易度がコントロールされているので，シャドーイングの教材としては最適である。すでに学習したレッスンや他社の教科書を利用するとよい。
②市販されている教材
　　授業用に市販されているリスニング教材，過去の英検のリスニング問題，高校入試対策用教材や実際の入試問題などを利用する。これらのリスニング教材には，下の例のように質問文も含まれていることが多い。この質問文も含めてシャドーイングさせると，質問文を正確に聞き取る訓練となるので，入試対策にもなる。

> Satomi and Tom went shopping. They found some nice T-shirts and bought them. Satomi's T-shirt had her favorite English word on it. The word was FRIEND. Tom's T-shirt had a Japanese word on it. The Japanese word means love.
> Question: Which T-shirt did Tom buy?
>
> 　　　　　　　　　　　　　　　（岩手県公立高校入試問題，2007）

（参考文献：玉井健，『英語教育』2005年3月号，大修館書店／門田修平，
　　　　　『シャドーイングと音読の科学』，コスモピア，2007）

2 ◆ ディクテーション (Dictation)

(1) 部分ディクテーション

　テキストの一部に空欄を設け，そこに集中させて聞き取らせる方法である。1語または数語を空欄にするが，聞き取らせる目的により空欄の設定が決まる。また，書き取らせる活動であるので，空欄にする語（句）は既習のものに限定する。

①内容語に集中させる場合

　　内容を理解するのに最も重要な語句に集中させる。

[ワークシート例]

> Hello, friends.
> What do you want to be when you grow up? I want to be a [*teacher*] and teach Japanese to foreign people. Why?
> I like to [*talk*] with foreign people. I can teach them about Japan and [*Japanese*] [*culture*]. (以下略)
> 　　　　　　　　　　　　　　　　　　　(*New Crown 2*，三省堂)

Japanese culture のように，連続する複数の単語を聞き取らせたい場合は空欄を単語の数だけ設けると，生徒にとってわかりやすくなる。

②音変化が起こる部分に集中させる場合

　　音変化（連結，脱落，同化など）が起こる部分には，多くの場合機能語も含まれる。2語以上の聞き取りになるので，「[　　]に2語ずつ書き入れなさい」といった指示でもよい。

[ワークシート例]

> [　　]に2語ずつ書き入れなさい。
> Effective communication is very important for [*an overseas*] volunteer. We [*should learn*] English as an international language. But it is also important [*for us*] to learn the language of the local people.　　　　　　(*Sunshine 3*，開隆堂)

(参考文献：渡辺浩行『リスニングの指導（英語教師の四十八手)』，研究社，1994)

(2) 1文ディクテーション　　　　　　　　　　　　　　DVD Ch.17

　1文のみを書き取らせるディクテーションでは，テキスト中の重要文を書き取らせることが多い。1文のみなので，活動に時間がかからず，教師がチェックするのが容易であるといった長所がある。復習の目的で教科書の既習ページを取り上げ，1文ディクテーションを行う場合の指導手順を以下に紹介する。

①教科書の既習のページを開かせ，音読練習を行う。
②教科書を閉じさせ，ノートを開かせる。
③該当ページを1文目から聞かせ，書き取らせたい英文の直後で音声を止める。
④生徒は音声が止まった直前の1文を書く (last-sentence dictation)。下の例では，My father tells me to work hard. を書き取る。

[例]

> At the flower market, you can see many kinds of flowers. They are brought from all over the world by air and by ship. There are orchids from Singapore, lilies from China, and also Japanese flowers.
> <u>My father tells me to work hard.</u>　　(*One World 3*，教育出版)

⑤教科書を開かせ，自己採点させる。ノートに書かせる代わりに，下に示すような紙片を配付し，教師が活動後に集めてチェックする方法もある。教師がチェックすることで，該当文に含まれる単語や文法事項がしっかり定着しているかを確認することができる。

　また，あらかじめ次の授業でディクテーションを行うページを伝えることで家庭学習が促され，復習効果が高くなることが期待される。

1文ディクテーションシート（　月　　日）
[　]年［　］組［　］番氏名［　　　　　］

(3) **全文ディクテーション**

　数文からなるテキストを聞いて，すべて書き取るディクテーションである。書き取る分量が多いと集中力がもたないので，教科書1ページ（数文）程度が好ましい。

　ここでは生徒にとってはじめてふれる英文をディクテーションを行う際の指導手順や留意点を示す。

①全文を通して聞かせる。すぐに英文を書き取らせないで，筆記用具を机上に置かせ，概略をつかませるための聞き取り活動を行う。

②ディクテーションを行う。1文ずつ音声を止めて，書き取る時間を与えながら行う。1文が長い場合には，意味のまとまりごとに区切って聞かせる。生徒の状況に応じて複数回聞かせるが，場合によってはスピードを遅くして聞かせるとよい。事前に次のことを生徒に指導しておくとよい。

・語単位で書き取りを行うのではなく，なるべく文や句の単位で覚えて書く。

・単語のつづりに自信がない場合は，音を頼りにとりあえず書いておく。ディクテーション中はつづりの確認を行うのに時間を費やさない。

③再度全文を通して聞かせる。聞き取れなかった語や全体の文の流れの確認を行う。

④書き取らせた英文を示し，答え合わせをする。抜けていた語を書かせたり，つづりの誤りを訂正させたりする。

⑤最後にもう一度，全文を通して聞かせる。自分で答え合わせをした英文を見て，聞き取れなかった語句を確認しながら聞くようにさせる。

なお，前時に学習した教科書本文の全文ディクテーションを，指導過程の「前時の復習」で行うのも有効な学習方法である。家庭学習で，音声を聞いて書けるまで練習することで，つづりを覚えたり，文単位で英文を覚えたりする効果がある。

(4) **ディクト・コンポ（Dicto-comp）**　　　　　　　　　DVD Ch.18

　ディクト・コンポとは，教師が読み上げた英文を，記憶を頼りに語句単位で書き出させ，その後内容に忠実に英文を再現させる活動である。

素材としては物語文やスピーチ文が適している。

[指導手順]

①まず教師が英文を通して読む。聞いている最中は筆記用具を机上に置かせ，内容を理解することに集中させる。読み終えたら，記憶している語句を書かせる。

②教師が内容に関わる重要語句（キーワード）を板書する。

③生徒の状況に応じ，複数回同じ英文を聞かせる。

④自分のメモや板書をもとに英文を再現させる。聞かせる英文と一字一句同じにならなくてもよい。内容をしっかり再現することが求められていることを生徒に告げる。

　ペアやグループで協力して英文を完成させてもよい。この形態をディクト・グロス（Dicto-gloss）という。

[指導例]

・聞かせる英文（下線部は板書するキーワード）

> Shiho goes to college in Tokyo. She is 19 years old. She can play the violin very well. She began to play it when she was nine years old. She is very kind, so her classmates like her.

・生徒のメモの例

> high school, Tokyo, 19, play well, begin, nine, kind, like

・ディクト・コンポの例

> Shiho is a college student in Tokyo. She is 19 years old. She can play the violin very well. She began to play it when she was nine. Her classmates like her because she is very kind.

3　タスク・リスニング

　タスク・リスニングとは，音声を聞き取り，あらかじめ与えられているタスクを達成する活動である。例えば，電話の相手が説明する道順を

聞いてメモを作成するなど，私たちの日常生活には，聞いて何かを行う，または何かを行うために聞くことが多い。タスク・リスニングは，日常生活におけるリスニングの営みを模した言語活動であると言える。

中学生に適しているリスニングのタスク例を紹介する。

(1) **個々の情報を統合するタスク**

3人グループで行う。来週から短期留学生が来ると仮定し，グループの各メンバーに留学生に関して別々の情報を書いた紙を配り，読み上げさせる。グループでその留学生について，すべての情報を統合させる。紙は見せあわないで，リスニングだけを頼りに留学生のことについてグループでまとめさせる。

〈生徒Aの情報〉

> His family name is Brown. He likes animals. He has come to Japan once. His favorite food is sushi. He is going to stay here for one month.

〈生徒Bの情報〉

> He has two cats. He can play the guitar. He sometimes eats sushi in America. He is going to visit Hokkaido next Saturday. He came to Osaka three years ago.

〈生徒Cの情報〉

> His first name is Tom. He is from New York. He likes music. He ate *okonomiyaki* with his father and liked it. His friend lives in Hokkaido.

(2) **情報を修正（加筆・削除）するタスク**

今週の金曜日に遠足に行くと仮定し，その説明プリントを配付する。生徒はプリントを見ながら，教師の話す英語を聞き，変更になったところを修正していく。生徒同士がペアとなって行ってもよい。

［配布するプリント］

Date: Friday, May 2		
8:00	meet in the school gym	You have to bring
8:20	get on a bus	・lunch box
8:30	leave school	・towel
10:00	arrive at Kamakura hiking	
12:00	lunch at Genjiyama Park	
14:00	free time (Kamakura Station)	
15:20	get on the bus and leave Kamakura	
16:40	arrive at school	

［教師の発話］

We are going to Kamakura this Friday. Come to school at eight. We've changed the place. Let's meet at the school gate. OK? At the school gate. We want to leave school soon. We'll leave here by 8:15. The road will be crowded that day. I hope we can arrive at Kamakura on time. We are going to walk for two hours. We'll have lunch not at Genjiyama Park but on the Yuigahama Beach. You can walk around Kamakura Station and do some shopping from two o'clock. Get on the bus by three o'clock, please. Not by three twenty. The weather forecast says it will be hot this Friday, so bring your cap please.

(3) 他の例
- 休日に行ったことの順番に絵を並べ替える。
- 留守番電話を聞いてメモを書く。
- 複数の商品説明を聞いて比較する。
- 道順を聞いて地図に記入していく。

VI リーディング

1 ◆ プレ・リーディング活動——オーラル・イントロダクション

　その時間に扱う教科書の内容を，教師が既習の語彙や表現を用い，わかりやすく口頭で提示する。これにより生徒の全体的な意味内容の理解を助ける。長所としては，長い文や未習事項を含む文などがあり，いきなり聞かせたり読ませたりすると理解が困難であるような場合，短文に分けて既習表現を用いて導入することによって生徒が容易に理解できる点が挙げられる。例えば Ken visited a friend who lived in London last year. という長い文があり，関係代名詞が未習で本時のターゲットの時には，Ken visited a friend last year. He lived in London. のように2文に分けて導入することができる。要は，生徒が聴解できるようにできるだけわかりやすくパラフレーズして提示するのである。

　通常，教科書の1セクションにはその内容に沿ったピクチャーカード（PC）が3枚程度ある。オーラル・イントロダクションではその PC を1枚ずつ提示し，順次黒板に貼りながら進める。生徒は聴覚だけでなく視覚の助けも受けながら，文字を介することなく本時の全体的な意味を取ることができる。オーラル・イントロダクションを教師が繰り返し行えば，文字を介さなくても英語を理解しようとする態度を育てる一助となる。

　オーラル・イントロダクションは，ともすると教師が一方的に話し，生徒は聞いているだけの受身の活動になりがちである。教師が生徒に質問をしながらその答えを受けて内容全体の提示をしていくオーラル・インタラクションはオーラル・イントロダクションの短所を補う活動であり，生徒を巻き込むことで学習がより主体的になるといえる。

[例]

> **本文**
> 　Serengeti National Park is famous as a kingdom of animals. It

is in Tanzania, east Africa. Serengeti is larger than Minami-Kanto. A lot of animals live in the park.

　Do you know gnus? They look like cows, but they are smaller than cows.

　During the dry season, about two million gnus move 800 kilometers to get food and water.　　　（*Total English 2*，学校図書）

(1)　オーラル・インタラクション
　　T: Today I'm going to show you a map. Look.
　　　　（PC１：アフリカの地図を提示）
　　　　Look at this map. This is（生徒の発言を待つ）
　　S: アフリカ
　　T: Yes, this is Africa. Class, repeat, Africa.
　　S: Africa.
　　　　（ここで全体と個人の両方に Africa の発音練習をさせる）
　　T: Did you go to Africa before, S_1?
　　S_1: No, I didn't.
　　T: Do you want to go there some day?
　　S_1: Yes, I do./No, I didn't.
　　　　Well, we are going to study about Serengeti National Park（セレンゲティ国立公園）in Africa.
　　　　Look at this.（と言ってアフリカ地図の中のタンザニアの部分を提示する――ただしタンザニアだけ他の色で示してあり国名はマスキングしておく）Serengeti National Park is in this country. What is this country? Do you know the name of this country?
　　S_2: タンザニア
　　T: Yes, Tanzania. Repeat, class, Tanzania.
　　S: Tanzania
　　　　（ここで全体と個人の両方に Tanzania の発音練習をさせる）
　　T: Is Tanzania in west Africa? In north Africa? In south Africa? Or east Africa?（と言いながら東西南北の語彙カードを見せる）

S: East Africa.
T: Very good. Serengeti National Park is in Tanzania, east Africa, repeat.（難しいようであれば Serengeti National Park の部分を It にする）
S: Serengeti National Park (It) is in Tanzania, east Africa.
　　（PC２：南関東の地図を見せて）
T: Look at this map. This is not Africa. This is Minami-Kanto. Minami-Kanto has Tokyo, Chiba, Saitama, Yamanashi and Kanagawa. Serengeti is large. It is larger than Minami-Kanto.（ものすごく広いんだね）There are a lot of animals in the park. Look at this animal.
　　（PC３：ヌーの PC を見せながら）
T: Do you know the name of these animals?
S: No.
T: They are gnus. どんな特徴があるかというとね，なんか別の動物に似てない？
S: 牛かなぁ。
T: Yes, Gnus look like cows. Repeat. Gnus look like cows.
S: Gnus look like cows.
　　（全体練習。場合によっては個人練習も混ぜる）
T: 体格はどう？比べてみて。（と言って牛とヌーが対比されている絵を示す）Gnus are ....
S: Gnus are smaller than cows.
T: Good. Repeat. Gnus are smaller than cows.
S: Gnus are smaller than cows.
　　（全体練習。場合によっては個人練習も混ぜる）
T: ヌーの特徴はまだあってね
　　They move（移動する）during the dry season. 目的は to get food and water. 乾季には水も食べ物も無くなっちゃうから，探さないといけないからね。

このように時々生徒にも質問したり，リピートさせながら教師と生徒

でインタラクションしながら本時の概要把握をする。上記に示したように必要に応じて日本語も使用しても構わない。この活動後，次のようにして概要の把握ができたかどうかチェックする。

(2) **日本語による Q-A 例**
- セレンゲティ国立公園はどこにありますか？
- 日本のどこよりも広いですか？
- ヌーの特徴はどのようなものがありましたか？

(3) **T-F チェック例**
- Serengeti National Park is in Tanzania, west Africa.
- It is larger than Minami-Kanto.
- Gnus look like cows.
- They are smaller than cows.
- Gnus move to get food and water during the rainy season.

オーラル・イントロダクションの変化形として，セクションすべてを扱うのではなく，導入部の一部にとどめて，残りを listening points としてあらかじめ問いを与えておき，本文そのものを聞かせることもできる。

2 ◆ リーディング活動

(1) 訳読

まず，英文を単語や句に分けてそれぞれを訳し，次に，それらすべてを日本語の語順に沿ってつなぎ合わせて日本語にし，その日本語を頼りに英文の内容を理解していく読み方である。日本語と英語では根本的に語順が異なるので，直読直解にはならない。例えば I like dogs. という文の場合，I は「私は」，like は「好きだ」，dogs は「犬」だが，日本語に直すと「私は犬が好きだ」となる。英文が短い場合それほど問題はないが，上級学年になって修飾語句や従属節が含まれる文が用いられるようになると，日本語の訳文と英語の順番がかなり違って，最後のほうから訳しあげないと正しい日本語にならないケースが増えてくる。

[例] Sister Teresa opened a house for the dying and, after that, another house for children without families.

　上記の英文を日本語に直すと「シスターテレサは死にかけている人々のために，そして後には家族のいない子供たちのためにも家を建てました」が普通表現であろう。英語でも日本語でも主語の位置は同じである。述語動詞の位置は大きく異なり，英語では主語の直後に来るのに対し，日本語では通常文末に置かれる。英文を読む時，私たちの頭の中ではこのように「誰がどうした」のかをまず理解する。そしてその後になぜ，何のために，という疑問が頭の中にわき起こり，「死にかけている人々のために（家を建てた）」と理解する。さらに「そしてその後別の家を建てた」と理解し，何のために？→「子供たちのために」，どのような子供たち？→「家族のいない子供たち」という順番に理解するのである。

　このようにいくつかに区切られた意味の塊をつなぎ合わせて日本語にする際，①英文の構造がわかった上で意訳して自然な日本語になっている，②英文の構造はわかっていると読み取れるが，日本語として整っていない，③英文の構造を正しく理解しているかどうか疑わしいが，単語を拾い集め日本語としては自然になっている，といったケースがある。③の場合は注意が必要で，例えば John is living in a big house. という英文を日本語にさせた場合，「ジョンの家は大きい」のほうが「ジョンは大きい家に住んでいる」よりも日本語としては自然かもしれないが，これだけでは果たして英文の構造を正しく理解しているかどうかはわからない。

　さらに，日本語と英語では語彙・表現の意味，文法構造が常に1対1の対応関係にあるわけではないので，学習が進むにつれて訳読だけでは十分理解できなくなってくる。

　ただし，日本語に直したほうが理解を助けたり，深めたりする場合は有効な手段として用いる。例えば This is my bag. と This is my English teacher. と This is Ken speaking. の3つの文における this の使われ方を正しく理解しているかどうか確かめるには，日本語に訳させることが有効である。また，正しい理解をした上で，さらに自然な日本語に

直せるような学習をすることも大切ではあるので，ところどころ日本語にさせてみることも必要である。
　しかしながら，教科書の英文をすべて日本語に訳すのは避け，和訳は必要最小限にとどめ，その分の時間を他の学習活動に充てたほうがよい。それでも生徒が日本語訳がないと不安なようであれば，プリントとしてまとめて渡してしまうのも一方法である。その際に，ターゲットの文法構造を含む箇所を空欄にしておき，正しく理解できているかどうかチェックするために日本語に訳させるとよい。
　訳読に頼った授業をしていると，ターゲットとなる文法構造を用いてproductionする段階までに至らない恐れがある。あらかじめrecognitionにとどめておいてよいもの，productionまでさせるものとを分けて教材研究しておくことが必要である。

(2) フレーズ・リーディング（Phrase Reading）

　長い英文でも，英文の始めから意味のまとまりごとに区切りながら内容をとらえていく読み方である。ただし，どこが意味の区切りなのか生徒は最初はわからないので，慣れないうちは教師のほうから提示する。この読み方に生徒がだんだん慣れてくると，区切りそのものを生徒に考えさせることができる。この読み方ができるようになると，日本語訳にとらわれていちいち後ろから返り読みをしないので，英文の意味を英語の語順のまま速くとらえることができるようになる。いわゆる「なんとなく訳せたけれど，意味はわからない」ということは避けられる。
　なお，速く読めるようにするには，単語がわからなくてつまずくことがないように，易しい語彙で書かれている英文を用いるとよい。

［例］

> Serengeti National Park is famous ／ セレンゲティ国立公園は有名です
> as a kingdom of animals. ／ 動物の王国として
> It is in Tanzania, ／ それはタンザニアにあります
> east Africa. ／ 東アフリカの
> Serengeti is larger ／ セレンゲティは（より）広いです

> than Minami-Kanto. ／南関東よりも
> A lot of animals live ／たくさんの動物が棲んでいます
> in the park. ／その公園内に

この時，

 T: "Serengeti National Park is famous"
  セレンゲティ国立公園は何だって？
 S: 有名です。
 T: そうだね，"as a kingdom of animals"，何として有名なの？
 S: 動物の王国として。
 T: "It is in Tanzania"，どこにあるの？
 S: タンザニア
 T: そうだね，それでタンザニアはどこにあるの？ "east Africa"。
 S: 東アフリカ。
 T: Serengeti is larger, セレンゲティはどうだって？
 S: より広い。
 T: そうだね，どこと比べてだろう？ "than Minami-Kanto"。
 S: 南関東よりも。

このように，はじめは教師のほうがきっかけやヒントを与えて生徒が発言しやすいように工夫する。すると生徒もこのように区切りながら意味を考えていけばよいのだというコツをつかむようになり，1人でもフレーズ・リーディングができるようになってくる。

フレーズ・リーディングをすることによって，英文を直読直解できるようになってくるので，読むスピードを上げることにつながる。日本語の語順にこだわって読もうとするよりもはるかに速く読める。しかしながら，英文を前から区切りながら見ていくことにばかり力点を置きすぎると，句の階層構造を含めた英文の全体像を把握しそこなう恐れもあるので，教える側としては注意しなくてはいけない。

また音読から暗唱につなげる練習をする時に，フレーズで改行してセンタリングを施した英文のプリントを使用すると，生徒の視線がぶれないので，英文をぱっと見て顔をすぐ上げて再生する練習ができるので効率

がよい。慣れてきたら，だんだんと1フレーズを長くすることができる。
［例］

> Serengeti National Park is famous
> as a kingdom of animals.
> It is in Tanzania,
> east Africa.
> Serengeti is larger
> than Minami-Kanto.
> A lot of animals live
> in the park.

(3) **多読**

　授業で扱う教科書の英文だけでは，十分に英語を「読む」ことにならないので，何らかの工夫をしてなるべく多くの英文を読む機会を与えるようにする。「読む力」をつけるためには，たくさんの英文を読んで読むこと自体に慣れることが必要だからである。ソースとなる英文は，語彙や文法の点から考えると，採択していない教科書からの英文が使い勝手がよい。具体的には，他社教科書のどこかのレッスン全体の本文をプリントして，以下のタスクを与えて読ませる。

［**タスク例**］

- 英文のタイトルとして適するものを下から選びなさい。
- 英文の内容にあっているものにはT，あっていないものにはFをつけなさい。
- 英文の内容に関する以下の日本語（英語）の質問に日本語（英語）で答えなさい。
- 英文の内容の順番になるように，下のイラスト（英文）を正しく並べ替えなさい。
- 下の英文の空所に適切な英語を書き入れて，要約文を完成させなさい。
- 英文のあらすじを50字程度の日本語で書きなさい。

タスクは学年や生徒の実態，目的に応じて変えるようにする。読みは個人で行う学習活動なので，答え合わせは基本的に解答のプリントなどを用い，生徒個人のペースで行わせる。材料となる英文は，同じ学年か１学年下程度のものを使うと，生徒にとっても抵抗感が少なく，「読めた！」という達成感と自信につながる。

(4) **スキャニング（Scanning）**

短い時間の中で自分に必要な情報を探し出す読み方である。例えばパソコンの取り扱い説明書の中から，通常の使用状態でバッテリーが何時間持つのかといった特定の情報を探すことを目的とし，他の部分は読み飛ばしていくような読みである。次頁で述べるスキミングと同様に，あらかじめ読む前に制限（目標）時間とタスクを与えておく。

［具体例］

> 問１　「私」のピアノのレッスンのある日はいつですか。
> Every Sunday morning our family takes a walk with our pet dog Ben around the park near our house. Then my sister and I go to the piano lesson. From Monday to Friday our parents work at each office so usually my sister makes dinner for us. I wash dishes. My sister is a college student. She teaches math to a boy near my house on Monday and Wednesday. I take a violin lesson once a week. Usually it is every Thursday.（以下省略）

この場合３行目の piano lesson がキーワードとなるので，それを含む英文に気をつけて読む（Then my sister and I ....）。すると Then という語の意味からもう１つ前の文にピアノレッスンの日の情報が書かれていることがわかる。１つ前の文には Every Sunday morning .... とあるので，答えは日曜日というように，キーワードをヒントとして必要な情報を探していくように指導する。生徒には，必要な情報を表す語句だけに集中し，それらを見つけたらその前後に注意して読み取るように指導する。

1回に与えるタスクを小分けにすると，結果として英文を何回も繰り返し読むことにつながる。タスクを複数同時に与えると，読みにかかる時間はそれだけ長くなる。また，タスクのバリエーションとして，上記の英文に出てくる人物と曜日を表にしておき，誰がいつ何をするかという情報の一部を空欄にしておいて穴埋めをさせることもできる。

　生徒に楽しみながらスキャニングさせる方策として，様々なジャンルの英語の題材を用意しておくとよい。

[例1] 英字新聞の天気予報・TV欄，各種広告やパンフレット類

　これらを用い，「LAの明日の最高気温は何度か」，「寮がある英語学校で授業料が週100ドル以下のところはどこか」，「見たい映画の最終回上映は何時からか」などを探させると，生徒は面白がってスキャニング活動を行う。毎時間の授業で扱うことは難しいものの，定期テスト後や長期休業前等に行うだけでも，幅広い英語に触れさせるとともに，その面白さを生徒に伝えることができる。教科書の英語を読むことには食指を動かされない生徒でも，英語で書かれたパンフレットや写真つきの広告などには食いつくものである。パソコンのある教室で授業を行える場合は，インターネットのサイトなどを利用したスキャニングも行える。

[例2] 大リーグ選手の松坂大輔，映画スターのトム・クルーズ，サッカー選手のクリスティアーノ・ロナウドの中から1人選んで，次の情報を得なさい。①出身地　②年齢　③家族構成　④好きな食べ物等

　このように，タスクにある程度自由度を与えると，生徒は主体的に学習する。興味関心のある人物の情報については自分からどんどん調べていくものである。

　このような学習は広い意味で英語に関心を持たせ，読んでみようという気持ちにさせるためにも有効である。

(5) **スキミング（Skimming）**

　スキミングとは，細かいところにとらわれず，短い時間の中で文章のおおよその意味を把握する力をつけるための読みの方法である。読む前にあらかじめ制限（目標）時間とタスクを与えておく。

［具体例］

①文章全体のタイトルを選ばせる

　日々の授業で使用している教科書には，すでにレッスンやセクションにタイトルがついていることが多い。したがって，他社の教科書で１学年下（３年生を指導しているのであれば２年生用）の本文（題材）を用いるとよい。このことは他のスキミングの活動にも当てはまる。未知語の数が多いと，この活動は有効に働かないので注意する。

②段落ごとの小見出しを選ばせる

　上記①と同様に他社教科書の１学年下の本文（題材）を用いるとよい。通常１レッスンの教科書本文は３〜４セクションで構成されているので，それぞれについてタイトルを選ばせる。セクションの数よりも小見出しの数を多く与えると難易度が高くなる。

③結論を選ばせる

　上記①・②と同様の１学年下の題材を用いて，ひと通り読み終わった後で，結論となる文として最も適切なものを選択肢の中から選ばせる。

　上記のような活動において，タイトルや小見出し，結論を日本語で与えるか英語で与えるかは，授業の目的や生徒の様子によって変えるとよい。はじめは日本語で与え，慣れてきたら英語で与えると，この学習活動に対する抵抗感も和らげられる。

(6)　**同じ英文を繰り返し読ませる活動**

　中学校の多くの授業で行われているような，１時間に１セクションずつ教科書の本文の内容を理解していく方法とは異なり，レッスンのすべてのセクションの本文をまとめて何回も繰り返し読む活動である。そのレッスンで扱う文法項目などの学習を終えた後に行うことが多いが，タスクの難易度を調整することで，内容全体のイントロダクションとしても行うことも，レッスンのまとめの段階で行うこともできる。目的は，タスクに変化を与えることで自然に英文を繰り返し読ませ，より深い内容理解を図ることにある。

[例] マザーテレサの伝記

Agnes was born in Macedonia in 1910. When she was still very young, she wanted to give her life to God.

Agnes went to Calcutta, India and became a nun when she was 19 years old. She changed her name to sister Teresa. Sister Teresa taught girls at high school. On the way to school, she always saw poor people. She could not forget them.

One day, Sister Teresa decided to help the poorest of the poor. She moved to the slums alone.
（以上が1セクション分であり，下に示すタスクも上記相当分のみとする）

（*TOTAL English 2*，学校図書）

[**タスク1**] 日本語での質問に日本語で答える
　①マザーテレサはもともとは何という名前で，いつどこで生まれましたか。
　②彼女は19歳の時に何をしましたか。
　③学校へ行く途中，どのような人々を目にしましたか。
　④どんな決心で単身スラム街に移ったのですか。

[**タスク2**] 日本語訳にいくつか空所があるプリントを完成させる。
教師用の指導マニュアルの日本語訳を拡大コピーして，生徒に訳させたいところだけ空所にして印刷すればよい。

[**タスク3**] 英問英答
　① When and Where was Agnes born?
　② What did she do when she was 19 years old?
　③ What did she see on the way to school?
　④ Why did she move to the slums alone?

この活動を行う際，タスク1を開始して一定時間後に全員で答え合わせをしてタスク2に移る，という手順よりも，できればタスク2と3のプリントは教卓に用意しておき，終わった生徒から順に次のタスクに取

り組むというようにするとよい。「読み」の学習は個人において成立するため，できるだけ個々のペースを尊重するのが望ましい。教師のほうで適当な時間をとった後，全員で答えあわせをしても，真剣に取り組まない生徒が出てくる恐れがある。生徒個人のペースでタスクに取り組ませると，その危険性は少なくなる。その間に教師は机間巡視して，英語が苦手な生徒を中心に個人的に支援することもできる。もちろん最終的な答え合わせは必要で，解答プリントを配布したり，全員で確認するなどの方法がある。

応用編のスペシャルタスクとして，次のような質問もできる。

☆ "If you feel that no one loves you, it is true starvation." とありますが，わかりやすく言うとどのようなことなのでしょうか。またあなた自身はこのように感じますか，感じませんか？それはなぜですか？

このような設問を用意しておくと，英文を単に受動的にではなく，自分のこととして積極的に読むことができるようになり，英文の奥に含まれている深い意味をも読み取るようになることが可能になる。

(7) 内容理解のための黙読

入門期では教科書にある英語の本文も少ないので，わざわざ黙読という作業を行わなくても口頭作業の練習で意味内容も理解できるが，学年が上がるに従って語彙や文構造も難しくなるので，内容把握のための黙読のスキルを身につける必要が生じる。黙読の際には，生徒が自力で読めるようにするために reading points をあらかじめ与えることが大切である。英文の内容や話の展開を理解するための指標となるポイントを，質問の形で生徒に提示する。

> ○ Reading points を与える上での注意点
> ①話の流れに沿った質問形式とする。
> ②提示した質問に順番に答えていくことで，本文の理解ができるようにする。
> ③提示した質問には必ず答えがあるようにする。
> ④段落の構成がまとまっている場合，トピックやトピックセンテ

　　　　ンスを見つけ出す手がかりとなるような質問をする。
　　⑤提示のしかたは，reading points の数や内容に応じて，口頭，板書，プリント等を使い分ける。
　　⑥生徒の実態や教材の内容等に応じて，Yes-No 疑問文，Wh-疑問文，日本語で提示するか英語で提示するかを判断する。
　　☆上記のことは新教材導入の際の listening において listening points として与えることも可能である。その際は日本語で与えるほうが好ましい。

3 ◆ ポスト・リーディング活動

(1) 音読（Oral Reading / Reading Aloud）

　ポスト・リーディング活動としての音読は内容理解を伴った音読活動であり，教科書の内容理解が十分に行われた後の活動となる。したがって，指導過程の中では，「本文の導入」→「本文内容や文法・語法などの説明」→「新出語句の発音」の後に位置づけられるのが一般的である。この音読の目的は，文の意味内容が表現されるように文字を音声化することである。本文の導入直後の最初の音読練習では，「書かれてある文字を正しく音声化させること」が一番のねらいであり，正しく音声化できるようになったら，「場面や心情に応じた音読を行い，スピーキング活動につなげること」が次のねらいとなる。

　音読の方法については，多くの教員がいろいろな方法を工夫している。複数の方法を取り入れることで効果は上がるが，上記のねらいに合った方法と手順を踏む必要がある。また，音読とは「テキストを見ながら声を出して読むこと」なので，この項では，テキストを見ながら行う活動にしぼって取り上げたい。代表的な音読方法を次に紹介する。

①復唱読み（Choral Reading）　　　　　　　　　　　DVD Ch.19
　　音読指導手順の最初に位置する練習方法で，1文ずつ，または意味のまとまりごとに教師の後について生徒全員に復唱させる。生徒が正しい音声で言えるようになるまで，同一の文を十分に反復音読させる必要がある。教師は生徒を見ながら音をしっかり聞き，間違った発音

が含まれていないか，つまづくところはないか，口の形は正しいか，などを確認する。

　1文が長い場合には，文の最初から意味のまとまりごとに読ませるのではなく，文の終わりから積み上げていく（Back-up Technique）と，音調を崩さずにすむ。

[例]　T: throughout the world.
　　　Ss: throughout the world.
　　　T: are dying out throughout the world.
　　　Ss: are dying out throughout the world.
　　　T: Many animals are dying out throughout the world.
　　　Ss: Many animals are dying out throughout the world.

②バズ・リーディング（Buzz Reading）　　　　DVD Ch.20
　復唱読みをした後に行う音読練習で，各自に自分のペースで練習させる。十分に音声化できないところがないか，自分の音声がモデルに近いかを確認させたり，何回か読ませることで音声に慣れさせたりすることを目的として行わせる。音読する回数や時間を指示して行わせる。生徒に教科書を持たせ，立たせながら行うとよい。

　1回読むごとに90°ずつ回転させていき，4回読んで正面を向いたら座らせる（四方読み）と，生徒の立っている方向によりどの生徒が何回読んでいるかがわかる。

③合わせ読み（Overlapping / Paced Reading / Parallel Reading）
　CDなどの音声と一緒に合わせて音読させる音読方法で，スピード，音調，強音，弱音，音変化，イントネーションなどを意識させることができる。

④役割読み（Part Reading）　　　　DVD Ch.21
　対話文を，役割を決めて音読させる方法で，感情を込めて音読させる。教師と生徒で分かれたり，ペアまたはグループで役を決めたりして音読させる。役が3人以上の場合は，教師・男子（または座席の左半分）・女子（または座席の右半分）のように分担させる。

⑤個人読み（Individual Reading）
　　個人を指名し，音読させる。正しく音読できているかチェックしたり，細かな点を指導したりする目的で行う。数名を指名し，しっかり読めないところがあれば，生徒全員に再度復唱させるなどの指導を行う。音読練習の最終段階で行う場合は，ある程度まとまった分量を読ませたい。

(2)　**暗唱・レシテーション（Recitation）**
　　暗唱とは，「書かれた文の内容をよく理解し，それを記憶にとどめ，その上で，正しい発音で聞き手に自分のものとして伝える活動（伊藤他，1985）」である。暗唱の前提となるのは音読指導であり，これをしっかりと行っていなければ暗唱は不可能である。特に1年生の段階では，教科書に出てくる英文がその後で学習する英語の基礎となるものばかりなので，対話文をロール・プレイさせたり，スピーチ文や物語文を音読させたりする活動に十分な時間を取って暗唱につなげたい。
　　暗唱までの指導手順の中で，特に有効な方法について紹介する。

①リード・アンド・ルックアップ（Read and Look-up）　　**DVD Ch.22**
　　これは，1文または意味の区切りごとにテキストを黙読した後，顔を上げてテキストを見ずに声に出して言う活動で，指導手順の中では音読の後に位置づけられる。テキストから目を離して発声させることで，テキストを見ながら行う音読の段階からスピーキングの段階への橋渡しとしての役割を担う。個人で練習させてもよいが，一斉に行う時には次のようにするとよい。
〈方法1〉　1文ずつ行う（中学1年段階で1文が短い場合）
　Ss:（1文目を黙読する）
　T: Look up.（「ハイ」など顔を上げる指示を出す）
　Ss: Do you have any pets?（言い終えたら，次の文を黙読する。以下，同様に続けていく）
〈方法2〉　教師が指定しながら行う（文の長さがまちまちの場合）
　T: I picture that the sun has just set behind a mountain
　Ss:（教師が音読した該当箇所を黙読する）

T: Look up.
　　Ss: I picture that the sun has just set behind a mountain
　　T: and probably the sky is still red.
　　Ss:（黙読した後，教師の声で顔を上げて言う）
　　T: Excellent, Minh! Wright keeps to the Japanese style.
　　　　（1文が短い場合は，2文を指定する）
　　教師の音読は生徒が発話する際のモデルとしてではなく，該当箇所を示すために行うものなので，小声で言うなど復唱とならないように留意する。

②レスポンス・レシテーション（Response Recitation）　DVD Ch.23
　　これは，教科書を閉じた状態で，CDの音声（または教師の範読）を聞かせ，文の途中で休止し，その後の文を生徒に続けて言わせる活動である。文章の流れが頭に入っていて，英文をある程度暗記できているかを確認することができる。
　　CD: My father tells me ／（休止ボタンを押す）
　　Ss: to work hard.（後を続けて言う）
　　CD: to work hard. He wants me to take over ／
　　Ss: the business someday.
　　CD: the business someday. I want to do so, too, ／

③一部を隠しての音読　　　　　　　　　　　　　　　DVD Ch.24
　　ペンや消しゴムなどを教科書の文字の上に置いて，音読させるやり方である。または，紙を4 cm×10 cmに切ったものを教科書にはさませておいて，いつでも利用できるようにしておくとよい。はじめは紙片を半分（2 cm×10 cm）に折って行い，音読するたびに紙片を置く位置を変えていく。すらすら言えるようになったら紙片を開いて同様に音読させる。

④積み上げ方式のリード・アンド・ルックアップ
　　1文目をリード・アンド・ルックアップで言わせる。次に1文目と2文目を同様に言わせる。以下，次第に1文ずつ増やしていき，最後には全文を暗唱させる。

これらの方法を組み合わせ，テキストを見ないで言えるようになったら，次に感情を込めて暗唱させる。強弱をつけたり，スピードを変えたり，ジェスチャーをつけたり，顔の表情を変えたりするなど，表現方法を教えた後で，個々の生徒に工夫させるとよい。また，レシテーション・コンテストを行うと良い動機づけとなる。さらに，生徒の発表は録画しておき，後輩に見せると，良い見本になる。

(以上，英文は *One World*（教育出版）より引用)

(3) リプロダクション (Reproduction)　DVD Ch.25

すでに学習した教科書の本文の内容について，教科書を見ないで，メモや絵（イラスト）などをもとに再生させる活動（内容再生）である。口頭で発表させる場合と書かせる場合がある。暗唱と異なり，教科書の本文と一字一句違わずに再生する必要はない。

難易度が高い上，ある程度の英文量が必要なので，中学2年生以降の活動として適している。新出語句や新出文法だけでなく，既習の語句や文法を自分で考えて使わせることができる。ただし，リプロダクションを行う前には十分な内容理解と音読練習が必要である。

以下に実際のテキストを例にして，指導方法，活動を行う際のアイディア，留意点などを示す。

> Stevie Wonder is an African-American musician who is known to everyone. But he is more than just a musician.
>
> Stevie was born in 1950. He soon lost his eyesight. When he was a little boy, Stevie often enjoyed listening to music on the radio. He used spoons to keep rhythm with the music. He became very good at playing the drums, the piano and so on. People who listened to his music were amazed.
>
> （*Total English 3*，学校図書）

・ストーリーを生徒が想起するために必要な語句や絵を提示する。スティービー・ワンダーとは誰なのかを述べてから，彼の生い立ちを説明する流れになっているので，その流れが思い出せる語句や絵を提示する。また，年号や場所のような細かな情報についても提示するとよ

い。逆に，提示する情報が少ないほど，自由度の高いリプロダクションとなる。

- 絵を提示する時は，教科書準拠のピクチャーカードや教科書の挿絵を利用するとよい。ただし，本文を再生するための具体的な情報になっている必要がある。例えば，スティービー・ワンダーが歌っている写真ではこの箇所の本文を再生するためのヒントにはならないので，少年がラジオを聞いているイラストや，スプーン，ドラム，ピアノなどのカットアウト・ピクチャーなどを必要に応じて準備する必要がある。
- （ヒントとなる）語句や絵は板書してもよいし，プリントなどに書いて配付してもよいが，一般的には口頭で発表させる場合には板書で，書かせる場合にはプリントで示すとよいだろう。

［提示する語句や絵の例（黒板を利用した場合）］

```
African-                    spoons   rhythm
American
Musician        少年がラジオを
                聞いているイラ
                ストなど


born in 1950
lost eyesight

                            amazed
```

- 教師の質問によるヒント提示

口頭で発表させる際，生徒が言葉に詰まったら，質問をすることでヒントを与えるとよい。

　［質問の例］
　　・Is he just a musician?
　　・Why did he use spoons?
　［生徒の発表例］

Stevie Wonder is an African-American musician. Everyone knows him. He is more than just a musician. He was born in 1950

> and soon lost his eyesight. But he enjoyed listening to music on the radio. He used spoons to keep rhythm with the music. He can play the drums and the piano. People were amazed when they listened to his music.

(4) 要約（Summary）

　要約は母語であっても難しい活動である。なぜなら，書かれてある内容を理解した上で，概要や要点をとらえて書かなければならないからである。様々な能力を総合的に使わなければならない活動である。したがって，英語の初学者である中学生には，教師がコントロールを行って徐々に慣らしながら行わせたい。中学段階で要約させる際の基本的な手順や工夫について，実際の教科書本文を例にして以下に紹介する。

[テキストの例]

> 　Bang!! A landmine exploded. He flew into the air. A moment later, he was on the ground. The armor that he was wearing saved his life. However, his arm was really injured. He felt no pain, but when he looked down, his leg was gone.
> 　Chris Moon stepped on that landmine in 1995. This was an experience which he can never forget. It changed his life.
> 　Being sad wasn't his style. Chris Moon started to run on an artificial leg. Although it wasn't easy, he worked hard.
> 　In 1996 he took part in the London Marathon. He wanted to start a fund which would help children injured by landmines.
> 　The next year he ran across the Sahara Desert in six days. He was the first person to complete the run on an artificial leg.
> 　　　　　　　　　　　　　　　　　　　　（*One World 3*，教育出版）

A　日本語による要約

　要約に慣れていない場合，まず日本語で行わせてみる。字数を制限することで，情報を取捨選択するコツをつかませたい。以下のことに注意

して要約させるとよい。
　①1つの段落につき，1〜2文程度でまとめる。
　②時間軸に沿って事実を並べる。
　③述べなくても概略がわかる文や語句は削除する。
　④簡略化するため，テキストに書かれてある表現を他の表現に替える。

B　要約文の穴埋め

　要約文をはじめから生徒に書かせるのは難しいので，教師が穴埋め式の要約文を作成する。生徒はテキストを読みながら，必要な語句を書き入れるのだが，教師の作成したこの要約文が，のちに生徒に書かせたい要約文のモデルとなる。

［穴埋め式の要約文の例］

> Chris Moon stepped on a (*landmine*) and lost his leg in 1995. This accident changed his (*life*). He started to (*run*) on an artificial leg. He took part in the London marathon in 1996 because he wanted to start a (*fund*) for (*children*) injured by landmines. He ran across the Sahara Desert in 1997. He was the first person to (*complete*) the run on an artificial leg.

C　要約文の1文作成

　要約文をすべて書かせるのではなく，文脈の中で1文のみを書かせるようにさせる。慣れてきたら，2文，3文と増やしていく。

［1文記述式の要約文の例］

> Chris Moon stepped on a landmine and lost his leg in 1995. This accident changed his life. He started to run on an artificial leg.
> [　　　　　　　　　　　　　　　　　　　　　　　　　]
> He ran across the Sahara Desert in 1997. He was the first person to complete the run on an artificial leg.

Ⅶ スピーキング

1 ◇ スピーチ（Speech）

(1) スピーチの種類

スピーチとは「まとまりのある，ある程度の長さのメッセージを複数の聞き手に伝える活動」である。（米山朝二『英語教育指導法辞典』，研究社，2003）スピーチの種類を次の2つに分類し，それぞれのスピーチについて簡単に説明する。

A スピーチの形式や内容，目的に基づく分類
① public speaking（演説，弁論など比較的長いスピーチ）
② presentation（提案，発表などを目的としたスピーチ）
③ show & tell（絵・写真・実物などを見せ，それについて説明するスピーチ）
④ short speech（自己紹介などの簡単なスピーチ）
⑤ informative speech（聞き手に何かを教えたり，情報を与えることを目的としたスピーチ）
⑥ persuasive speech（聞き手に自分の意見・提案などを納得させることを目的としたスピーチ）

B スピーチの準備や発表の方法に基づく分類
① prepared speech（あらかじめ原稿を準備してあるスピーチ）
② memorized speech（スピーチの原稿を暗記して行うスピーチ）
③ extemporaneous speech（スピーチのアウトライン，要点のみをメモし，そのメモを見ながら行うスピーチ）
④ impromptu speech（その場で与えられたテーマについて行う即興のスピーチ）

(ELEC同友会英語教育学会『アクティブスピーチ』，クリエイティブコア，2001)

検定教科書に取り上げられているスピーチは，上記のAの分類では，show & tellやshort speechが，Bの分類では，prepared speech (memorized speech) が多い。スピーチの後で，聞き手から話し手へ質問させたり，スピーチの内容についてペアやグループで話し合ったりさせることで，スピーチを話し手から聞き手への一方通行的なコミュニケーション活動に終わらせずに，双方向的なコミュニケーション活動を実現することができる。

(2)　**スピーチの指導手順と指導方法**
　中学校におけるスピーチの基本的な指導手順を紹介する。

A　スピーチの説明
　これから行うスピーチについて説明する。スピーチの内容や条件，モデル文，補充語彙，下書き原稿欄などを書いたワークシートを作成し，配布する。教師がモデルスピーチを示したり，生徒の過去のスピーチをビデオなどで見せることで，生徒に具体的なイメージを持たせるとよい。
［ワークシートの例］

> 「10年後の私」というスピーチを行います。あなたが10年後（25歳）に働いている姿を絵に描き，それを説明します。
> 〈条件〉
> 　ア．10文から20文程度で原稿を書く。
> 　イ．絵を見せながら，何をしているところか説明する。
> 　ウ．その仕事をしたい理由を必ず述べる。
> 〈モデル文〉　　（省略）
> 〈下書き〉
> 　1．何になりたいですか？
> 　2．その理由は？（2つくらい挙げる）
> 　3．どんな絵を描く？　例：パン屋で新しいパンを試しに作っているところ。
> 【原稿を書く時の注意】

> ①原稿は最初から英文で書く。難しい単語は絵の中で説明できるようにするとよい。
> ②何になりたいのか，次の表現を使う。
>   (例は省略)
> ③その理由を述べる。理由が１つの場合には次のように述べる。
>   (例は省略)
>   理由が２つ以上の場合には次のように述べる。
>   (例は省略)
> ⑤書き出しはこれから何を述べるのか，または，聞き手を引きつける文を工夫する。
>   (以下省略)

B　原稿の作成

　中学校の段階では，言いたいことと言えることの差が大きい。日本語で考えると，後で和文英訳をしなければならなくなり，自力で英文に直せなくなるので，はじめから英語で書かせるようにする。英語で書かせることにより，聞き手にとっても理解しやすい内容となる。スピーチのモデル文を提示し，原稿の構成や表現を指導しておくとよい。

　短いスピーチでは，モデル文を参考にしながらすぐに書き始めさせるが，長いスピーチでは，原稿の構成や内容を考えさせるためにブレーンストーミング（brainstorming）を行わせる。

　ブレーンストーミングの方法には，

①箇条書きリスト（思いついたことを箇条書きで書いていく）
②アウトライン（目次のように書く項目を挙げていく）
③フローチャート（アイディアの流れを図式化する）
④話し合い（クラスメートとテーマについて話す）
⑤書き取り（頭に浮かんだことを文法や単語のつづりを気にしないで書いていく）
⑥マッピング（ある言葉から思いつくことを，くもの巣状の図にしていく）

などがある（ELEC 同友会英語教育学会『中学校・高校　英語　段階的スピーキング活動42』，三省堂，2008）。ブレーンストーミングを行うことで，内容・構成が首尾一貫している原稿を作成することができる。

C　教師による原稿のチェック

　単語のつづり，文法，文章構成，内容に関するチェックを主とする。原稿のチェックを行う際は，個々の生徒と面接方式で行うと，生徒の言いたいことをその場で把握して具体的な指導ができる。

D　原稿の完成

　教師のアドバイスをもとに原稿を完成させる。

E　音声練習

　ワークシートのモデル文や表現例を教師の後について音読させた後で，個々の原稿の音読練習を行わせる。完成原稿を音読させ，音声の指導を行うとよい。

F　スピーチ発表

　スピーチ発表には次の3種類の形態が考えられる。それぞれに長所と短所がある。
　①1回の授業でクラス全員が順番に行う。
　　　自己紹介など，比較的短いスピーチに適する。生徒の人数が多いと聞く側はスピーチに飽きてしまうことがある。
　②毎回の授業で数名ずつ行う。
　　　教師が個々の生徒の発表日を指定しておく。スピーチの後に聞き手から質問をさせるなどの活動が入れやすい。また，各スピーチに対するフィードバックを与えることで，スピーチの質が後半にいくにしたがって高くなっていく。しかし，評価を行う際は，後の生徒ほど有利になりやすい。
　③グループごとに一斉に行う。
　　　グループ内のメンバーに向けて発表する。いくつかのグループが同時に行う。時間の短縮になるが，一斉に行うのですべての生徒の

発表をモニターしたり，評価したりはできない。

2 スキット（Skit）

(1) 教科書をそのまま台本にしたスキット　DVD Ch.26

　教科書の対話文を実際に演じさせることで，本文の内容理解を深めたり，文法事項や様々な表現を定着させたり，物怖じせずに英語を話す態度を養ったりできる。特に中学1年生の教科書では，対話文中に使われている英文すべてが基本的かつ重要であり，英文を丸ごと覚えさせる必要があることから，指導過程の最後にスキットを行わせることは極めて有効である。

　スキットを行うまでの基本的な指導手順を以下に示す。

A　教科書本文の内容理解

　英文の表面的な意味だけでなく，場面や登場人物の心情などをしっかり理解させる。数行の対話文であっても，「なぜ，○○と言ったのか」「その時の○○の気持ちは」などと問いかけ，内容を深く考えさせることが大切である。

B　音読指導

　スキットは普通テキストを見ないで行うものなので，リード・アンド・ルックアップなどの手法を用い，生徒が暗唱できるように指導する。音声面では，特に強勢の置き方やイントネーションなどに気を配って指導する。

C　ペア（グループ）による練習

　ペア（グループ）内で演じる役を決めさせ，練習させる。練習は立たせて行わせる。事前に次のことを指導するとよい。

　①感情の込め方

　　　感情を込められるところは，音調を変えたり，声量を変えたり，スピードを変えたりすることで，自分なりの感情の込め方を工夫させる。

②視線の配り方

　　基本的には相手の目を見ながら話をさせる。場面や状況によっては，遠くを見たり，下を向きながら話したりといった工夫をさせる。

③ジェスチャーの使い方

　　this や that などの指示代名詞が使われているところで指さしたり，自分や相手を手で示したり，数を指で示したり，喜びや悲しみを表現させたりなど，ジェスチャーを工夫させる。

④立ち方

　　基本的には聞き手の方に少し体を向かせて演じさせる。3人以上の場合は，聞き手から見て，体が重ならないように立ち位置に気をつけるよう指示する。

D　スキット本番

　各発表の後に，良かった点と改善すべき点を教師が述べたり，生徒に述べさせたりする。

(2)　**教科書の英文を加工して行うスキット**

　教科書の題材や内容によっては，対話文中の語句を替えたり，自分たちで考えたセリフを追加したりしたスキットを演じさせる。

A　一部の語句を置き換えて行うスキット　　　　**DVD Ch.27**

　対話文中の語句を別の語句に替えて演じさせる。

[例]

> Shun: Excuse me, will you explain the lunch special, please?
> Waitress: Sure. Today's special is <u>steak and kidney pie</u>.
> Shun: I'll have that.
> Waitress: Would you like a drink?
> Shun: Yes. I'll have <u>tea</u>.
> Waitress: Shall I bring it now?
> Shun: Yes, please.
>
> 　　　　　　　　　　　　　　　　　(*Total English 2*，学校図書)

下線部を他の食べ物と飲み物に替えて演じさせる。

B　話の続きを付け加えるスキット　　　DVD Ch.28

　ストーリーが完結していないで，対話文の終わりの部分からまだ会話を続けられそうな場合，対話文の続きを自由に書き足して演じさせる方法がある。この場合，場面設定は教科書のままなので，登場人物が次に行う言動およびそれに適した表現を文脈に沿って生徒自身で考える必要がある。

［例］

> Lisa: Do you have any pets?
> Aki: Yes, I have some hamsters. How about you?
> Lisa: I don't have any pets. How many hamsters do you have?
> Aki: Yesterday, two. Today, eleven! Do you want some?
> 　　　　　　　　　　　　　　　(*One World 1*，教育出版)

生徒はペアになり，Do you want some? に続く会話を考える。例えば，

> Lisa: Yes, I do. I like hamsters.
> Aki: How many hamsters do you want?
> Lisa: I want two.

などと自由に考える。

C　対話文を書き直すスキット　　　DVD Ch.29

　「フリーマーケットで，あるものの使い方を尋ね，それについて説明するやりとり」のようなタスクを与え，教科書の対話文を参考にして自由に書き直させ，演じさせる。

［例］

> Man:　　Can I help you?
> Ratna: Yes. What's this?
> Man:　　It's a *furoshiki*.
> Ratna: How do you use it?

> Man:　　We carry things in it. Like this.
> Ratna: Wonderful. And it's pretty too.
>
> 　　　　　　　　　　　　　(*New Crown 2*，三省堂)

　風呂敷のところを「扇子」や「折りたたみ傘」などに替えて，店の人に話しかけるところから買うところまでを，教科書の表現を参考にして自由に作らせる。

(3)　創作スキット

　ペアまたはグループで自由にスキットを創作させ，演じさせる。場面，登場人物，あらすじなどの設定を最初に行い，それに沿ってシナリオを書かせる。

［ワークシート例］

> どのような場面？
> 　例：レストランで食事
> 登場人物は？
> 　例：ミキ（大食い），サトル（少食），ウェイター
> あらすじは？
> 　例：サトルとミキがレストランを見つけて，料理を注文する。ミ
> 　　　キがたくさん注文し始める。
> シナリオを書こう
> 　セリフは英語で，動作は日本語で記入する。
>
> | 人物名 | セリフ　（　　　　）内に登場人物の動作を書こう |
> |---|---|

　スキット・コンテストのような形式にして，「英語の発音」「内容」「演技」などの観点で相互評価させるとよい。

3　◆　描写・説明（Description）

(1)　What (Who) am I?

　出題者があるもの（人）についていくつかのヒントを出していき，解答者は出題者に質問しながら，それが何（だれ）であるか当てる活動で

ある。

[指導手順]
①出題者に答えを用意させる。
　このとき,解答者となる生徒がわからない単語は避けさせる。
②ヒントを3つ作成させる。
　第1ヒントはI am a man（thing, country）などのジャンルにさせる。第2ヒントでは答えを特定できないもの,第3ヒントでは答えをしぼれるものにさせる。
③以下の発話例のように,活動を行わせる。
　[発話例]
出題者：(first hint) I'm an animal.
解答者：Do you live in Tokyo?
出題者：No, I don't.
解答者：Are you tall?
出題者：No, I'm not.
出題者：(second hint) You can see me in some zoos in Japan.
解答者：How many legs do you have?
出題者：I have four legs.
（出題者は1つのヒントにつき,3名の質問を受けたり,または1分間の質問時間を設ける。出題者が3つのヒントを言い終えたら,解答時間を設ける。）
出題者：What am I?
解答者：Are you a zebra?
出題者：Yes, I am.

(2)　Explanation Game
　カードに書かれてあるものを即興で説明し,相手に当てさせる活動である。最初は動物や月名などにしぼらせ,徐々に様々なものを説明できるようにさせていく。

[指導手順（動物の説明）]
　①16程度の動物名を導入する。
　②説明に必要な表現を導入する。
　　・It is big [small, short, long, tall, yellow, green].
　　・It lives in Africa [the sea, the cold area].
　　・It has long ears [a short tail, a long neck, big eyes].
　　・It can jump [swim, fly, run fast].
　　・It eats meat [grass, fish].
　③ペアとなり，1人がカードを引き，書かれてある動物の説明を2つ以上行い，相手がそれに答えていく。90秒以内で説明できるようにするなどのタスクを与えるとよい。

[発話例]
　　　A: It lives in Africa. It has a long neck.
　　　B: Is it a giraffe?
　　　A: That's right.

学習段階に応じて次のものや表現を導入していく。
〇月名
　It's the fifth month of the year. (May)
〇反意語
　It's the opposite of young. (old)
〇数，曜日など
　It's the number after seven. / It's the number between seven and nine. (eight)
〇その他
　We use it when we study. It is made of wood or metal. It has four legs. (desk)

4 チャット（Chat）

　チャットとは，生徒同士で会話を即興で展開していく活動である（本多敏幸『到達目標に向けての指導と評価』，教育出版，2003）。話題はスポーツ，週末のこと，学校のこと，好きなことなど生徒が話しやすいものに

する。初期の段階では，生徒同士をペアにし，教師が話のきっかけとなる疑問文を提示し，1分間程度のチャットを毎回の授業で継続して行わせるとよい。各チャットの前に会話を継続させるための技術や必要な表現を指導していく。

［会話例］（［　　］内は事前に指導すること）
　A: Do you like sports?
　B: Yes, I do. I like baseball.　［答えに1文を加える］
　A: Oh, really? I like baseball, too. I'm on the baseball team.
　　　［相づちをうつ］
学習段階に応じて時間を長くしたり，3人以上のグループで行わせたり，チャットの後でパートナーの話した内容について報告させるなどの工夫を行う。
　チャットを行う際には，次の基本的な態度と会話技術を段階的に指導していく。（ELEC同友会英語教育学会『中学校・高校　英語　段階的スピーキング活動42』，三省堂，2008）

(1)アイ・コンタクト
　　相手の目を見て話をする。
(2)相づち
　　①興味を持って聞いていることを相手に示す。
　　　Uh-huh. / Really? / Did you?　など
　　②自分が理解していることを伝える。
　　　Oh, I see. / I get it. / I understand.
　　③相手の理解が正しいことを伝える。
　　　That's right. / You're right.
　　④賛成，反対であることを伝える。
　　　I think so, too. / I agree. / I don't think so.
　　⑤喜びや感動を示す。
　　　That's nice. / How exciting! / It sounds like fun.
　　⑥驚きや意外性を示す。
　　　Really? / No kidding! / I didn't know that.
　　⑦悲しさに対する同情，残念な気持ちを示す。

That's too bad. / That's a shame. / Oh, it's very sad.
(3)情報の付加
　①質問への返答に詳しい情報や説明を加えて言う。
　②自分の感想を付け加える。
(4)質問
　①関連する質問をする。
　②コメントを言う。
(5)説明
　①他の表現を使って言い換える。
　②具体例を述べる。
　③定義づけをする。
(6)確認
　①相手が言った単語や句を繰り返して言う。
　②相手にさらに詳しい説明を求める。
　③理解できないことを示す。
　④自分が言ったことが相手に理解されているか確認する。
　　Are you with me? / Do you understand me?
　⑤自分が知っている情報が正しいかどうか相手に確認する。
　　Your father is a teacher. Is that right?
(7)話題を転換する
　　By the way, ... / Anyway, ...
(8)わからない時に助けを求める。
　　What does it mean? / How do you say *matsu* in English?
(9)話し続けることを示すつなぎ言葉
　　Well, ... / Um, ... / Let me see.

5 ディスカッション／ディベート（Discussion / Debate）

　ディスカッションは，「よい勉強方法とは」などの論題について意見の交換を行ったり，「日本に来た外国人の友だちを案内するにはどこがよいか」などの問題を解決するために話し合ったりする活動である。これに対してディベートは，例えば「東京は中学生にとって住みやすい」

のような論題について，自分の意見にかかわらず，肯定側と否定側のどちらかの立場に立ち，論点を立証して相手側より優れた意見を述べようとする活動である。

中学段階ではこれらの活動は難しいと一般的に考えられているが，活動を行うのに必要な表現を提示したり，活動のやり方に工夫を行うことで実施可能である。以下に，事前に指導しておきたいことや実施する際の留意事項や指導方法について紹介する。

(1) 表現の指導

賛成や反対の意見を述べる際の表現を指導する。

- I (don't) agree with A. ／ I (don't) think so.
- In my opinion, ...
- That's (not always) true. ...
- I have three reasons for thinking so. First, ...

(2) 相手の意見の確認

相手が述べた意見を繰り返し述べることで，意見の確認を行う練習をさせる。4人程度のグループで隣の人が言ったことを繰り返した上で，自分の意見を言う活動を行わせるとよい。

[発話例（好きな季節について述べる）]

A: I like summer best. I like swimming in the sea.
B: A likes summer best because he likes swimming. I like fall best because it's a good season to study.
C: B likes fall. It is a good season to study for her.

(3) 論題の設定

中学生にとって興味がありそうな，また，自分の経験や意見が述べられる題材を選ぶ。

[ディスカッションの題材例]

- Where is the best place for our school trip?
- What should we give to our school as a graduation remembrance?

[ディベートの題材例]
- Life is better for men.
- School lunches are better than boxed lunches.

(4) 事前の準備

ディスカッションでは，自分の意見といくつかの理由を準備させておく。ディベートではグループ内で協力させながら，論題に合った意見を複数考えたり，相手が述べそうな意見を予想し，その反論を用意したり，自分の意見に反論が出た時のサポート意見を用意したりさせる。

(5) 時間設定

生徒が事前に準備した意見をすべて述べることができ，かつ時間が余って何も言わない時間帯がないようにするとよい。

(6) ディベートの形式

①肯定側の第1立論　　⑦否定側の第2立論
②否定側の反対尋問　　⑧肯定側の反対尋問
③否定側の第1立論　　⑨否定側の第1反駁
④肯定側の反対尋問　　⑩肯定側の第1反駁
⑤肯定側の第2立論　　⑪否定側の第2反駁
⑥否定側の反対尋問　　⑫肯定側の第2反駁

以上の手順は競技ディベートの形式であるが，中学段階では簡略化し，例えば次のような形式でディベートを行うことが考えられる。

①肯定側の立論　　　　④肯定側の反駁
②否定側の立論　　　　⑤両者からの自由意見
③否定側の反駁

Ⅷ　ライティング

1 ◆ 筆写（Copying）

ライティングの基礎・基本活動である。

(1) 文字単位

　ライティングの指導においては，文字を正確に書けるようにさせることが最初の課題である。ただし，書く練習に入る前までにアルファベットの正確な読み方や順番はマスターしていることが前提となる。活字体に近いブロック体で書けるように指導する。大文字と小文字のどちらから始めるかについては，利用度の点では小文字が優位である。しかしながら，小学校の指導実態とも関係するので，中学校入学後に小学校時代に行った英語活動に関するアンケートを行い，その結果を踏まえ，中学校の学習との接続がスムーズに行くように考えて，どちらの文字から始めるか柔軟に対応するようにするとよい。筆順については諸説あるが，教科書が示すものに従うとよい。大切なことは，読み手に読みやすい文字をきちんと書くようにすることである。

　小文字については，似た文字（b と d，p と q など）に注意を促す。また，小文字は 4 線のどの範囲で書かれる文字かにも注意させることが必要である（第 2 線と第 3 線の間の文字→a，c，e など）。特に第 2 線と第 4 線の間にかかれる文字（g，j，p，q，y）は，第 1 線と第 3 の間に書いてしまいやすいので，正確な位置に書くように指導したい。このような 4 線上の位置による分類は，生徒に考えさせると受身でない学習になる。

　また，書く練習をさせる時には，アルファベット順に行うだけでなく，同じ文字の大文字と小文字がサイズだけ異なる場合と（Ss，Cc，Ww など），形が大きく異なる場合（Gg，Aa など）に分類して練習する等，変化をつけて行う工夫をするとよい。

(2) 単語単位

　生徒の負担が過剰にならないように配慮しつつ，フォニックス等を取り入れながら英語の音声とつづりの関係の規則性に気づかせ，つづりを効率的に覚えさせたい。発音練習とともに行うとよい。また，ある一定の期間を定めて，毎時間の授業の始めに単語テストを行うのも有効である。

(3) 句単位

　単語を1つずつ書き写すのではなく，文中での意味のまとまりを意識しながら書き写す練習をさせたい。具体的には of my family という句を書き写す時，of を書いたら原文を見て my と書き，もう一度原文を見て family と書くのではなく，of my family という句単位で頭にとどめてから書くような習慣を，練習を通じて身につけさせることである。そうすることで，不適切な箇所で息継ぎをして読んだり，意味を取り違えたりすることも避けられるようになっていく。また，書き写すスピードが格段に速くなる。さらに，学年が上がり1文が長くなっても，それほど抵抗なく書き写せるようになる。前提として，意味のまとまりを意識した十分な音読練習をしてあることが必要である。

(4) 文単位

　正確に書写できるようになったら，スピードも意識して書くようにさせる。授業では競争やゲームの要素を盛り込みながら行うと，単純な学習活動にも変化がつき，生徒のやる気と集中力を持続させることができる。

　教科書本文の音読練習から暗唱につなげる活動と連携して，暗唱したものを書いたり（暗写），本文をチラッとだけ見て1文書く，などのタスクを与えて活動させる。闇雲に書写させても頭にあまり入らない。

2 ⇔ 和文英訳

　和文英訳をさせる前提として，日英の文構造の違いを徹底的に身につけさせておくことが必要である。例えば「私は犬が好きです。」という意味を英語で表すと I like dogs. となり，主語＋動詞＋目的語の順にな

ることを，1年生の初期のうちから音読や暗唱によって身体に刻み込ませておく必要がある。
　その上で次の順に指導する。

[例]「私は昨日英語を一生懸命勉強しました。」
　　①主語と動詞（いわゆる主部と述部——「何がどうした」の部分）をまず決定して書く。→ I studied
　　②次にその他の部分（目的語や補語，修飾語句など）を決定する。ただし，「目的語」や「補語」といった用語はあえて教える必要はない。
　　「何を？」→ English
　　「どんな様子？」→ hard
　　「いつ？」→ yesterday
　　③全体として I studied English hard yesterday. とする。

○和文英訳を指導する際の留意点
- まずは授業中にクラス全体で口頭作文を行い，上記例①から③の手順を確認する。
- パタンプラクティスの手法で，ターゲット構造を含む似たような構造の和文をいくつか英訳させる。宿題として与え，当てられた生徒は次の授業の始めまでに黒板に書いておき，その復習から授業に入る，などの方法も考えられる。
- 修飾語句の語順に気をつけさせる。
  [例]　○ that beautiful white boat
  　　　× that white beautiful boat
  これも，ルールとして覚えさせるより，日頃の授業で音読や暗唱を十分に行うことによって，生徒の口から自然に英語が出てくるように導く方がよいだろう。
- まとまりのある句を作る力をつけさせる。
  [例] in my family, at the end of the month 等
- 作った句の順番を正しく並べられるようにする。特に後置修飾は日本語にはない構造なので，教師も意識して指導するとともに生徒にも十分意識させる。

> [例] pictures of my family, all the books in our school library
> - 英語独特の無生物主語に気をつけさせ，慣れさせる。
>   [例]「あのホテルには部屋が100あります。」
>   That hotel has 100 rooms.
>   「日本には四季があります。」
>   Japan has four seasons.
>   これらはたいてい There are 〜. で書き換えられる。日本人にとってはこちらの表現のほうが馴染みやすいからこそ，無生物主語の英文に慣れさせることが大切である。
> - 日本語と英語の語句が必ずしも1対1の対応になるとは限らないということを，ことあるごとに確認していくことの積み重ねが重要である。
>   [例]「朝は忙しい」 × Morning is busy.
>   ○ I am (We are) busy in the morning.

3 ◆ 並べ替え（1文）

　前項の和文英訳のところでも触れたが，英文を書くにあたって大切なことは，まず主語（誰が，何が）と動詞（どうした）を決定することである。並べ替えをする場合，日本語が与えられている場合がほとんどであるので，その日本文から主語と述部を見つけ，対応する英語表現を探す。主語になることができるのは名詞（句）であることを指導する。動詞を見つける時には注意が必要である。例えば日本語で述部が「面白かった」と状態を表す時には，英語では be 動詞＋形容詞の構造を用いて was interesting となること等である。この点をまず押さえる練習を十分にさせることが必要である。その後，句のまとまりを作り，それを文のどの位置に入れたらよいのかを意識して文を作るように指導する。ここでも前提事項として，当該文法項目がターゲットになっている教科書本文を十分に理解し音読練習し，その基本的な例文が頭に入っていることが必要である。

[例]「友だちは僕のことをケンと呼びます。」を次の語を使って正しい英文にしなさい。[call, my, me, Ken, friends]
　①主語の決定　　　　「友だち」→ my friends
　②動詞の決定　　　　「呼びます」→ call
　③その他の要素の決定「僕のことをケンと」
　④全体として，My friends call me Ken. となる。
　　　また前項の和文英訳でも触れたように英語独特の無生物主語の文には注意が必要である。

[例]「日本には4つの季節があります。」を次の語を使って正しい英文にしなさい。[Japan, four, seasons, has]
　①主語の決定
　　　日本語を読むだけではあいまいでよくわからないだろうが，選択肢の英語を見ると主語となりうる品詞のもの（名詞，代名詞等）はJapanとseasonsのみである。そして動詞がhasであることから主語はJapanに決定される。「日本は」
　②動詞の決定→動詞はhasのみ。「持っています」
　③その他の部分→自動的にfour seasons
　④全体として，Japan has four seasons. という英文ができる。

　また並べ替えにおいては，一語余分に入っていたり，一語足りなかったりすると難易度は上がる。その際にも，文を作り上げていく基本は変わらない。つねに主語（主部）と動詞（述部）をまず決定し，その後その他の部分（目的語や補語，修飾句など）を決定していくという原則は変わらないことを様々な例文で指導する。その過程でそれぞれ余る語を見つけたり，必要であるのに欠けている語を加えさせる。

4 ◆ 並べ替え（会話文，パラグラフ）

　正しい語順を定着させたり，文を筋道立てて並べられるようにする学習活動である。

［具体例・1］

①単語レベル

　一語一語ばらばらにしてあるカードを机の上で正しく並べ替える活動。

［例］ | Stevie | place | to | a | the world | wants | make | better |

これらのカードを渡して，

Stevie wants to make the world a better place.

のように正しく並べ替えさせる。グループやペアにカードを1セット渡して協力して行わせる。生徒1人にすべてのカードを渡して独力でさせることもできるが，その場合難易度は上がる。

②文レベル（対話文，ストーリー）

　カードに単語ではなくて1つまたはまとまりのある複数の英文を書いておく。

［例］ | Ken: I play the guitar, too. Let's practice together. |
　　　| Ben: Me, too. I play the guitar. But I'm not a very good player. |
　　　| Ben: What subject do you like? |
　　　| Ken: I like music. |

というカードを

| Ben: What subject do you like? |
| Ken: I like music. |
| Ben: Me, too. I play the guitar. But I'm not a very good player. |
| Ken: I play the guitar, too. Let's practice together. |

のように正しいやりとりの順序に並べ替えさせる。

　教科書の既習の本文を使えば復習になる。また他社教科書の本文などを利用して，未習の英文を使って活動すると発展的な活動となる。その際は，時間軸に沿って書かれているものや，原因・結果がはっきり示されているものを選ぶことが重要である。また，first, second, then, last や，because, for example などの語句が文章構成を理解する上で指標となることを示せるような文章が使えるとよい。

[具体例・2]（時間軸に沿ったストーリー）

One day, Sister Teresa decided to help the poorest of the poor.

Agnes was born in Macedonia in 1910.

Agnes went to Calcutta, India and became a nun when she was 19 years old.

She moved to the slums alone.

When she was still very young, she wanted to give her life to God.

She changed her name to Sister Teresa.

She could not forget them.

Sister Teresa taught girls at high school.

On the way to school, she always saw poor people.

時間の流れをキーポイントに考えていくことを指導すると，正しい順番が自ずと導かれる。（以下の波線部に注意を促す）

Agnes was born in Macedonia in 1910.

When she was still very young, she wanted to give her life to God.

Agnes went to Calcutta, India and became a nun when she was 19 years old.

She changed her name to Sister Teresa.

4番目にこの文が来る理由は，以降の文では彼女はAgnesではなくSister Teresaと呼ばれているからである。

Sister Teresa taught girls at high school.

On the way to school, she always saw poor people.

She could not forget them.

One day, Sister Teresa decided to help the poorest of the poor.

上記4文で貧しい人々への彼女の関わりの順番がわかる。

She moved to the slums alone.

最後は，結果を表す文である。

このような活動は個人で行うだけでなく，グループ活動として，各グ

ループに人数分のカードを配って並べ替えさせることもできる。

5 ⇔ 書き換え

　教科書を利用したライティング活動である。中学校の教科書は対話形式が多いので、それを説明文に書き換えさせる。その逆も可能である。1レッスンが3セクション程度ある場合は、最初のセクションだけはクラスで一斉に行うと、その後の個人作業がスムーズになる。

[例]
　　Jim: Did you go anywhere during the vacation?
　　Aki: Yes, I did. I went to Kobe with my family. We went to *Ijinkan* and saw many old Western-style buildings.
　　Jim: Did you take any pictures?
　　Aki: Yes, I took a lot of pictures.　　（*Total English 2*，学校図書）

　上記の本文について、口頭で Who went to Kobe? などと尋ね、このセクションがアキの春休みについてのやりとりであることを確認する。書き換えさせる際には、出だしの英文 "Aki went to Kobe with her family." は教師のほうから与えておくと、生徒は続きを書きやすくなる。ワークシートにあらかじめ印刷しておくとよい。my が her に変わることに注意を促す。人称代名詞や指示代名詞の変換は、対話文を説明文に書き換える時に気をつけなければならないことである。

　次に教師は Where did they go and what did they see in Kobe? と尋ね、次に書く文を促す。次に来る文は They went to *Ijinkan* and saw many old Western-style buildings. となる。ここでは We が They に変わることに注意させる。

　最後に教師は What else did she do? と尋ねる。すると She (Aki) took a lot of pictures. という文が導かれる。

　上記本文のあとに続くセクションは、それぞれ Jim, Shun が春休みにどうしたかについての対話である。上記セクションと同様に、Jim went to ... や Shun's parents went to ... のように、始めの文の一部だけ書いておき、残りの部分の書き換えについては生徒個別の活動とす

る。教師は机間指導などで個に応じた支援をする。

　発展的な活動として，書き換えた文章を参考に，My Spring Vacation と題して自身の春休みについて3～5文程度で作文させることができる。

6 ◆ プロセスライティング

　プロセスライティングとは，あるトピックについて書かせる時，一回だけ書かせるのではなく，何回も手を加えていきながら作文を完成させることである。授業時間の制限などから，これまで中学校ではなかなかできなかった学習活動であるが，特にライティングの正確さ（accuracy）を高めるためには効果的であるとされている。指導の過程の典型的な例は以下の通りである。

①与えられたトピックについて，マッピングを行う。マッピングとは，トピックに関連して思いついたことを，中央に書かれているトピックの文言から派生させてメモしていくことである（下図参照）。キーワードは日本語でも英語でもよい。ここで十分に時間を取ると，文章を書く際に「さて何を書こう」と考えて時間を取ってしまうということが避けられる。何を書こうか計画しないままいきなり書き始めさせない。

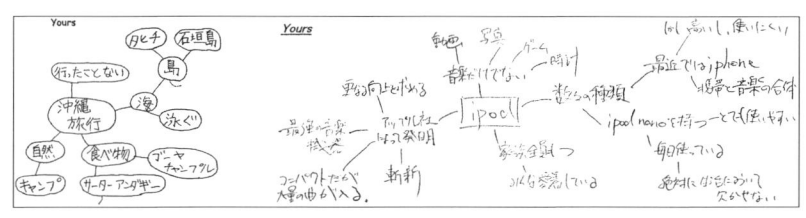

マッピングの例

②マッピングで書いたキーワードをもとに，構成等は気にせず，とにかく書けることからどんどん英語で書かせる（fast writing）。その際に，日本語と英語は必ずしも1対1の対応で表現できないということ，言いたいことにぴったり当てはまる英語表現が見つからない場合の対処法について体験させながら身につけさせる。ずばり表現できなくても既習の表現で近い意味を表すものを使えばよい，とい

うことを実感させるようにしたい。

　よほどのキーワードでない限り，むやみに和英の辞書は使わせない。生徒は多くの場合，知りたい日本語に対する英語の単語のみを見つけるだけで満足し，その語の文の中での使われ方にまで気をつけて辞書を読まないので，その語を用いて書いた文が英文として正しくないということが往々にして起きるからである。生徒には正しく理解し定着していない英文を書かせるよりも，なるべく既習の学習事項を用いた文を書かせるようにし，既習事項だけでもかなり書きたいことが書けるということを体験させるようにする。

③②で書いた英文を自分で読み直させる。ミスを発見したら直させる。また，より具体的に説明したり，感想を交えて，膨らますことができる部分があれば書き足すように指導する。

④再度読み直させ，書いたものを導入，本編，結論を意識して再構成させる。その際に導入や結論の典型的な表現例をあらかじめ与えておくとよい。ただし，最初から緻密な文章構成を求めるのではなく，何回かプロセスライティングの活動をしていくうちに徐々に身につけさせていくようにしたい。

⑤教師は机間指導をして必要に応じて生徒の支援をする。典型的な間違いや全体にフィードバックする必要のある質問などがあった場合は，そのつど生徒の活動を一旦止めさせて全体指導をする。

⑥書き直しを2～3回行った後の最終稿は，色画用紙に清書させて教室や廊下に掲示する等の工夫をして，お互いの作品を読みあって相互啓発させるようにするとよい。

　このようなプロセスライティングは数時間を要するので，頻繁にはできないが，学期に1回程度長期休業の前などに行うと，生徒にまとまった文章を書く力をつけさせることができる。また文章を書かせるだけでは英語の苦手な生徒には苦痛であるので，適宜挿絵なども描かせて楽しい活動にする工夫も必要である。

☆ Writing Conference の実施について
　時間的に厳しいが，ALTと協力するなどして，生徒のドラフトを改

善するために短時間でも生徒1人1人と向き合う時間を取るようにする。授業中の机間指導時には時間を取りきれない場合もあるが，休み時間に廊下でほんの少しでも時間を確保し，「たくさん書けるようになってきたけれど，何か質問や疑問点はない？」などと声をかけると，生徒はより頑張るものである。

7 ❖ フィードバック

　生徒の書いたものに対する教師からのフィードバックは，誤りに対するものと，書いた内容に対するものに分類できる。どちらがより効果的かは，どのような状況で，どのような目的のもとに何を書かせたかなどの要素によって変わってくる。

(1) 誤りに対するフィードバックが有効な場合
〈1年生〉
　・入門期で正しくアルファベットを書けるようにさせる場合。できるだけ1人1人書いたものを見て添削するようにしたい。
　・教科書の本文を正しく書き写させる場合。セクションごと，レッスンごとに行うとよい。

〈2年生・3年生〉
　・授業で学習したターゲット構造を用いて和文英訳したり，絵を見てその状況を表す英文を書く活動等。ターゲット構造を正しく定着させるために添削が必要である。

　上記の添削をするには教師側の負担も決して小さくはないが，入門期に文字を正しくしっかり書けるようにさせることは大切である。小学校での英語学習体験もあるので，文字に慣れている生徒もいるだろうが，もしもあやふやであったり，文字が雑であったりしたら，この時期にしっかりした文字を書かせるように指導する。学年が上がってから矯正するのは困難である。

☆間違いを訂正するだけでなく，ていねいにしっかりとした文字で書けている生徒に対しては各種スタンプなどを利用して評価し，一層きちんと書くことに対して意欲的に取り組めるように励ます。

☆誤りに対するフィードバックも，教師が誤りのすべてまたは一部を直してしまう場合と，下線などを引いて誤りであることを指摘するだけの場合とが考えられる。どちらが良いかは，様々な要因が絡んでくるので一概には言えない。誤りを自分で直せるようになってほしいという意図があれば，指摘にとどめておくのがよい。ただしその意図を事前に生徒に伝えることが，フィードバックをより有効にする。時により，生徒にどちらのほうのフィードバックが欲しいかを尋ね，希望に沿ったフィードバックをするのもよい。

(2) **内容に対するフィードバックが文章有効である場合**

あるテーマについて，まとまりのある文章を書かせる場合。例えば家族の中の誰かについて紹介する文を書かせて提出させる，といった活動では，書いたものを介して教師と生徒がコミュニケーションできる。しかしながら，すべての生徒にコメントしようとすると，それだけに相当の時間を要してしまい，他の指導に十分な時間を割けなくなるので，学期に1回とか，長期休業中に与えた課題に対して行うなど，計画的にかつ限定して行うと無理がない。

8 ◇ 自己表現としての自由英作文

あるトピックを与えて生徒に自由に英語で作文させる活動である。与えられた日本文を英語に直すのではなく，与えられたトピックの範囲内で，何をどのように書くかを生徒自身が自由に考える。主体的に書く力をつけるためには必要な学習活動である。教師は事後処理を心配しすぎず，生徒に書かせる機会を多く持たせたい。大切なことは，生徒に「たくさん書く」という場数を踏ませることである。書かないよりは書いたほうが着実に力はつくものである。英語を学習してきて身につけた力を総動員して書くということを，学習の初期の段階から実践していく機会を確保したい。事後処理については，書かせたものすべてについて添削することは不可能に近いので，例えば，書いた英文の量によってスタンプを変える等，無理のない方法を用いるとよい。事後処理の大変さを思って，生徒に英文を書かせる機会を減らさないようにしたい。

[例1] 自分の身の回りのことや興味関心のあることを，授業で学んだターゲット構造と関連付けながら毎時間書かせ，自己表現としてのライティングに慣れさせる。

ターゲット：I like basketball. →自分編：I like soccer.
ターゲット：I played tennis yesterday.
　　　　　　→自分編：I played soccer yesterday.
ターゲット：I will go to Niigata this summer.
　　　　　　→自分編：I will go to Shizuoka this summer.

次に，ある程度まとまりのある文章をモデルにして，自分バージョンで書く練習をする。

[例2] 教科書の本文を一部だけアレンジして，自分のこととして書かせる。

(Sunday), June (8)
I (did my homework) in the morning. (Kenta came to my house) after lunch. (We played a video game together.) It was (exciting)! (I walked my dog) in the evening.

上記の教科書の本文をもとに，(　　) の中をそれぞれ自分バージョンにするものである。あらかじめ生徒の多くが使用すると思われる語彙を与えておくと，生徒にとって有益なヒントになる。

初期のうちは，ターゲットとなる文法構造を用いて書くことに重点を置くが，学習が進み，学んだ語句や構造も増してきたら，テーマに沿って自由に作文させるように移行していく。状況と有用語彙を与えて作文させる練習を経てから実施するとよい。

[例3] 「下に示された語句を用いて題名にあった作文をしなさい。」
題名：My Winter Vacation
語句：cold, snow, skiing, white, people, enjoyed,

また，あるテーマについてあらかじめ質問をいくつか与え，それに対する答えをつなげるとまとまりのある文章になるような工夫もできる。

このような活動を取り入れられるのは学期に1回程度になろうが，3年間を見通してライティング指導の計画を立て，学習がスパイラルなも

のになるように留意したい。
　　　［例］１年生：自己紹介　　　　身近な人の紹介
　　　　　　２年生：絵日記パート１　校外学習の思い出
　　　　　　３年生：絵日記パート２　修学旅行の思い出

(1)　**書く量を増やす指導の工夫**
　実際に書かせる時には，常に次の２点に気をつけて書くよう指導する。

　①なるべく具体的に（例など挙げながら）
　②感想を交えて

　感想の述べ方については，機会をとらえてまとめて指導する。その際には，似た表現も主語によって変わってくることに注意を促し，文が I で始まる場合と It で始まる場合などのように，カテゴリー別に分けて指導するとわかりやすい。
　［例］「どきどきした」→ I was excited. ／ It was exciting.
　また，自由英作文を書かせる時に気をつけたいのは，必ず事実だけを書かなくてはならないわけではない，ということである。夏休みのことを書けと言われても，書くに値するようなことが何もなかった生徒もいるかもしれない。想像力を自由に発揮して，書きたいことをどんどん書けばよい，と前もって伝えておくと，生徒は気楽に取り組める。

(2)　**自由英作文を楽しくする工夫**
○生徒にとって興味・関心のありそうなトピックを与え，絵や写真を用いるなどビジュアル面も工夫させて書かせる（生徒に自由度を与える）。
　［例］観光パンフレット（好きな町・行ってみたい町など）
　　実際の旅行パンフレットを示し，文字と写真やイラストを上手に配置して，見た人が行ってみたくなるような作品を書くように意欲づける。英文を書くだけの作業ではないので，苦手な生徒も楽しく取り組める。本物の英文観光パンフレットを見せ，さらに，これから作るパンフレットの見本を見せて仕上がりイメージを把握させておくとよい。ペアや４人程度のグループで行うこともできる。

○グループで協力して作品を創る。
　［例１］１つのレシピについて３～４人で協力して書き上げる。苦手な生徒はイラスト担当にするなどして，全員が役割を持ってかつ楽しく参加できる工夫をする。
　［例２］壁新聞を作る。天気予報，スポーツ，芸能，社会など，各々が受け持つ担当を決めて取り組む。
　　　内容は全く自由でもよいが，教師がコントロールしやすいのは，共通の写真や資料をあらかじめ与えて記事の内容をそろえておく，という方法である。そうすることによって，グループの個性がかえって際立つこともある。

(3) 相互啓発させる工夫

　絵日記，観光パンフレットなどの作品を書かせたら，廊下などに掲示し，互いの作品を鑑賞する機会を与えるとよい。次に書く時にどのような表現を使えばよいのかを友だち同士で学びあうことができる。また良い作品を見ることは良い作品を作ることにつながる。さらにその際に，「行ってみたくなったで賞」「わかりやすかったで賞」「食べてみたくなったで賞」など，面白い賞を設けて相互評価させると，生徒の励みになるし，他の生徒の作品を真剣に見るようになる。

9 ◆ 面白ライティング活動

　授業での半端な時間や定期テストの後などの時間に行えて，生徒も楽しみながら書く力をつけることのできる活動を以下に紹介する。

(1) 語彙力アップのためのライティング
　①英単語しりとり
　　　ある単語の最後の文字に続けて，次々に単語を書いていく。短時間で行える活動である。列ごとにチョークをバトンにして競争させるとヒートアップする。「次の生徒は立ち上がってはいけない」など，あらかじめルールを定めておく。つづりがあやふやな生徒には周囲の仲間が助け舟を出してよいこととし，仲間とともに楽しんで

学ぶ雰囲気を作る。なお，始めの文字は教師が指定する。また，しりとりする語を「名詞」などのように限定すると難易度は増す。
[例] teacher-rock-kind-dog-girl-lake

②ある文字で始まる単語を書く
　①と似ているが，こちらはあらかじめaやmなど単語の出だしの文字を決めておき，その文字で始まる単語を制限時間内でいくつ書けるか競うものである。個人でもグループごとでも行うことができる。
[例] ant, album, apple, ape, alive

(2) 英文作成力アップのためのライティング　　DVD Ch.30
・1枚の絵について様々に英語で表現する
　1枚の大きな絵を黒板に張り，その絵に関する文を作らせる。制限時間内列やグループで正しい文がいくつ作れたかを競う形式にすると，短時間で盛り上がる。絵を工夫して，ターゲット構造を含む英文がたくさん表現できるようにすると，言語活動や復習として効果的である。

(3) 相互交流ライティング
・Xさんへの手紙（英語版）
　級友のよいところを見つけ，2〜3文程度の英文にまとめるという活動である。絵の得意な生徒にクラス1人1人の生徒の似顔絵を描かせ，その下にその生徒について書いた英文を貼り付けて色画用紙等に印刷し，その学級の授業納めの時に配布すると良い記念になる。

第4章　文法指導のアプローチ

1　文法指導のアプローチ
2　文法解説の役割
3　文法解説の限界
4　文法解説における工夫
5　授業における文法指導の位置づけ

言葉の学習とは，言語の音・文字・語彙・文法を身につけ，「聞く」「話す」「読む」「書く」の4技能に熟達する過程である。中でも文法は，語彙と並んで言語学習の中核をなすものであり，文法指導のあり方は言語教育上の最重要課題の1つである。特に「文法解説」の果たす役割については，その是非や役割が古くから議論と研究の対象となってきた。

　本章では，文法解説に焦点を当てながら，文法指導における留意点を詳述する。本章は以下の構成からなる。
　　第1節　文法指導のアプローチ
　　第2節　文法解説の役割
　　第3節　文法解説の限界
　　第4節　文法解説における工夫
　　第5節　授業における文法指導の位置づけ

1 ◇ 文法指導のアプローチ

(1) 文法指導の3つのアプローチ

　人は，長い時間をかけて文法を習得する。文法の習得を助ける営みが文法指導である。文法指導には，大別して次の3つのアプローチが認められる。

　第一が「明示的文法指導」（explicit grammar teaching）である。明示的文法指導とは，主として文法規則を学習者に「解説」することによって，言語の形式や構造について分析的に理解させようとする指導である。授業や参考書における文法解説が典型例であり，「文法指導」という言葉から最もイメージされやすいものであろう。

　第二が「機械的ドリル」（mechanical drill）中心の指導である。機械的ドリルとは，言語の形式や構造にフォーカスした練習であり，反復や練習によって言語の操作に慣れることを目標とする。典型例として「パタンプラクティス」（第3章Ⅲ参照）が挙げられる。

　第三が「コミュニケーション中心の文法指導」（communicative grammar teaching）であり，現実生活の言語使用に近い場面やタスクを設定して文法の習得を促す指導である。

　以下の項でそれぞれのアプローチについて概説する。

(2) 明示的文法指導

　人は言葉を理解し表現する能力，すなわち「言語運用能力」（language proficiency）を持っている。母語においては，誰もが，規則を説明することはできなくても，規則にしたがって言語を使用する能力を持っている。たとえば，日本語の母語話者は，母音「あ・い・う・え・お」を発する時の舌の位置や唇の形について説明することはできなくても，それぞれの音を聞き取り，発することができる。同様に，助詞の「は」と「が」の用法の違いを説明することはできなくても，両者が使われた発話を理解し，適切に使い分けることができる。

　一方，音声学や言語学を学んだ人ならば，母音を発する時の舌の位置や，助詞「は」と「が」の用法の違いを説明することもできるだろう。このように，言語を分析したり説明したりすることのできる能力を「明示的知識」（explicit knowledge）と呼ぶ。

　明示的文法指導とは，文法解説などによって，学習者に文法についての明示的知識を与える行為であると言える。明示的文法知識を与えることで，言語の形式・構造・規則について「意識的な」（conscious）学習をさせ，理解と習得の効率化を図ろうとするアプローチである。

　外国語でコミュニケーションをしようとする時，母語と同様，文法を意識しないで伝達内容に集中できることが望ましいことは間違いない。問題は，そうなるための学習方法として，文法の明示的知識や意識的学習がどのような意味を持つのかということである。現在は，言語学習における文法の意識的学習の意義を全否定するような極論は影をひそめ，学習者の年齢や文法項目の性質など，ある条件のもとで必要ないしは有効であるとの考え方が定説になりつつあると言ってよいであろう。文法解説の詳細については，本章第2節以降で述べる。

(3) 機械的ドリル

　機械的ドリルは，言語形式にフォーカスした（form-focused）指導である点で，前述の明示的文法指導と共通するが，明示的指導では，学習者が言語の形式や構造を意識することが重視されるのに対して，機械的ドリルでは，学習者が言語の形式や構造を意識せずに使えるようになることを目標とする点が大きな相違である。

文法指導が目指すもの，それは究極的には言語の習得であるが，言語能力の基軸となる概念に「正確さ」(accuracy) と「流暢さ」(fluency) がある。外国語の使用においては，正確さと流暢さはしばしば両立せず，正確に理解したり表現したりしようとすると時間がかかるために流暢さが犠牲になり，流暢さ，すなわち言語処理の速さを重視すると正確さが犠牲になりがちである。両者を両立させるためのキーコンセプトの1つが，「自動化」(automatization) である。
　言語処理において，発音，文字，語形，単語の意味，語順，文の意味など，すべてのことに注意を向けていると，処理に時間がかかってしまう。一方，速いスピードで処理しようとすると，何かが抜け落ちてしまう。たとえば，音読の際に，正確な発音をすることに意識を集中していると意味の理解ができなくなってしまったり，スピーチの際に，内容を思い出すことに必死になっていると発音がおろそかになってしまったりすることは，よく経験することである。発音や文法などの処理が自動化されることによって，意味内容に注意を集中できるようになり，正確さと流暢さの両方を達成できる可能性が高まる。
　母語の日常会話においては，言語の形式・構造・規則の処理は自動化されて，「無意識的な処理」(unconscious processing) になっていることが多い。すなわち構文や語形などの言語形式を意識することなく，伝達内容に注意を集中させて，相手の話を聞いたり自ら話したりするのが普通である。たとえば，日本語母語話者が「勉強させられたくなかっただろう。」という文を聞いた時（あるいは読んだ時），「この文において，サ行変格活用の動詞『勉強する』の未然形『勉強さ』に，使役の助動詞，受け身の助動詞，願望の助動詞，否定の助動詞，完了の助動詞，推量の助動詞が続いている」ということを意識する人はいないだろう。
　一方，外国語学習においては「意識的処理」(conscious processing) がなされることが多い。たとえば，日本語の母語話者が「僕が君だったらそんなことはしないよ。」という意味を英語で表そうとして，「これは現在の事実に反する仮定に基づいているから，英語で表現するとしたら仮定法過去を用いなければならない。仮定法過去では，if 節を過去時制にして，be 動詞の場合は were を使うのが原則だから，If I were you で文を始め，帰結節は過去形の助動詞を使うから I wouldn't

do such a thing. で文ができあがる。」ということを意識することがあるだろう。この過程は意識的処理である。

　言語処理に関する学習・指導上の課題は，意識的処理をいかに無意識的処理に近づけるかということである。言語以外の日常的な学習の例を考えてみると，新居に引っ越したばかりの時は，駅に行く道順や家の中の照明のスイッチの位置を意識して生活するが，慣れてくると，道順もスイッチの位置も意識しなくなる。言語学習においても，新しい構造や規則を学ぶ際に，最初は言語の形式や構造を意識していても，徐々に慣れていって無意識的操作ができるようになることが求められる。そのための重要なプロセスの1つが，発音や文法操作などの処理を自動化し，注意を意味に集中させる余裕を作り出すことだと言えよう。

　パタンプラクティスをはじめとする機械的ドリルは，実際の言語コミュニケーションとは異なる人工的な訓練であることや，話者の意思や発話の文脈を軽視した指導法である点で批判されることが多い。しかし，文法項目を提示した後，いきなりコミュニケーション活動をさせようとしてもうまくいかないことが多いのではないか。その理由として，自動化訓練の欠如や不足が考えられる。コミュニケーションへの橋渡しとしての機械的ドリルの価値を，今一度見直す必要があるだろう。

　一方，機械的ドリルには落とし穴もある。学習者の言語発達段階を超えた発話活動をさせようとすると，効果がないばかりか，強要された言語構造を使わなくなるなどの悪影響をもたらす危険もあるという説がある。学習者の到達度を見極め，学習者ができない発話を強要しない配慮が必要である。

(4) コミュニケーション中心の文法指導

　コミュニケーション中心の文法指導とは，現実世界での言語コミュニケーションに近い場面やタスクを与え，言語を現実性の高い状況で使いながら習得することを目指すものである。昨今の言語教育において最も重要視されているアプローチである。

　コミュニケーション中心の文法指導には次の3つの特徴がある。第一は，意味中心・メッセージ中心の活動をさせることである。学習者の注意を，言語形式ではなく意味内容に集中させることが重視される。たと

えば，関係代名詞に慣れさせるために，"an animal that has a very long neck", "the actor who played Jack in the movie *Titanic*" のような例題をたくさん用意して，何を指しているか答えさせるような活動が挙げられる。ここで，生徒たちは関係代名詞という言語形式に注意を払うことはほとんどなく，質問された内容に注意を集中することが期待される。

　第二の特徴は，場面（situation）・文脈（context）の中で言語を使用させることである。そこでは，単語も文（sentence）も，単独で提示するのではなく，場面や文脈の中で提示することが推奨される。たとえば，助動詞 should の練習をさせる際に，should を単語として独立させて提示したり，単文の中で提示するのではなく，"When you are sick, you should go to the hospital.", "When you get dirty, you should take a bath." などのように，前提となる文脈の中で提示するのである。

　第三の特徴は，インフォメーション・ギャップ（information gap）の設定である。現実世界の言語コミュニケーションにおいては，2人以上の人の間で持っている情報に差がある場合に，その差を埋めるために言語のやりとりが行われることが多い。たとえば，ある服を着ている人に「その服，どこで買ったの？」と尋ねる場合，服を着ている人は買った店を知っているが，尋ねている人は知らない。その情報の不足を埋めるために，この質問がなされると考えることができる。こうした現実の言語コミュニケーションにおける情報の差異を，教室の中に人工的に作り出して，その差異を埋めるために行わせる活動が，インフォメーション・ギャップ活動である。典型例としては，ペアワークなどで，2人の生徒に別々のワークシートを渡し，生徒同士の持っている情報にズレがあるようにして，互いのやりとりの中で情報のズレを解消させる活動が挙げられる（具体例については第 3 章Ⅲ参照）。そのほか，物や動物などの絵の一部だけを見せて，生徒に何の絵かを推量（guess）させるタスクなども，人工的なインフォメーション・ギャップの設定例とみなすことができる。

　コミュニケーション中心の文法指導が目指すものは，言葉を，使っているうちに自然に身につけることである。それは，母語の基本文法の習得と同様に，言語形式を意識しないことから「無意識的な」（unconscious）過程であり，意味のやりとりの中で言語形式を身につけていくことから「意味中心の」(meaning-focused) 学習である。

　言語は使うことによって身につくことは間違いない。また，日本のように，日常生活において目標言語を使う機会に乏しい言語環境においては，教室ではコミュニケーション活動の時間を少しでも確保する努力をしたいものである。しかし，一方で，日常的に目標言語を使う機会が乏しいがゆえに，教室において機械的ドリル抜きでコミュニケーション活動をさせようとしても，なかなかうまくいかないことがある。また，常に目標言語を使う環境があっても，明示的指導がないと，正確さの達成が不充分になってしまい，不完全な言語形式を使い続けてしまうことが知られている。この現象は「化石化」(fossilization) と呼ばれる。コミュニケーション活動の必要性・重要性は充分認識しつつ，コミュニケーション万能主義に陥らないように注意したい。

(5)　まとめ
　以上見てきた3つのアプローチの内容と目標は，概略，次のようにまとめることができる。
　①明示的文法指導
　　　文法解説によって学習者に明示的知識を与え，言語の形式・構造・規則を意識的に学習させる。
　②機械的ドリル
　　　ドリルによって文法処理をできるだけ自動化させ，意識・注意を意味に集中できるようにする。
　③コミュニケーション中心の文法指導
　　　現実的な場面やタスクの中で伝達内容中心の言語活動を行わせ，無意識的な言語習得を目指す。
　言語学習・言語指導の3つのアプローチに関する教育上の問題は，どのタイプの学習法・指導法が最も効果的かということであるが，とりわけ，上記①の明示的文法指導については，賛否が分かれるところである。以下，第2節から第4節では，明示的文法指導に焦点を当て，文法解説の有効性，限界，そして改善の工夫について，実例を挙げながら検討していく。

2 ◆ 文法解説の役割

(1) **文法解説は「どのような場合に」役立つのか**

　文法解説によって得られる明示的知識は,「どのような場合に」役立つのであろうか。学習者の年齢と学習スタイル,そして文法規則の性質という観点から考察する。

A　学習者の年齢と学習スタイル

　文法解説の有効性に関係する主だった学習者要因としては,年齢と学習スタイルが考えられる。

1) 学習者の年齢

　ある程度の年齢や知的発達段階にある学習者は,文法解説を理解することができる上,解説を積極的に求める傾向が強い。

　人は生まれながらにして言語を習得する能力を持っていて,母語の文法を,無意識に,かつ,努力せずに習得してしまう。これを可能にするメカニズムは「言語習得装置」(language acquisition device) と呼ばれるが,この装置に「耐用年数」があるのかどうか,そして,あるとしたらどのくらいの期間なのかが,いわゆる言語習得の「臨界期」(critical period) ないしは「敏感期」(sensitive period) の問題である。この問題にはまだ決着がついていないが,年齢とともに,言語習得装置の能力が衰えてくる,あるいは,競合する知的能力などに負けて結果的にその性能を充分に発揮しにくくなると考えるのが妥当だろう。

　一方,年齢とともに,分析力・論理的思考力・抽象的思考力・問題解決能力などの知的能力は伸びていく。知的発達段階の高い「大人の」学習者の場合,知的能力を利用して,言語の形式・構造・規則について理解することが外国語学習の助けになることは間違いないし,それなしに文法を自動的に習得することは,ほぼ不可能とさえ言ってよいだろう。

　それでは,明示的文法知識が必要あるいは有効になるのは,いつ頃からだろうか。小学校低学年の生徒に文法規則を解説しても意味がないし,大学生に文法解説抜きで新しい言語を学ばせようとしても,知的発達がそれを許さないだろう。それでは中学生はどうだろうか。全体として見た場合,中学生は子供と大人の中間段階にあると言える。その意味

では，彼らは明示的知識の有効性については，グレーゾーンにある。しかし，実際の生徒たちの発達段階には個人差があるため，中学校の教室には「子供型」「大人型」の学習者が混在していることが推察される。さらに，言語習得装置の機能と知的能力のいずれも高い学習者，逆にいずれも低い学習者もいるかもしれない。そうした多様な学習者を相手に指導する場合，少なくとも「大人型」の生徒への配慮として，適切な文法解説を適宜取り入れていくことは充分意味のあることである。

2）学習スタイル

年齢に関わらず，物事を分析することや論理的に突き詰めて考えることの得意な学習者にとっては，文法解説が学習の助けになる可能性が高い。少なくとも，明示的解説を求める学習者に対して，それを認めないことに，正当な理由を見出すことはできない。教師は，自らの指導スタイルに関わらず，学習者からの明示的説明の要求（通常は「質問」という形をとる）に適切に応える準備を常に整えておく必要がある。

B 文法規則の性質

文法規則の性質によって，文法解説の果たす役割が異なってくる可能性がある。ここでは，次の4つの観点から考えてみる。

1）規則の単純性
2）規則の独立性
3）言語形式と意味の関係
4）言語形式と場面・文脈の関係

1）規則の単純性

第一の観点は規則の単純性である。文法規則が単純である場合には，文法解説は理解を促進するとの説がある。複雑な規則は，たとえ正確なものであったとしても，学習者が理解して，それを言語の使用や習得に生かすことができない恐れがあるが，単純な規則であれば，その知識を生かせる可能性が高くなる。

教室での文法指導においては，複雑な規則の場合にこそ，分析的な説明を試みたくなることもあるが，生徒の理解を超えた詳細な解説は逆効果になる恐れがあることに注意すべきであろう。

2）規則の独立性

　第二の観点は規則の独立性である。既習の規則や表現形式から推測可能な表現は，文法解説なしでも理解され習得されるかもしれないが，既習の規則から類推不可能な表現を学ぶ場合には文法解説が必要になってくる。たとえば，以下の例で，1）のような be 動詞の基本的な意味を，肯定平叙文（1 a）・否定平叙文（1 b）・肯定疑問文（1 c）で表す方法を教える際には，それぞれの文の作り方についての解説が必要ないしは有効である。一方，これらを習得している学習者にとっては，現在進行形における否定平叙文（2 b）や肯定疑問文（2 c），および現在時制の受動態における否定平叙文（3 b）や肯定疑問文（3 c）は，解説抜きでも（1 b）や（1 c）からの類推によって習得可能であるかもしれない。一般的には，既習事項からの類推によって判断できない文法規則について，解説が特に有効であると考えられる。

be 動詞を用いた肯定平叙文・否定平叙文・肯定疑問文

1）be 動詞の基本的な文
　1 a）肯定平叙文　　Tomomi is a student.
　1 b）否定平叙文　　Tomomi is not a student.
　1 c）肯定疑問文　　Is Tomomi a student?
2）現在進行形の文
　2 a）肯定平叙文　　Tomomi is playing the piano.
　2 b）否定平叙文　　Tomomi is not playing the piano.
　2 c）肯定疑問文　　Is Tomomi playing the piano?
3）現在時制の受動態の文
　3 a）肯定平叙文　　Tomomi is taught by Ms. Ikeda.
　3 b）否定平叙文　　Tomomi is not taught by Ms. Ikeda.
　3 c）肯定疑問文　　Is Tomomi taught by Ms. Ikeda?

3）言語形式と意味の関係

　第三の観点は言語の「形式」の理解・習得と「意味」の理解・習得の違いである。言語形式だけから容易に推測できる規則は，解説なしに理解され習得されるかもしれないが，意味理解を伴わなければならない規

則の場合には解説が必要になってくる。

　たとえば，名詞の単数形が既習である段階で複数形を導入したり，一人称・二人称の主語に続く述語動詞の現在形が既習である段階で三人称単数現在（三単現）の-s を導入したりする場合のように，音声においても文字においても言語形式のみに着目して規則を発見することが容易な場合は，文法説明なしで実例だけから規則を理解させることも可能かもしれない。これに対して，仮定法のように，直説法との言語形式の違いだけからは，その意味や機能を推測できないような表現を指導する場合，実例だけで規則を理解させることは難しい。裏の意味を表す直説法の文を提示するなどの工夫に加え，解説が重要な鍵を握ることになる。

言語形式の理解と意味の理解の関係

- 1) 言語形式のみから規則を理解しうる例
    - a) 単数形と複数形
        - 単数形　　one book
        - 複数形　　two book**s**/three book**s**/four book**s**
    - b) 一人称・二人称と三人称単数現在
        - 一人称　　I like soccer.
        - 二人称　　You like soccer.
        - 三人称　　Tomoko like**s** soccer.
- 2) 言語形式のみからは規則を理解できない例
    - 直説法と仮定法
        - 直説法　　I **will attend** the party if I **have** enough time.
        - 仮定法　　I **would attend** the party if I **had** enough time.
- □解決策
    - i) 裏の意味を表す直説法の文を提示する。
        - I cannot attend the party because I do not have enough time.
    - ii) 規則を解説する。

4) 言語形式と場面・文脈の関係

　第四の視点は，言語形式と場面・文脈との結びつきの強さである。昨今の英語教育においては，コミュニケーション重視の立場から，文法指導においても，できるだけ現実の言語コミュニケーションに近い場面や

文脈を設定して規則を理解させるアプローチが採られることが増えてきた。しかし，場面や文脈で言語形式を理解させようとすることには，落とし穴があることに注意が必要である。下の例を考えてみる。

　下記は，中学校の教室で日常的に行われている文法導入法だろう。いずれの例においても，文法項目に適した場面が設定されている。しかし，場面から意味が理解できるかどうかは別問題である。まず，a)において用いられている絵は，単語の導入に使うこともできるし，"The

場面を用いた文法導入

a) 現在進行形の導入の際に，様々な動作をしている人の絵を次々に提示し，教師はそれぞれについて現在進行形の英文で描写する。
　例：（男の子が走っている絵を見せて）
　　　The boy is running.
　　　（女の子が歌っている絵を見せて）
　　　The girl is singing.
　　　（男の人がピアノを弾いている絵を見せて）
　　　The man is playing the piano.
　　　（女の人がパンを食べている絵を見せて）
　　　The woman is eating bread.

b) 現在完了形（完了用法）の導入において，教師がある一連の動作をしながら，その動作を表す未来表現，現在進行形，現在完了形の文を言う。
　例：（チョークを手に持って）
　　　I will draw a line on the blackboard.
　　　（チョークで黒板に線を引きながら）
　　　I am drawing a line on the blackboard.
　　　（チョークを黒板から離して）
　　　I have drawn a line on the blackboard.
　　　（カメラを手に持って）
　　　I will take some pictures.
　　　（シャッターを何度も押しながら）
　　　I am taking pictures.
　　　（カメラを置いて）
　　　I have taken some pictures.

man plays the piano."のような単純現在形の導入に使うこともできる。絵で提示された場面は，個々の動詞の意味を理解させるのには適切であるとしても，現在進行形という文法構造が表す意味の理解に直接結びつくものではないのである。次に，b）については，同じ場面設定を過去形の導入に使うことも可能である（例：I will take some pictures.→ I am taking pictures.→ I took some pictures.）。つまり，この場面は，現在完了形を「使ってもよい」場面ではあるが，現在完了形を「使わなければならない」場面とは言えないのである。

　言語の表現形式は，場面や文脈によって特定されるのではなく，話者の意図によって決まるものである。たとえば，「私は昨日報告書を書いた」という事実がある時，表現の基準点を「昨日」という過去に置いて"I wrote the report yesterday."と言うか，基準点を現在に置いて"I have already written the report."と言うかは，文脈や場面によって決まるのではなく，話し手の意図によって決まるのである。場面や文脈から表現を特定することが難しい場合には，「解説」で補うことが必要になってくる。

⑵　**文法解説は「何にとって」役立つのか**

　文法解説は，「何に」役立つのだろうか。文法解説とは学習者に明示的知識を与えることであるから，学習者がその明示的知識をどのような場面で利用できるかが鍵となる。次の3つについて考察する。

　　1）言語使用に対するサポート
　　2）言語習得への寄与
　　3）自律的学習の支援

1）言語使用に対するサポート

　文法解説によって得られた明示的文法知識は，その後の言語の「使用」を助けることがある。言語の使用とは，言語を聞いたり読んだりして理解すること，そして話したり書いたりして表現することである。明示的知識は言語の理解と表現の両面で助けになる可能性がある。

　理解においては，たとえば，一読して理解できない文があった時，その構造を分析して，「この単語は動詞として使われている」「この動詞は

他動詞として使われている」「ここまでが主語だ」「この部分が目的語になっている」といったことに気づくことによって，その文の構造や意味を理解できることがあるだろう。表現においては，たとえば，"*I get up at six this morning."と言おうとして（あるいは言ってしまって），「過去のことを表すには過去形の got を使わなければならない」という規則を思い出し，発話を修正することがあるだろう。あるいは，「もし私があなたの立場だったら」と言おうとして（書こうとして），「これは事実に反する仮定だから，if 節の中は過去形を使う必要がある」という規則を思い出してから文を言う（書く）場合もあるだろう。

このように自分の使っている言語をチェックする機能は「モニター」（monitor）と呼ばれ，かつて，その役割が極めて限定的・否定的にとらえられたこともあったが，その役割を過小評価すべきではないとの見方も出てきている。特にリーディングやライティングの場合は，言語形式をモニターする時間を確保できることが多いので，モニターを利用した言語使用も充分実用に耐えるものであると言える。

ある文法規則について明示的知識が与えられた場合，慣れないうちは文法を意識しながら言語操作をしていても，やがて慣れてきたら文法を意識しないで使えるようになるのが理想であるが，すべての文法規則の適用が自動化するまで言葉を使わないわけにはいかない。自動化できていない文法処理を適用しなければならない時には，意識的な処理によって言語を理解したり表現したりする必要がある。この時に明示的知識が役立つことが期待される。

2）言語習得への寄与

言語は長い時間をかけて「習得」されていく。明示的知識は，言語の習得にも役立つことが期待される。

第一に，特に大人の学習者や分析的学習を好む学習者の場合，文法解説は言語の形式・構造・規則についての理解を容易にする。さらに，こうした学習者は新しい文法規則を学ぶ際，教師が非明示的なアプローチによる文法指導を試みたとしても，文法解説を要求する可能性もある。

第二に，文法の明示的知識は，正しい用法と自己流の用法との違いに気づかせる（notice the gap）効果があり，それが正しい言語形式や言

語使用の習得を促すという説がある。

3) 自律的学習の支援

明示的知識は自律的な学習に不可欠な面がある。この点はもっと積極的に評価されてよいのではないだろうか。たとえば，単語の意味や用法を辞書で調べる際にも明示的知識は欠かせない。辞書に記載されている品詞情報，構文情報（自動詞・他動詞の区別や，前置詞や目的語の選択制限など），語法情報（可算名詞か不可算名詞か，など）を利用するためには，品詞や文型についての明示的知識が不可欠である。

以上のことから，解説によって得られる文法の明示的知識は，直接的・短期的には言語使用の助けになり，間接的・長期的には言語学習（習得）の助けとなることが期待される。

3 ◆ 文法解説の限界

一方，文法解説には，限界もあれば指導上の留意点もある。それらを，次の6つの観点から検討してみたい。

1) 文法解説の効果は，学習者の知的発達段階や学習スタイルによって異なる。
2) 充分な例に接する前に解説をされても，理解しにくいことが多い。
3) 単純に思える規則も，実は意外と複雑であることが多い。
4) 中途半端な解説や要領を得ない解説は悪影響を及ぼす。
5) 定義や分類の明確さを吟味する必要がある。
6) 言語運用能力の習得とかけ離れた「文法のための文法」になってしまってはいけない。

(1) 学習者の知的発達段階や学習スタイル

文法解説が有効であるためには，学習者がその解説を理解できることが前提となる。前述のように，特に中学校段階では，こうした学習に向いている生徒とそうでない生徒とが混在していることが想定される。

また，年齢に関わらず分析的・抽象的な思考が苦手な学習者もいる。

特に，文法用語を用いた解説には拒絶反応を起こす学習者が少なくない。英語教員には，中学生の頃から分析的学習の得意だった人が多いのではないか。自分とは違った嗜好を持つ学習者の存在を常に意識して指導することが肝要である。

(2) 規則を導き出す実例の数

文法解説は，言語の形式や規則についての一般性のある記述であるため，ある程度の抽象性を持つことになるが，実例に接することなく抽象的な規則を理解することは難しい。生徒に規則を理解させるためには，充分な数の実例を提示することが必要である。

英語教員は，ある意味で英語に「慣れすぎて」しまっていて，授業で新しい言語形式や文法規則が提示された時の生徒の負担に鈍感になりがちである。生徒の気持ちを理解するには，これから新しい言語を学ぶと仮定して考えてみるとよいだろう。1つ2つの例を出してすぐに説明に移るような拙速は慎むべきであることが認識できるはずである。

(3) 規則の単純さ

単純そうな規則も実は意外と複雑であることが多い。例として，「名詞の複数形」「動詞の三人称単数現在形（三単現）」「動詞の-ing形」「規則動詞の過去形」の作り方を見てみよう。簡略した規則としては，次のように記述することができるだろう。

名詞・動詞の語形変化の解説〈簡略版〉

1) 名詞の複数形　　　→　名詞の語尾に-s をつける
2) 動詞の三単現　　　→　動詞の語尾に-s をつける
3) 動詞の-ing 形　　 →　動詞の語尾に-ing をつける
4) 規則動詞の過去形　→　動詞の語尾に-ed をつける

しかしながら，これらの語形変化は実際にはそれほど単純ではない。名詞・動詞の語形変化には，音声においてもつづりにおいても複数のパターンがあるからだ。詳細を示すと次のようになる。

名詞・動詞の語形変化の解説〈詳細版〉

1) 名詞の複数形の書き方と発音
   ① -s をつける
    pen　→　pen**s**　[-z]
    book　→　book**s**　[-s]
    bed　→　bed**s**　[-dz]
    cat　→　cat**s**　[-ts]
   ② -es をつける
    class　→　class**es**　[-iz]
   ③ y を i にかえて -es をつける
    family　→　famili**es**　[-z]

2) 動詞の三単現の書き方と発音
   ① -s をつける
    play　→　play**s**　[-z]
    work　→　work**s**　[-s]
    read　→　read**s**　[-dz]
    write　→　write**s**　[-ts]
   ② -es をつける
    teach　→　teach**es**　[-iz]
   ③ y を i にかえて -es をつける
    study　→　studi**es**　[-z]
   ④ その他
    have　→　has
    do　→　does
    go　→　goes

3) 動詞の -ing 形の書き方
   ① -ing をつける
    play　→　play**ing**
   ② e をとって -ing をつける
    make　→　mak**ing**
   ③ 語尾の子音字を重ねて -ing をつける
    sit　→　sit**ting**

4) 規則動詞の過去形の書き方と発音
   ① -ed をつける

第4章　文法指導のアプローチ

```
    play   →  played  [-d]
    look   →  looked  [-t]
    want   →  wanted  [-id]
 ②-d をつける
    live   →  lived   [-d]
    like   →  liked   [-t]
    invite →  invited [-id]
 ③語尾の子音字を重ねて-ed をつける
    stop   →  stopped [-t]
    beg    →  begged  [-d]
    dot    →  dotted  [-id]
 ④y を i にかえて-ed をつける
    study  →  studied [-d]
```

　この複雑な規則を最初から提示しても，生徒は吸収できない上，英語嫌いを増やしてしまうことにもなってしまうだろう。このように，一見単純に見えても実は複雑な規則であることが少なくない。その場合，1つ1つの事例に個別に慣れさせていって，ある程度数がまとまった段階で規則として整理するのが効率的である。

(4)　中途半端な文法解説のもたらす悪影響

　「正確な」解説と「わかりやすい」解説は，両立させることが困難である。英語学の専門書に書いてあるような正確な解説は生徒には難しすぎてわかりにくいものになりがちであるし，一方，わかりやすさを重視して簡略化した解説は不正確なものになりがちである。正確だがわかりにくい説明は「不理解」（non-understanding）をもたらす恐れがあり，わかりやすいが不正確な説明は「誤解」（misunderstanding）をもたらす恐れがある。

　例として，「動詞の-ing 形を作る時に，語尾の子音字を重ねるのはどのような場合か」と生徒に質問されたと仮定し，どのように説明するかを考えてみよう。正確な説明は，右上のようなものである。

　たとえば，get は①〜③すべてに該当するため，-ing 形は最後の t を重ねて getting となる。一方，look は，短母音が母音字2つで表され，

動詞の語尾の子音字を重ねて-ing 形を作る規則〈詳細版〉

次の３つの条件を満たす場合に，動詞の語尾の子音字を重ねて-ing 形を作る。
①語末が「短母音＋子音」である。
②語末に第一強勢または第二強勢が置かれる。
③語末の音が「母音字１つ＋子音字１つ」で表される。

shock は最後の子音が子音字２つで表されるため，どちらも③に反することになり，-ing 形にする時に最後の子音字は重ねない。また，window-shop は，shop の部分に第二強勢を受けるため-ing 形は最後の p を重ねて window-shopping となるが，visit の場合は-it の部分は無強勢なので，-ing 形は最後の t を重ねずに visiting となる。以上の説明は正確であるが複雑で専門的であり，決してわかりやすいものではない。

そこで，生徒にとってのわかりやすさを重視して，次のような説明をしたとしよう。

動詞の語尾の子音字を重ねて-ing 形を作る規則〈簡略版〉

「ゲット」（get），「セット」（set），「バット」（bat）のように日本語で小さな「ッ」が入る場合には，ゲッティング＝ge**tt**ing，セッティング＝se**tt**ing，バッティング＝ba**tt**ing のように，最後の文字を重ねて-ing 形を作る。

これは，中学生にとってわかりやすい説明かもしれないが，正確さの点では問題が多い。問題点は次の２つに集約できる。

1) 日本語で小さな「ッ」が入っても，英語では語尾の子音字を重ねないケースがある。
　　例：クックークッキング　　　ウォッチーウォッチング
　　　　cook—cook**ing**　　　　watch—watch**ing**
2) 日本語で小さな「ッ」が入らなくても，英語では語尾の子音字を重ねるケースがある。
　　例：ランーランニング
　　　　run—run**n**ing

上記1），2）について，該当例が少なければ，例外として処理することもできるが，該当例が多くなると，そもそも規則として設定することに無理があるということになる。

　一般には，中学校段階では，多少の誤解の恐れがあっても，わかりやすさを重視して簡略な説明をしがちである。正確さに欠ける説明であっても，学習者の発達段階を考量した上での「教育的嘘」として許容されるものもあるかもしれない。しかし，「教育的嘘」が許されるためには，高校や大学でより正確な説明を受けて，不充分な理解を修正することができるという前提が必要である。実際には，その後の学習過程のどこかで，不正確な知識が修正される保証はない。中学校時代に教えられた誤った知識を生涯持ち続けることすら珍しくない。誤解の固定化を避けるためには，あえて規則性に触れずに，個々の事例を個別に覚えさせていったほうが安全である場合がある。

(5)　**定義や分類の明確さ**

　文法解説においては，用法が分類され，命名されることが多い。例として，中学校レベルでは「to 不定詞の3用法」（名詞用法・形容詞用法・副詞用法）や「現在完了形の3用法」（完了・経験・継続）などが挙げられる。

　同一の言語形式に対して複数の異なった用法が認められる時に，それを分類して説明すること自体は悪いことではないが，その際には，分類基準の明確さについての検討が必要である。分類基準の明確さは，①それぞれの概念が互いに対立概念となっているか，②実例がそれぞれの概念に合理的に分類されうるか，の2つの点から考えることができる。

　「人を男と女に分類する」というケースを考えてみよう。この場合，男と女とは生物学的に明確な対立概念をなし，かつ，すべての人は男か女のいずれかに分類されうるため，①・②両面で明確な分類基準であると言える。「行為を合法的なものと違法なものに分類する」というケースでは，合法と違法とは明確な対立概念であるため，①においては明確であるが，すべての行為を問題なくいずれかに分類することは困難であるため，②の点では弱い分類である。

　それでは，「現在完了形を完了用法と経験用法と継続用法に分類する」

場合はどうだろうか。現在完了形の用法については，それぞれの概念が互いに対立概念をなしていない（上記①の明確さに欠ける）ため，分類自体が問題を内包しており，その結果，実際の文を分類することを難しくしている。

たとえば，次の3つの文は，それぞれどの用法に分類されるだろうか。

[例]　現在完了形の分類
1) 完了か経験か
    I **have** already **seen** the movie twice.
2) 経験か継続か
    I **have driven** this road more than a thousand times for the last ten years.
3) 完了か継続か
    Where **have** you **been**? —I **have been** in the garden.

いずれにおいても，どちらの見方もできると言えるだろう。なぜそういうことになるのか。現在完了形の用法の分類においては，それぞれの概念同士が対立概念をなしていないことが大きな原因となっている。第一に，完了したものは経験しているし，経験していないものは完了もしていないから，完了と経験とは対立概念ではない。第二に，経験が過去から現在まで継続することがあるから，経験と継続も対立概念ではない。第三に，一般に完了と継続は対立概念であるが，現在完了形の継続とは，現時点での継続を必ずしも意味するものでなく，過去から現在（の直前まで）の継続を意味しているにすぎない。したがって，完了と継続も対立概念をなしていない。こうした分類基準のもとで，分類をすること自体に原理的な無理があると言える。

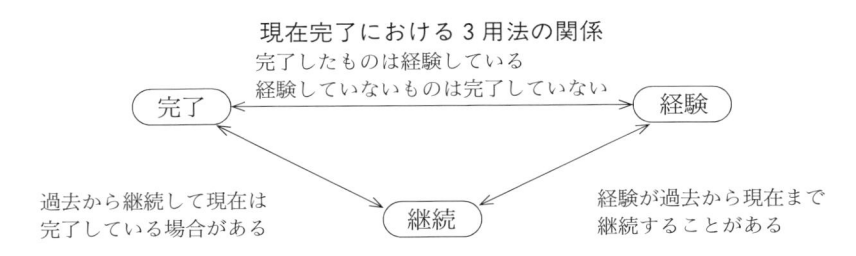

現在完了における3用法の関係

完了したものは経験している
経験していないものは完了していない

完了 ⇔ 経験

過去から継続して現在は　　　　　　　　経験が過去から現在まで
完了している場合がある　　継続　　　　継続することがある

第4章　文法指導のアプローチ

これらの分類は，現在完了形が表すことのできる意味を列挙したものとしては充分に役立つと思われる。現在完了形は「現時点（発話時点）での行為や出来事の完了・未完了」「現時点までの出来事や経験の回数」「現時点までの継続的行為や状態」を表す時に用いられるという理解は，正しい知識である。しかし，現在完了形の文の用法を識別させるタスクには本質的な無理があることを認識しておく必要があるだろう。

(6) 文法のための文法

　文法説明が文法のための文法として自己目的化してしまい，英語を理解し，表現することに結びつきにくくなってしまうことがある。

　例として，関係節や接触節の伝統的な指導法の1つである「2文結合」（sentence combining）がある。2文結合は次のような手順で行われる。

「2文結合」による関係節の指導例

①2文の中の同一指示的な名詞（句）・代名詞を見つける。
　a) Ms. Tanaka is a teacher. She teaches English.
　　→ Ms. Tanaka と She が同一人物を指している。
　b) This is a novel. Natsume Soseki wrote the novel.
　　→ novel が共通している。
②片方の名詞（句）・代名詞（初めから代名詞で示されていることも多い）を関係代名詞に置き換える。
　a) Ms. Tanaka is a teacher. **Who** teaches English.
　b) This is a novel. Natsume Soseki wrote **which.**
③関係代名詞を文頭に移動する（すでに文頭にある場合はそのまま）。
　a) Ms. Tanaka is a teacher. **Who** teaches English.
　b) This is a novel. **Which** Natsume Soseki wrote.
④関係代名詞を文頭に置いた節を，その関係代名詞が記述する名詞の直後に置く。
　a) Ms. Tanaka is a teacher **who** teaches English.
　b) This is a novel **which** Natsume Soseki wrote.

こうした2文結合による関係節の導入には，次のような問題が含まれている。

1) 2文結合においては，「先行詞＋関係節」の名詞節としてのまとまりが提示されない。
2) 合成される前の2文と，合成された1文とでは，情報量や意味に明らかな違いがある。
3) 2文結合により，2つの文法的文を作ることが可能なことがある。
4) 2文結合は複雑で難関な文法操作である。

まず，1) の問題について考えてみる。制限用法の関係代名詞の習得において最も重要なのは，関係節が先行詞を後ろから修飾している構造を理解すること，「先行詞＋関係節」がまとまった1つの名詞節を構成することを理解すること，そして「先行詞＋関係節」で構成される名詞節を含む文の理解と生成に慣れることである。下記の例で言えば，a) が全体として「私の父がカナダで撮った写真」という，pictures を主要語とする名詞節であることを理解することが最重要課題である。この構造を理解しなければ，この名詞節を組み込んだ文である b) や c) の構造を理解することは不可能であろう。

a) the pictures that my father took in Canada
b) Let me show you the pictures that my father took in Canada.
c) The pictures that my father took in Canada are very beautiful.

特に c) のタイプのように，関係節が主文の主語にある場合には，名詞節のまとまりをとらえる力がなければ，文構造の理解の第一歩である主語把握の段階でつまずいてしまう。2文結合による関係代名詞の導入や，2文結合によって関係節を用いた文を作る練習では，名詞節のまとまりを把握するという肝心なポイントが欠落してしまっているのである。

次に 2) の問題についてであるが，合成される前の文と合成されたあとの文とでは，意味が異なってしまうことが多い。たとえば，次の i) と ii) は，Mike の所有する車の数について異なった情報を提供している。i) においては，Mike の所有する車は1台であると解釈するのが自然であるが，ii) においては，Mike の所有している車は複数あるかも

しれず，所有している車のうちの1台がドイツ製であるという意味を表している。i) とほぼ等価の意味を，あえて関係代名詞を使って表すとすれば，iii) のように非制限用法の関係節を用いる必要がある。この例から明らかなように，本来，2文結合は非制限用法の導入や説明にこそ適している文法操作である。

i) Mike has a car. It was made in Germany.
ii) Mike has a car which was made in Germany.
iii) Mike has a car, which was made in Germany.

3) の問題は，共通の同一指示的名詞・代名詞を含む2つの文を関係節・接触節を用いて結合する時には頻繁に起こりうることである。SVOの構文について見ると，次の3つのケースがありうる。

i) 共通要素がそれぞれの文において主語の場合
   The girl loves you. ＋ The girl hates me.
   → The girl who hates me loves you.
   → The girl who loves you hates me.
ii) 共通要素がそれぞれの文において目的語の場合
   You love the girl. ＋ I hate the girl.
   → You love the girl (that) I hate.
   → I hate the girl (that) you love.
iii) 共通要素が一方の文において主語で，他方の文において目的語の場合
   The girl loves you. ＋ I hate the girl.
   → The girl (that) I hate loves you.
   → I hate the girl who loves you.

どのような文を作るべきかは，本来，話し手・書き手の意図によって決まるものであり，2文結合によって関係節・接触節を含む文を機械的に作る作業は，発話における思考過程とは無関係の文法操作になってしまっている。

最後に4) も重要な点である。2つの文を提示され，その中から共通の要素（同一指示的な名詞・代名詞）を見つけ出し，一方を関係代名詞

に変え，それを移動させて，その関係代名詞を含む節を他方の文に埋め込むという文法操作は複雑なものであり，生徒にとって理解するにも実行するにもハードルが高いと言えるだろう。

4 ◆ 文法解説における工夫

文法解説をより効果的なものにするための工夫として，次の6点を挙げておきたい。

1) 文法の必要性を学習者に認識させる。
2) 言語運用に結びつく解説をする。
3) 英語の基本的な統語構造の理解に導く解説をする。
4) 他の類似の表現との差異を明確にする解説をする。
5) 規則発見学習を行う。
6) 用語や概念の指導において日本語文法の知識を活用する。

(1) 文法の必要性を学習者に認識させる

学習者の中には文法知識がなぜ必要なのかがわからないままに，知識を押し付けられているケースが少なくないだろう。学習者がその必要性を自覚していたほうが，規則を理解し覚えようとする意欲が高まるはずだ。ここでは，基本的な語順の指導を例に，学習者にその重要性を認識させるための解説例を示す。

英語の語順の重要性を理解させる解説例

英作文の基本中の基本は，単語の基本的な並べ方（「基本文型」などと呼ばれます）をマスターすることです。英語では「基本文型」をマスターすることがなぜそんなに重要なのでしょうか。

数ある「品詞」（単語の種類）の中で最も基本となるのは「名詞」と「動詞」です。これは，恐らくどの言語でもそうでしょう。つまり，「誰または何」（名詞）が，「誰または何」（名詞）に対して「どうする」（動詞）ということ，これが人間の言語表現の基本なのです。

日本語では名詞のあとに「助詞」を置くことによって，名詞と動詞の様々な関係を表すことができます。たとえば，「太郎は二郎を叩いた」と

いう文において，叩くという行為をしたのが「太郎」で，叩かれたのが「二郎」だということは，「太郎」のあとに置かれた助詞「は」と，「二郎」のあとに置かれた助詞「を」によってわかるのです。助詞があるおかげで，日本語の文の要素の順番は比較的ゆるやかになっています。「二郎を太郎は叩いた」と言っても，「太郎は叩いた，二郎を」と言っても，「叩いた，太郎は二郎を」と言っても，基本的な意味は変わりません。

　さて，英語の場合はどうでしょうか。英語には日本語のような「助詞」はありません。そこで「語順」が決定的な役割を果たすことになるのです。"Taro hit Jiro."という文において，叩くという行為を行ったのが太郎で，叩かれたのが二郎だということは，語順によってわかるのです。太郎と二郎を入れ替えて，"Jiro hit Taro."とすると，2人の立場は逆転してしまいます。

　英語ではこの「名詞」「動詞」に「形容詞」が加わって，ある程度固定した基本文型が構成されています。さらに，動詞を修飾する「副詞」などが加わって，表現の幅を広げているのです。

(2) **言語運用に結びつく解説をする**

　ここでは，英語の基本的な文型と，接触節・関係節を取り上げ，言語運用に結びつく解説の例を紹介する。

A　英語の基本的な文型

　中学校においては，文型を体系的に指導することはあまり行われていないであろう。しかしながら，英語の文がスムーズに言えない（書けない）学習者に対しては，英語の文の基本構造を意識させる指導は有効であると思われる。

　日本の英語教育において最も一般的な基本文型の体系は，言うまでもなく「5文型」である。5文型の指導においては，それぞれの文型同士の違いに焦点が当てられることが多いが，一番大切なことはすべての文型の共通点である。英語の5つの文型すべてに共通するのが「主語」+「動詞」（S+V）である。「名詞句」（NP）+「動詞句」（VP）と言ってもよい。英文を作る時にはS+Vを確定することが必須である。このことを意識させる解説例を以下に示す。

英語の文の作り方に関する解説

　日本語で思いついた表現を英語で表そうとする時や，日本語で示された表現を英語に直す必要がある時，まず出てこなければならないのが「主語」+「動詞」です。次の日本語の文を英語で言うとどうなるか，考えてみましょう。

1)「私はこのあいだの日曜日に家族と一緒にディズニーランドに行きました。」

　まず，「誰がどうしたのか」という部分をつかまえることが大事です。「私は行った」という部分を英語にしてみましょう。I went になりますね。では，どこに行ったのか。Disneyland ですね。誰と行ったのか。家族と一緒ですね。「家族」は family，「～と一緒に」は with ～ですから，with family というように考えられます。最後に，いつ行ったのでしょうか。「このあいだの日曜日」ですから last Sunday ですね。

私は行った	⇒	I went
ディズニーランドに	⇒	Disneyland
家族と一緒に	⇒	with family
このあいだの日曜日に	⇒	last Sunday

これをつなげると次のようになります。

　I went Disneyland with family last Sunday.

　ここまでできたら，もう一歩です。「～に行く」という時には，go to ～というように，go のあとに to を入れます。「家族と一緒に」と言う時には，「私の家族と一緒に」というように，family の前に my を入れます。そうすると完全な文ができあがります。

　I went to Disneyland with my family last Sunday.

2)「哲也は野球の試合で右足を折りました。」

　まず，「誰がどうした」の部分，すなわち「哲也は」「折りました」を英語に置き換えると，Tetsuya broke となります。では何を折ったか。「右足」ですね。英語では right leg です。どこでですか。「野球の試合で」ですね。だから，in baseball game。

哲也は折った	⇒	Tetsuya broke
右足を	⇒	right leg
野球の試合で	⇒	in baseball game

これをつなげると次のようになります。

第4章　文法指導のアプローチ

> Tetsuya broke right leg in baseball game.
>
> 　これでも通じますが，正しい英文にするにはもう一歩です。1) の文で，「家族と一緒に」という意味を，英語では with my family（私の家族と一緒に）と表したように，ここでは，「右足を」という意味を英語では his right leg（彼の右足を）と表します。また，「野球の試合で」という部分では，baseball の前に a を置いて，in a baseball game「ある1回の野球の試合で」というように表します。これで完全な文になります。
>
> Tom broke his right leg in a baseball game.

　上記の例で，いきなり英語の単語を英語の語順で想起することが難しい場合は，単語は日本語のままで，語順だけ英語に近づけるという段階を踏むとよい。

> 「私はこのあいだの日曜日に家族と一緒にディズニーランドに行きました。」
> → 私 / 行った / ディズニーランドに / 家族と一緒に / このあいだの日曜日に
> → I / went / Disneyland / with family / last Sunday.
> → I went to Disneyland with my family last Sunday.

B　接触節および関係節

　次に，接触節および関係節の解説例を挙げる。ここで採られているアプローチは，日本語表現と英語表現を対照させる方法である。日本語表現を出発点として，それに対応する英語表現を学んでいく方法は，話す・書くという産出（production）レベルの習得を目指す第一歩になると思われる。

　英語において，名詞を形容詞・形容詞句・形容詞節が修飾する際には，形容詞の場合は原則として「形容詞＋名詞」という前置修飾構造を取るが（例：beautiful flowers），他の場合は「名詞＋形容詞句［節］」の後置修飾が基本である。一方，日本語はすべての場合に前置修飾の構造を取る。英語の後置修飾構造は，理解・表現の両面で日本人英語学習者にとって困難点となっている。日本語の前置修飾と英語の後置修飾の違いにフォーカスすることによって，英語の理解・産出能力を高めるこ

とを目的とした解説例を，①接触節および目的格の関係代名詞節，②主格の関係代名詞節に分けて紹介する。

①接触節および目的格の関係節を日英対照で理解させる

1) 次の日本語と英語の表現を比較してみましょう。日本語と英語では，名詞の位置と修飾する語句の位置が反対になっています。

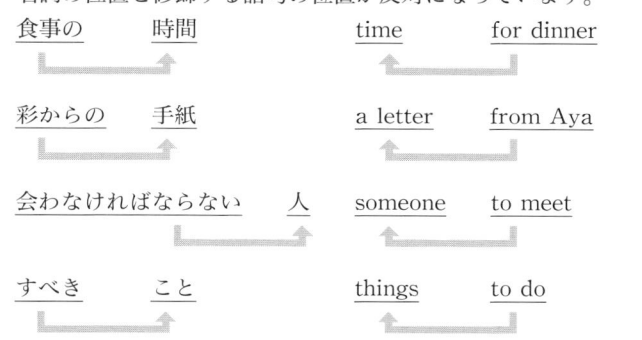

    食事の　　時間　　　　　　time　　for dinner

    彩からの　手紙　　　　　　a letter　from Aya

    会わなければならない　人　someone　to meet

    すべき　　こと　　　　　　things　　to do

2) 「〜している人／物」という意味を英語で表す時には，名詞のあとに現在分詞を続けます。

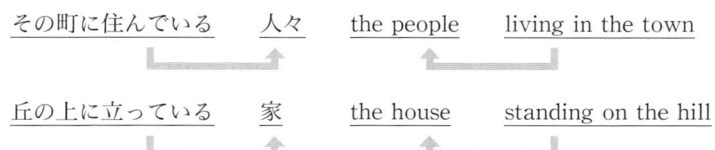

    その町に住んでいる　　人々　the people　living in the town

    丘の上に立っている　　家　　the house　standing on the hill

3) 「〜された人／物」「〜されている人／物」という意味を英語で表す時には，名詞のあとに過去分詞を続けます。

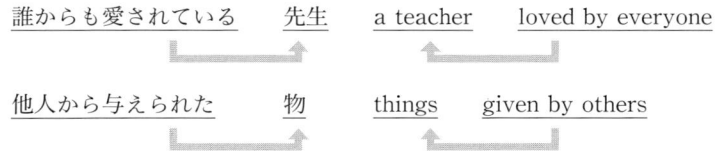

    誰からも愛されている　先生　a teacher　loved by everyone

    他人から与えられた　　物　　things　　given by others

4) 「私たちが駅で会った女性」「あなたが作ったパイ」のように「…が〜する人／物」という意味を表す場合，英語では「人／物」を先に言ってから「…が〜する」の部分を続けます。次の例で比べてみましょ

第4章　文法指導のアプローチ

う。
　　私たちが駅で会った　　女性　　the woman　　we met at the station

　　あなたが作った　　　　パイ　　the pie　　　you made

□上の例で，the woman や the pie を「先行詞」と言います。
□先行詞のあとには that を挿入することもあります。先行詞が「人」の場合には，that の代わりに whom または who を挿入することができます。先行詞が「人」以外（事物）の時には，that の代わりに which を挿入することができます。これらの that, whom, who, which を「関係代名詞」と呼びます。
□先行詞と次に来る名詞［代名詞］との間に何も入れない言い方は，話し言葉でよく使われます。関係代名詞を用いる言い方は，書き言葉でよく使われます。

　　　　　　　②主格の関係節を日英対照で理解させる

■「英語を話せる人」「コンピュータを作る会社」のように「〜する人/物」という意味を英語で表す時には，「人／物」を先に言ってから，「〜する」の部分を言います。
■ただし，「人」のあとには who（または that）を，「もの」のあとには that（または which）を必ず挿入します。これらの who, that, which も関係代名詞です。
次の例で比べてみましょう。
　　英語を話せる　　　　　人　　someone　　**who** can speak English

　　コンピュータを作る　　会社　　a company　　**that** makes computers

(3)　英語の基本的な統語構造の理解に導く解説をする
　　ここでは再び接触節および関係節の指導を例に，英語の基本的な統語構造の理解に導く解説の例を紹介する。
　　英語の後置修飾構造，とりわけ接触節や関係節などの名詞節は，英語

の文の構造とも類似しているため，その区別を徹底することが重要である。解説例を紹介する。

> 1) 次の違いに注意しましょう。
>   ① I read the book last week.
>   ② the book I read last week
> ①は「私は先週その本を読みました。」という意味を持つ「文」です。
> ②は「私が先週読んだ本」という意味を持つ「名詞的なまとまり」です。
> 2) 次の違いに注意しましょう。
>   ① The boy ate two hamburgers.
>   ② the boy who ate two hamburgers
> ①は「その男の子はハンバーガーを2つ食べました。」という意味を持つ「文」です。
> ②は「ハンバーガーを2つ食べた男の子」という意味を持つ「名詞的なまとまり」です。

　上記の背景にあるのは，英語の文構造と，（接触節または関係代名詞節を含む）名詞節構造の根本的な違いである。英語において，名詞句（NP）のあとに動詞句（VP）が続くと文になる。英語の5つの文型すべてがS＋Vで始まるが，これは言い換えれば，すべての文型がNP＋VPの構造を取ることを意味する。一方，NP＋NP＋VPという連鎖は名詞節になる。この名詞節のまとまりが理解できないと，名詞節の埋め込まれた複雑な構造を持つ文構造の解析に大きな困難が生じてしまう。「名詞＋接触節」や「名詞＋関係節」という「名詞的なまとまり」を把握させるための解説が上記の例である。

　次に，関係代名詞の省略の可否についての解説例を紹介する。

> ☐関係代名詞の次に名詞（代名詞）が続く場合には，関係代名詞を省略することができます。
> ☐関係代名詞の次に動詞が続く場合には，関係代名詞を省略することができません。例として，上記2)②を見てみましょう。whoを省略すると①の文と区別がつかなくなってしまいます。

NP＋VP が文であり，NP＋NP＋VP が名詞節であるという区別は，関係代名詞の省略の可否とも密接に関係している。下記の例において，a) の関係代名詞（＝目的格の関係代名詞）が省略可能であるのに，b) の関係代名詞（＝主格の関係代名詞）はなぜ省略不可能なのか。NP の連鎖を見てみると，a) の関係代名詞 that は，いわば「おまけ」であり，後置修飾構造を明確に示すマーカーにすぎない。この関係代名詞がなくても NP＋NP＋VP という連鎖は保たれるため省略可能なのである。それに対して，b) において関係代名詞は NP＋NP＋VP という構造を保つための不可欠な要素になっている。ここで who を省略してしまうと全体構造が NP＋VP という「文」（「その男の子は窓を割った」の意）になってしまう。このため，主格の関係代名詞は省略不可である。

　a) <u>the boy</u> <u>(that)</u> <u>I</u> <u>met at the station</u>
　　　 NP　　 NP　 NP　　　VP

　b) <u>the boy</u> <u>who</u> <u>broke the window</u>
　　　 NP　　 NP　　　 VP

　学習者にとってのもう 1 つの問題は，主格と目的格の区別である。関係代名詞の省略の可否については，「目的格の関係代名詞は省略できるが，主格の関係代名詞は省略できない」という説明が最も一般的だが，格変化のすたれてしまった現代英語においては，主格・目的格を構造上見分けることができないことが多い。関係代名詞の that や which は主格・目的格が同形であるし，who も目的格としても使われることがある。もっとわかりやすい説明方法はないだろうか。そこで手がかりになるのが，目的格の関係代名詞節と主格の関係代名詞節の構造上の違いである。

　上記 a) の例のように，目的格の関係代名詞のあとには NP が来る。一方，b) の例のように，主格の関係代名詞のあとには VP が来る。「目的格の関係代名詞は省略できる」という規則は，「次に NP が続く関係代名詞は省略できる」と言い換えることができ，「主格の関係代名詞は省略できない」は，「次に VP が続く関係代名詞は省略できない」

と言い換えることができる。ただし，NPやVPという概念は中学生にはなじみがないし，その説明をすることはさらなる負担を強いることになってしまう。そこで，正確さを多少犠牲にしつつわかりやすさを優先した表記が，上記解説例で示した，「関係代名詞の次に名詞（代名詞）が続く場合には，関係代名詞を省略することができます。」と「関係代名詞の次に動詞が続く場合には，関係代名詞を省略することができません。」の2つである。

(4) 他の類似の表現との差異を明確にする解説をする

　文法解説をする際には，単純現在形と現在進行形，過去形と現在完了形などのように，類似の意味を表す他の表現との区別に対する配慮も必要である。ここでは，他の類似の表現との差異を明確にする解説の例として，there構文の解説例を挙げる。

　there構文の典型的な導入法としては，あらかじめ箱や袋の中などに数えられるものを入れておいて，"There are three red balls in the bag."などの英文を示す方法が挙げられる。こうした導入から出発して，様々な例を教師が提示したり生徒に練習させたりすることで，there構文の用法に徐々に慣れさせていくことが可能である。しかし，存在を表す文には，there構文以外にも「主語＋be動詞＋場所を表す副詞句」という表現があり，両者の区別ができていないと，"*There is my bag on the desk."などの非文を生成することになってしまう。この視点からのthere構文の解説例を以下に示す。

存在を表す文の解説例

1)「あなたのかばんは机の上にあります」と言いたい時，次の①の表現は正しく，②の表現は誤りです。
　　①○　Your bag is on the desk.
　　②×　There is your bag on the desk.
　同様に，「そのかばんは机の上にあります」と言いたい時，次の③の表現は正しく，④の表現は誤りです。
　　③○　The bag is on the desk.
　　④×　There is the bag on the desk.

　　　　聞き手・読み手がすでにわかっているものや特定できるものについては，①や③の言い方を使います。There is を使った②や④の言い方は間違いです。他の例を見てみましょう。
　　　⑤○　Where is your mother? ―She is in the bathroom.
　　　⑥○　Auckland is in New Zealand.
　2）「机の上にかばんが（1つ）あります」と言いたい時，次の⑦は，間違いではありませんがやや不自然です。⑧は正しい表現です。
　　　⑦△　A bag is on the desk.
　　　⑧○　There is a bag on the desk.
　　　　聞き手が初めて聞くものやはっきり特定できないものについては，⑧の言い方が好まれます。⑦の言い方は，やや唐突で不自然に感じられるからです。

　一般に，言語表現は，話し手も聞き手も知っていること（既知情報）に，話し手しか知らない情報（未知情報）を付け加えながら進行していくのが自然である。上記の⑦は，その原則を破っているので唐突な印象を与えてしまう。これを避けるために利用されるのが there 構文である。主語位置に there を持ってきて There is ～で文を始めることによって，未知情報である a bag を文頭から離すことができる。逆に，①や③のように，there 構文を用いないで「既知情報から未知情報へ」という情報構造が成り立っている時には，there 構文は使われない。③と⑦で異なるのは，使われている冠詞である。一般に，the は既知情報を，a は未知情報を導入する時に用いられるので，a で限定される名詞の場合，there 構文が最適ということになる。こうした規則を there 構文の導入段階で理解させることには無理があるが，ある程度慣れてきたところで，あるいは，②や④の誤りが顕在化してきた時点で，生徒に整理して伝えるようにしたい。

(5) 規則発見学習を行う

　文法規則を生徒に理解させる際に，教師による解説は，その場で生徒に理解されたとしても，やがて忘れられてしまうことも多い。記憶の定着を促す方法として，規則を生徒に発見させる方法がある。ここでは，動詞の三人称単数現在形（三単現）の導入例を挙げる。

まず，第一次段階で実例を提示する。この実例は，規則や法則性を導き出すための基礎データとなるため，ある程度の数と，充分なバリエーションを提示する必要がある。一般動詞の一人称・二人称現在形が既習である生徒たちに，三単現を導入する場合に，主語が三人称単数の時だけ述語動詞に-sがつくことを導き出すためには，少なくとも，三人称において，単数の場合と複数の場合を例示する必要がある上，単数の場合には男性の場合と女性の場合などのバリエーションを確保する必要がある。たとえば，たまたま三人称主語が男性ばかりだと，主語が男性の場合には述語動詞に-sがつくという誤った仮説が導かれてしまう恐れがあるからである。さらに，主語が人間以外の場合も加えると，より正確な規則へ導くことができるだろう。

三人称単数現在の導入例文 I

I like tennis.	I play tennis.
We like tennis.	We play tennis.
You like tennis.	You play tennis.
Hiroshi likes tennis.	Hiroshi plays tennis.
He likes tennis.	He plays tennis.
Tomomi likes tennis.	Tomomi plays tennis.
She likes tennis.	She plays tennis.
Hiroshi and Tomomi like tennis.	Hiroshi and Tomomi play tennis.
They like tennis.	They play tennis.

この段階のタスクの目的は，あくまで文法規則を導き出す実例を提示することであるから，必ずしも例文の内容が「コミュニカティブ」である必要はない。しかしながら，現実味のある例文を提示することによって，生徒の理解を容易にしたり，授業への集中度を高めることが期待される。たとえば，次のような会話を何人かの生徒と交わす中で，I like .... / You like .... / Hiroshi likes .... / He likes .... / We like .... / Tomomi likes .... / She likes .... などの形式を提示すると，架空の人物についての描写よりもわかりやすく親しみやすい例文となるだろう。

三人称単数現在の導入例文2

> Teacher: I like tennis.
>   Do you like tennis, Hiroshi?
> Hiroshi: Yes, I do.
> Teacher: Oh, you like tennis, too.
>   （みんなに向かって）I like tennis. And Hiroshi likes tennis, too. Hiroshi and I like tennis. We like tennis. We are tennis fans. We can be good friends, I think.

　規則発見学習の第一の利点は，前述のように，記憶の定着に有利であることである。自ら発見した規則はもちろんのこと，仮に発見できなかったとしても，生徒自身の試行錯誤を経て提示された規則は，「そういうことだったんだ！」という気づきや喜びをもたらし，そのことが記憶の定着を促進することが期待される。また，規則発見学習には，副次的な利点もある。それは，規則を発見しようとする過程では，生徒は必然的に何度も英語表現を聞いたり読んだりするため，自然に言語接触（exposure）が増やせるというメリットである。

　一方，最大の難点は，時間がかかることである。新しい文法項目の導入の都度，生徒による規則発見学習を取り入れることは難しいかもしれない。文法項目の重要度，確保できる授業時間数，生徒の学習段階を見極めて，必要なところにはたっぷり時間をかけた指導を行いたい。

(6) 用語や概念の指導において日本語文法の知識を活用する

　文法解説を理解させようとする時，ネックになるのが文法用語である。中学校段階では，教科書においても授業においても，文法用語の使用は必要最小限にとどめるという考え方が一般的であろう。しかし，曖昧な用語を用いるより，きちんとした用語で概念を正確に理解させたほうがよい場合もある。その時に活用したいのが日本語文法についての知識である。

　例として，「修飾」という用語・概念を考えてみよう。4(2)Bにおける接触節および関係節の解説例の中では，「修飾」という用語が用いら

れているが，中学生に対して「修飾」という用語や概念は難しすぎるという判断から，代わりに「説明」という用語を用いているケースがよく見られる。たとえば，以下の例で「下線部 b の部分は下線部 a の名詞を説明している」という解説が行われることが多い。

    a)The woman b)playing the piano is my aunt.
    a)The cake b)that my sister made was very delicious.

しかし，「説明」という用語で修飾関係を理解させようとするのには無理がある。なぜならば，「説明」という概念は，被修飾語と修飾語の関係だけでなく，主語と述語の関係を示す際にも用いることのできる概念であり，修飾構造の理解には直結しないからである。たとえば，以下の例で，下線部 b は下線部 a を「説明」していると解釈できる。

    a)The woman b)is playing the piano.
    a)The cake b)was made by my sister.

実は，あらゆる文において，述語は主語を「説明」しているという解釈が可能である。

    a)Ichiro b)runs very fast.
    a)Erika b)is a junior high school student.
    a)Sue b)likes chocolate.

「説明」という用語は曖昧すぎて誤解を招く恐れがあるが，一方で「修飾」という用語は難しすぎて理解されない可能性があるとしたら，教室でどのように対処したらよいだろうか。最初にすべきことは，生徒たちの日本語文法の知識を確認することである。まずは，学習指導要領をチェックしよう。小学校学習指導要領（2008 年版）では，国語の第 1・第 2 学年で「文の中における主語と述語との関係に注意すること」，第 3・第 4 学年で「修飾と被修飾との関係など，文の構成について初歩的な理解を持つこと」と記載されており，小学校高学年や中学校ではさらに発展的な学習をすることになっている。ただし，教室での実際の扱いは教科書や指導者によっても異なる上，その理解度は生徒によって異なるので，生徒が現時点で持っている知識を確認することが肝要である。

生徒が日本語における「連体修飾」を理解しているならば，英語における「形容詞＋名詞」(beautiful flowers) や，「名詞＋後置修飾語句」(the book on the desk ／ the man standing there ／ the book I read) の修飾関係を理解する手がかりになる。もし，日本語における連体修飾についての理解が充分でないならば，「美しい花」「机の上の本」「あそこに立っている人」「私が読んだ本」などの例で，修飾語と被修飾語の関係を日本語で理解させることから始めたい。そうすれば，英文法の解説において「修飾」を「説明」という語で置き換える必要はなくなる。
　品詞概念の理解についても，国語の授業ですでに扱われている概念については，英語の授業でもそのまま生かせるものがある。たとえば，国語で形容詞や副詞の概念を学んでいるとしたら，次のような解説によって，英語の形容詞や副詞の理解に導くことができるであろう。

英語の形容詞・副詞の解説例

■単語を辞書で引くと…。
　英単語を教科書巻末の語彙リストや辞書で引くと，「名」「動」「形」「副」などのマークがついています。これらは，それぞれ，「名詞」「動詞」「形容詞」「副詞」の略号で，単語の種類を表します。
　今日はこの中から，「形容詞」と「副詞」について学びましょう。難しそうに聞こえるかもしれませんが，実はどちらも国語の授業ですでに習っている言葉なのです。
■日本語では？
　まずは，国語の授業で習った「形容詞」と「副詞」について復習してみましょう。
　①形容詞には，名詞を修飾する働きがあります。
　　　　冷たい　水　　　　美しい　花
　　　　　　　　　[名詞を修飾]　　　　　[名詞を修飾]
　②形容詞は，文の述語としても使われます。
　　　　この水は冷たい。　あの花は美しい。
　　　　　　　　　[文の述語]　　　　　　　[文の述語]

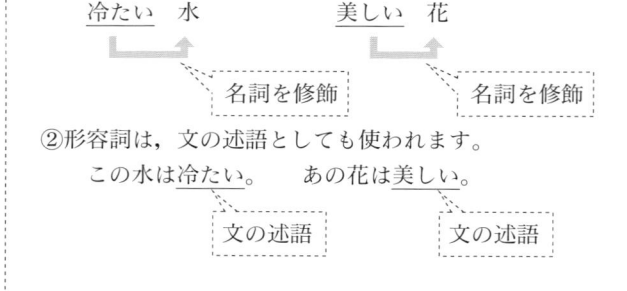

③副詞には，動詞・形容詞・副詞を修飾する働きがあります。

<u>ゆっくり</u> 歩く <u>とても</u> ゆっくり 歩く <u>とても</u> 大きい 家

　　　　動詞を修飾　　　　副詞を修飾　　　　形容詞を修飾

■英語では？

　英語にも形容詞と副詞があります。基本的な考え方は日本語と同じです。

①形容詞には，名詞を修飾する働きがあります。
　　<u>beautiful</u> flower　　　<u>cold</u>　water

　　　　名詞を修飾　　　　　名詞を修飾

②形容詞は，文の述語としても使われます。
　　This water is <u>cold</u>.　　That flower is <u>beautiful</u>.

　　　　　　文の述語　　　　　　　　　　文の述語

③副詞には，動詞・形容詞・副詞を修飾する働きがあります。
　　walk <u>slowly</u>　　walk <u>very</u> slowly　　<u>very</u> large house

　　　動詞を修飾　　　　副詞を修飾　　　　形容詞を修飾

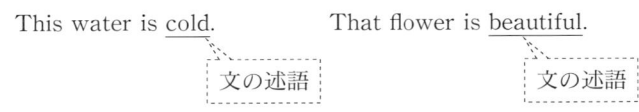

　教科書巻末の語彙リストや辞書で単語を引いた時に，「形」や「副」のマークがついていたら，この説明を参照しながら，その単語の役割を確認する習慣をつけるとよいでしょう。

　指導上の留意点として，日英対照のアプローチを採る場合には，複雑な対応関係に深入りしすぎないことが肝要である。品詞について言えば，たとえば，英語の品詞は，一部の例外を除いて，語と語の関係に基づく（syntactic）分類になっているため，名詞を修飾する語は，その形態に関わらず「形容詞」と分類されるのに対し，伝統的な日本語文法では，語の形態による（morphological）分類も広く使われており，名詞を修飾する語（連体修飾語）でも，「赤い」のように「い」で終わる語は形容詞と呼ばれるが，「静かな」のように「な」で終わる場合は，形容動詞の連体形と分類されるなどの違いがある。動詞を修飾する語の

場合も,「ゆっくり」は副詞だが,「速く」は形容詞「速い」の連用形と分類されてしまう。こうしたことにまで言及していくと,対照言語学の世界に踏み込んでいくことになり,生徒の理解を超えてしまう恐れが大きい。日英対照の解説の際には,基本的な理解を促す典型例を吟味して提示するようにしたい。

5 ◆ 授業における文法指導の位置づけ

(1) 帰納的文法指導と演繹的文法指導

　ある文法項目を指導する際に文法解説を行う場合,その扱いは,大きく「帰納的」(inductive) なものと「演繹的」(deductive) なものとに分けることができる。「帰納的」とは,個々の事例 (specific examples) から一般的な規則 (general rule) を導き出すアプローチであり,文法指導においては,最初に複数の実例を示して,そこから文法規則を導き出す指導を指す。一方,「演繹的」とは,一般的な規則を個々の事例に当てはめていくアプローチであり,文法指導においては,最初に文法規則を提示して,それを用いて個々の事例を理解させたり,規則を用いた表現を生成させたりする指導を指す。

　現在,英語の研究授業や公開授業においては,帰納的な文法指導が一般的である。その選択は,指導者の信念による場合も多いだろうが,コミュニケーション中心の指導が叫ばれる中で,文法を前面に出した指導はしにくいという空気も影響しているのではないか。

　実際には,帰納的文法指導と演繹的文法指導のどちらがより効果的であるかは,一概には言えない。学習者による違いが大きいからである。一斉授業においては,帰納的学習の得意な学習者と演繹的学習の得意な学習者とが混在する状況が想定されるので,帰納的文法指導と演繹的文法指導をうまく組み合わせて,明示的文法指導,機械的ドリル,コミュニケーション活動を授業の中に位置づけることが大切である。

(2) 文法項目の提示順序

　最後に,文法項目の提示順序について考察したい。中学校の授業における文法事項の提示順序の大枠は,市区町村の教育委員会が採択する教

科書に依拠するため，指導現場での選択の余地は少ないのが実状である。しかし，個々の文法項目の提示の際には，様々な微調整が可能である。たとえば，教科書ではあとで導入される文法項目を同時に導入したり，すでに導入されている文法項目と対比して導入したりすることができるだろう。また，文法項目の提示順序に対する考え方が，教科書を採択する際の1つの考慮事項となる可能性もある。

文法項目の提示順序に関して特に意見が分かれるのは，類似の文法項目の扱いである。「似た文法項目を同時に（あるいは連続して）提示したほうが，生徒が理解しやすくてよい」という考え方と，「似た文法項目を同時に（あるいは連続して）提示すると，生徒が混乱するので，できるだけ分散して提示したほうがよい」という考え方がある。いずれが正しいかは一概に言えない。一口に類似の文法項目と言っても，以下のように様々なケースがあり，すべてを一律の基準で提示することは適切とは言えないからである。

1) 同一の言語形式が異なる文法機能を表す場合
　　例：to 不定詞の名詞用法・形容詞用法・副詞用法
2) 同一の言語形式が異なる意味を表す場合
　　例：現在完了の完了用法・経験用法・継続用法
3) 類似の言語形式が，類似の文法機能と異なる意味を表す場合
　　例：①疑問詞の what と who
　　　　②疑問詞の when と where
　　　　③主格関係代名詞の who と which
4) 類似の言語形式が，異なる文法機能と異なる意味を表す場合
　　例：受動態（be＋過去分詞）と現在完了形（have＋過去分詞）

連続提示と分散提示のメリットとデメリットを認識し，どちらを重視するかを検討して，導入方法を決めるのが現実的である。たとえば，1年次に学習する疑問詞 what と who については，「同時に（あるいは連続して）提示すると混乱を起こす可能性が高いので，分散したほうがよいだろう。」と判断し，3年次に学習する主格関係代名詞については，「3年生は，人間に用いる疑問詞 who と物に用いる疑問詞 which の違いに慣れているので，関係代名詞の who と which を同時に導入した場

合，前者が人を表し，後者が物を表すことは容易に推測できると思われ，また，混乱の恐れはないと思われるので，両者を同時に提示して，用法の区別については生徒自身に発見させてみよう。」という意思決定をすることができる。その上で，実際に指導してみて，事前の予想が正しかったかどうかを検証し，問題点があった場合には解決策を考えていくというプロセスを踏むことが大事である。

第5章　評価

1　観点別評価と評定について
　　――指導要録への対応と説明責任
2　日頃の評価
3　ペーパーテスト
4　指導・評価計画について

本章では，中学校英語科における評価について解説する。本論に入る前に，前提的なことを述べておく。
　学校における教育活動は意図的に行われなければならない。そのために，すべての教科で目標を設定して指導に当たっている。英語科においても，学習指導要領に示される外国語科の目標に基づいて，3年間を見通し，各学年，各学期，各単元，各単位時間の授業等へと順次，具体化・細分化した目標を設定して，日々の授業をはじめ様々な指導を実践している。この目標達成を目指した指導を着実に実施していけば，生徒は教師の意図する成長を果たし，ひいては英語科の目標を達成することになるはずである。
　しかし，現実には，生徒が教師の思い通りに学習活動に取り組まず，結果として教師が意図する成果を上げていない場合も多い。その大きな原因の1つとして，教師の評価に対する理解が乏しい，あるいは，評価を重視していないことが挙げられる。指導はするけれど看取らない（評価しない）のでは，指導の連続性・継続性，あるいは蓄積が十分に確保されない。生徒に対する指導力の低下にとどまらず，評定に対する説明責任が果たせず，生徒・保護者からの教師・学校に対する不信感を生み出す原因にもなる。そこで，評価について正しく理解し，適切に実践することが重要になる。
　評価することの意義は，大きく次の3点に集約される。

○生徒の学習活動を推進する
　　生徒の達成状況を的確に把握し本人等に知らせることで，それまでの学習への取組を振り返る機会とし，次の学習がより適切に行える環境を作ることができる。
○教師の指導を改善する
　　生徒の達成状況を的確に把握・分析することにより，それまでの教師自身の指導を振り返る機会とし，より適切な指導へと改善することができる。
○教育課程の点検をする（教育課程の管理）
　　評価結果から教育課程が適切に実施されているかを看取ることができる。教科で作成した年間指導計画に則り，授業をはじめとする教育

活動が，目標達成に向けて着実に行われているかを判断し，必要に応じて軌道修正することができる。

いずれにも共通することは，現在（あるいは現在に至るまでの）生徒や教師自身の状況を客観的・分析的に把握して，次の学習や指導に生かすことに意義があると言える。これが，「指導と評価の一体化」と言われるもので，指導の成否を分かつ要因の1つと考えられている。

1 ◆ 観点別評価と評定について
——指導要録への対応と説明責任

教科における評価・評定は，法に基づき指導要録に記載され，5年間保存することが義務づけられている。記載内容は，原則として情報公開の対象とされている。したがって，評価・評定は説明に耐え得る妥当・適切な手順により行われ，かつ信頼できるものでなければならない。

その指導要録における評定は，平成14年度から，それまでの「集団に準拠した評価（いわゆる相対評価）」から「目標に準拠した評価（いわゆる絶対評価）」に改められた。かつては，観点別学習状況（観点別評価）については絶対評価で評定は相対評価だったが，現在では，観点別評価を絶対評価で行い，それをもとにして評定も絶対評価で導き出すという仕組みになっている。

次に，指導要録に対応する評価・評定の基本的な考え方とその進め方について説明する。

(1) 観点別学習状況の評価（観点別評価）

観点別学習状況の評価（観点別評価）は，生徒が身に付けた資質や能力を分析的に見る評価で，A，B，Cの3段階で評価する。A，B，Cが表す意味は次の通りである。

> A……十分に満足できる状況
> B……おおむね満足できる状況
> C……努力を要する状況

A　目標と観点の関連

英語科における評価の観点は，「①コミュニケーションへの関心・意欲・態度」「②表現の能力」「③理解の能力」「④言語・文化についての知識・理解」の4つである。そして，学習指導要領の外国語科の目標と各評価の観点との関連は，次のようになっている。

> [外国語科の目標]
> 　外国語を通じて，①言語や文化に対する理解を深め，②積極的にコミュニケーションを図ろうとする態度の育成を図り，③聞くこと，話すこと，読むこと，書くことなどのコミュニケーション能力の基礎を養う。

外国語科の目標は，上の3つの要素（①〜③）から構成されている。そして，それぞれが，次のように各観点に対応している。

> 目標①「言語や文化に対する理解を深め」
> 　→観点④「言語・文化についての知識・理解」
> 目標②「積極的にコミュニケーションを図ろうとする態度の育成を図り」　→観点①「コミュニケーションへの関心・意欲・態度」
> 目標③「聞くこと，話すこと，読むこと，書くことなどのコミュニケーション能力の基礎を養う」→観点②③「表現の能力」「理解の能力」

日々の実践において，この目標と各観点の関連性を意識して指導し，その評価を蓄積して評定へとつなげていくことになる。

B　内容のまとまり

英語科においては，コミュニケーションに必要な4技能「聞くこと」「話すこと」「読むこと」「書くこと」を「内容のまとまり」としている。

観点別評価を行う際には，それぞれの観点に適する内容のまとまりを，コミュニケーション能力育成の視点から全体的にバランスのよい割合で選択していくよう心がけることが大切である。

C 英語科における4観点,趣旨,内容のまとまりの関連

英語科における4観点,趣旨,内容のまとまりの関連については,次のように整理できる。

観　点	趣　旨	内容のまとまり
コミュニケーションへの関心・意欲・態度	コミュニケーションに関心を持ち,積極的に言語活動を行い,コミュニケーションを図ろうとする。	聞くこと,話すこと,読むこと,書くこと
表現の能力	初歩的な外国語を用いて,自分の考えや気持ちなど伝えたいことを話したり,書いたりして表現できる。	話すこと,書くこと
理解の能力	初歩的な外国語を聞いたり,読んだりして,話し手や書き手の意向や具体的な内容など相手が伝えようとすることを理解できる。	聞くこと,読むこと
言語・文化についての知識・理解	初歩的な外国語の学習を通して,言語についての知識を身に付けるとともに,その背景にある文化などを理解できる。	聞くこと,話すこと,読むこと,書くこと

①コミュニケーションへの関心・意欲・態度

「コミュニケーションへの関心・意欲・態度」について,「言語活動への取組状況」と「コミュニケーションの継続」の2つの視点から評価する。この観点は,「聞くこと」「話すこと」「読むこと」「書くこと」の4つの内容のまとまりにおいて評価するものである。

この観点は,あくまでもコミュニケーションへの関心・意欲・態度であり,主として授業やテスト等で行われる情報の授受を目的とする言語活動への生徒の取組状況を評価するものである。したがって,授業態度

や忘れ物，宿題等教科への取組状況を評価の対象にすることは趣旨に合うものでないので留意する必要がある。

　授業にコミュニケーション活動が設定されていることが前提となり，教師はどのような活動がコミュニケーション活動として適切なものであるかを十分に理解し，絶えず授業や指導計画を点検する必要がある。

　関心・意欲・態度の評価は，とかく客観性に欠けるという批判を受けやすいものである。日常の学習活動において，観察法や分析法等，多様な評価方法により，多面的に生徒の状態を把握することが大切である。実際には，生徒が「言語活動に参加しているか否か」を判定する程度の評価の機会を，多く確保するのが望ましいと考えられる。

②表現の能力
　英語で表現する能力について，「表現の適切さ」と「表現の正確さ」の2つの視点から評価する。「表現の適切さ」は，それぞれのコミュニケーション活動の目的に応じて適切に表現できているかを，文や語句の量，表現の速度，使用語彙や表現等により評価するものである。

　一方，「表現の正確さ」は，言語規則に則り正確に表現できるかどうかを，文構造，語彙，スペリング等により評価する。

　主として扱う内容のまとまりは「話すこと」「書くこと」だが，ただ単に英語を口頭で発話させたり，書かせたりするのを評価するのでは，この観点の趣旨に合わない。評価場面やその方法において，生徒に自分の考えを述べる機会を確保することが大切になる。例えば，「あなたの将来の夢について，I want to ～で始まる5つの英文で書きなさい。」という課題英作文や"What did you do yesterday? Please tell me in 1 minute."というインタビュー等は評価資料として適しているが，単純な和文英訳や語句整序等は評価の資料としては適切でない。

③理解の能力
　英語を使って理解する能力を，「理解の適切さ」と「理解の正確さ」の2つの視点から評価する。「理解の適切さ」は，目的に応じて相手の発話の概要を適切な速度で理解できるかを評価する。「理解の正確さ」は，相手の発話の詳細について正しく理解できるかを評価する。

この観点では，コミュニケーションの内容の理解について評価するもので，文構造の把握や，語形変化，文法規則等の知識や理解を評価の対象としないよう十分に留意することが大切である。

④言語・文化についての知識・理解
　「言語についての知識」と「文化についての理解」の２つの視点から評価する。
　「言語についての知識」は，英語の文，文型，文法，語彙，音と文字に関する知識等について評価する。一方，「文化についての理解」は，英語によるコミュニケーションにおいて，その知識がなければコミュニケーションに支障が起きたり，重大な誤解を招いたりするようなものを取り扱う。具体的には，日付の表記，名前（姓名の順や，愛称等），英文書簡の書式，電子メールの書式，英米語彙の相違，ジェスチャー等が考えられる。例えば，「イギリスの代表的な大衆食について知っていることを書きなさい。」というような問題は，この観点の評価資料としては適切でない。

D 評価規準・判定基準の設定
①評価規準の設定
　観点別評価を行う際，次の手順として，評価規準を設定することが必要になる。評価規準は，生徒の学習状況が目標に対してどの程度達成しているものであるかを判定するための視点で，評価の各観点を適切に反映したものであることが求められる。評価規準については，国立教育政策研究所教育課程研究センターから「評価規準の作成，評価方法の工夫改善のための参考資料―評価規準，評価方法等の研究開発（報告）―」が示されているので，各校で評価規準を作成する際には，参考資料として活用するとよいだろう。
　評価規準は，学習活動の目標に対する「おおむね満足できる状況」を表現したものである。実際の評価においては，生徒の学習行動における徴候（symptom）を，できる限り具体的に，かつ簡潔に描写した「具体的な評価規準」を設定することが必要になる。抽象的であいまいな表現にとどめておくと，評価者である教師自身が，何に焦点をあてて評価

してよいか不明瞭になり，客観的・適切な評価ができなくなってしまうからだ。この積み重ねが，結果として，妥当性のない，信頼されない評価・評定を導く可能性があるので十分に留意する必要がある。

②判定基準の設定

　具体的な評価規準に基づき，A，B，Cの3段階の評価を決定するが，その際に必要になるのが，判定基準（カッティング・ポイント）である。その設定には，上述の「具体的な評価規準」をさらに客観的に具体化することが求められる。数値目標を示したり，チェックリスト的なものを用意してその達成率により判定したりすることなどが考えられる。いずれにせよ，妥当性があり，かつ，簡潔で継続可能なものを工夫することが大切である。

③具体例

［例①］「評価規準」・「具体的な評価規準」・「判定基準」

　課題：「訪ねてみたい国」について，15分間で自分の考えを自由に書きなさい。

　内容のまとまり：書くこと

　観点：表現の能力

評価の観点と趣旨	評価規準	具体的な評価規準	判定基準
（観点）表現の能力 （趣旨）初歩的な外国語を用いて，自分の考えや気持ちなど伝えたいことを話したり，書いたりして表現できる。	身近な出来事や自分の考え等，伝えたい内容を整理して，限られた時間内に必要な分量で表現できる。 〈適切な筆記〉	・訪ねてみたい国について，15分間で10以上の英文が書ける。 ・want to / would like to 等，「したいこと」を表す表現を使用している。 ・because や so	A：左の規準の内，3つをクリアしている。 B：左の規準の内，2つをクリアしている。 C：B規準をクリアしていない。

256

		等を使って，理由を述べている。

[例②]「評価規準」・「具体的な評価規準」・「判定基準」

　課題：日本文化を紹介する英文カードを，20分間でできる限りたくさん読みなさい。

　内容のまとまり：読むこと

　観点：コミュニケーションへの関心・意欲・態度

評価の観点と趣旨	評価規準	具体的な評価規準	判定基準
(観点)コミュニケーションへの関心・意欲・態度 (趣旨)コミュニケーションに関心を持ち，積極的に言語活動を行い，コミュニケーションを図ろうとする。	様々な工夫をすることで，コミュニケーションを続けようとしている。 〈コミュニケーションの継続〉	・活動時間内は，活動をやめることなく，読み続けようとしている。 ・わからない部分があっても，推測しながら，読み続けている。 ・わからない部分があっても，辞書を使用しながら，読み続けている。	活動の開始直後，活動の中間で2回，活動の終了前の計4回の評価機会を設定する。各機会に左に示した規準で生徒の活動を評価する。 A：4回の内，4回ともクリアしている。 B：4回の内，3回クリアしている。 C：Bをクリアしていない。

E 観点別学習状況の評価——通知表への記載

次の手順として，前節までに述べてきた手順に従い，収集した評価資料を課（レッスン，ユニット等）毎に総括し，さらに学期毎で総括して観点別学習状況の評価を決定する。その結果は，通知表に記載されるとともに，(2)で述べる評定を導き出す際に使われる。

課毎の総括例，学期毎の総括例，学年末の総括例をそれぞれ１つずつ示す。いずれの段階においても，A，B，Cの組み合わせから総括する際の基準について説明できるようにしておくことが大切である。

［課毎の総括例］

評価の観点 \ 回数	1回目	2回目	3回目	・・・	課の総括	
関心・意欲・態度 　評価規準① 　評価規準②	B B	B C	B B	・・・ ・・・	A B	A
表現の能力 　評価規準②	A	C	B	・・・	B	
理解の能力 　評価規準①	A	なし	A	・・・	A	
言語・文化 　評価規準①	B	B	B	・・・	B	

※この例では「関心・意欲・態度」の評価は，評価の機会の度にBであればAとするという解釈。

[学期毎の総括例]

評価の観点	1課	2課	3課	4課	・・・	学期の総括
関心・意欲・態度	A	A	B	A	・・・	A
表現の能力	なし	C	B	B	・・・	B
理解の能力	B	B	B	C	・・・	B
言語・文化	B	B	B	なし	・・・	B

[学年毎の総括例]

評価の観点＼学期	1学期	2学期	3学期	学年の総括
関心・意欲・態度	A	A	A	A
表現の能力	B	A	B	B
理解の能力	B	B	C	B
言語・文化	B	B	B	B

(2) 観点別学習状況（観点別評価）から評定へ

次に，(1)Eの手順により決定した学期毎の観点別学習状況から，評定を導き出す手順について解説する。

A　評定の基本的な考え方

評定は，その教科の目標に対する，ある段階における総合的な評価である。この点で，分析的評価である観点別学習状況と趣旨が異なる。評定は，(1)Eで述べた方法で総括された観点別評価を総括し，一定の基準により1〜5の5段階で評価する。それぞれの数字が表す意味は次の通りである。

> 5……十分満足できると判断されるもののうち，特に程度の高い
>   もの
> 4……十分満足できると判断されるもの
> 3……おおむね満足できると判断されるもの
> 2……努力を要すると判断されるもの
> 1……一層努力を要すると判断されるもの

B 観点別学習状況の評価から評定へ

　観点別学習状況から評定の具体的方法は，学校毎に定める統一システムに基づいて行われるべきものである。各学校で十分検討した上，各教科の評価・評定に明確に反映される必要がある。

　観点別評価のBが「おおむね満足できる状況」を示すものであることを考えれば，次の表のように，すべての観点において「B」であれば，評定を「3」とするのが妥当だと考えられる。

観点別学習状況の評価				評定
コミュニケーションへの関心・意欲・態度	表現の能力	理解の能力	言語・文化についての知識・理解	
B	B	B	B	3

これに基づくと観点別評価と評定の対応は，基本的に次の通りになる。

> A・A・A・A・・・4か5
> B・B・B・B・・・　3
> C・C・C・C・・・2か1

　各観点を別個のものと考えると，上記以外の組み合わせは，3の4乗だけ可能性がある。どの組み合わせの場合にどのように判定するのか

を，各学校・各教科部会等で基準を明確にしておくことが大切だろう。併せて，各観点の重み付けや条件についても検討しておく必要がある。

(3) 所見（個人内評価）

　所見（個人内評価）は，生徒の個人として優れている点や長所，学習における進歩の状況を積極的に見る評価である。評価・評定には直接的には反映されないが，個々の生徒の学習状況を把握し，個人のレベルに合わせた目標の達成状況を把握する手段としての所見（個人内評価）は指導上，重要になる。また，A・B・Cや数字で表される評価・評定を補完する資料として大きな意味を持つと共に，評価の信頼性を高める資料となる。

A　所見（個人内評価）の記録と活用

　授業観察や制作物，発表の様子等に係る観察，あるいは定期テスト等における生徒の特徴について，補助簿や授業用ノート等に所見という形で具体的かつ簡潔に記録していく（次頁参照）。教師の手元には補助簿や個人カルテ等の形で整理して残し，個に応じた指導の改善に役立てる。コンピュータのデータベースソフトを活用すれば，生徒の記録一覧表から個票を作成することができ，便利である。

　また，生徒にもファイルやポートフォリオ（p.285参照）により記録させるようにし，適宜，蓄積した資料を整理させておく。これらの資料と個人カルテ（次頁参照）等を使い，面談等を通して，本人に目標達成度を自覚させ，学習の軌道修正・改善法を検討する機会を設定する。

［例］会話テストの記録簿（所見）（一部）

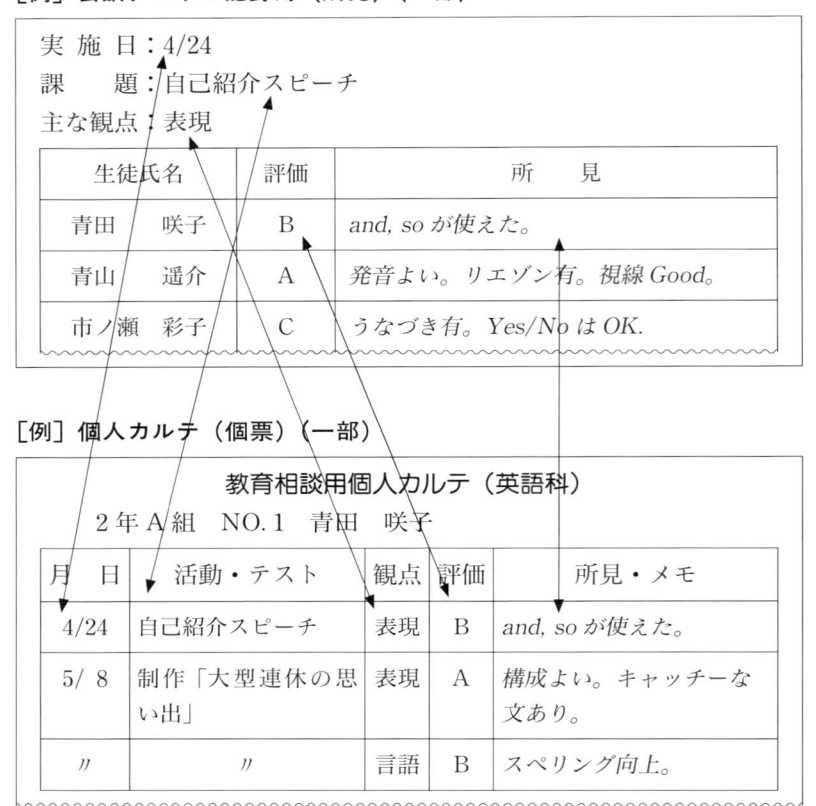

実 施 日：4/24
課　　題：自己紹介スピーチ
主な観点：表現

生徒氏名	評価	所　見
青田　咲子	B	and, so が使えた。
青山　遥介	A	発音よい。リエゾン有。視線 Good。
市ノ瀬　彩子	C	うなづき有。Yes/No は OK.

［例］個人カルテ（個票）（一部）

教育相談用個人カルテ（英語科）
2年A組　NO.1　青田　咲子

月　日	活動・テスト	観点	評価	所見・メモ
4/24	自己紹介スピーチ	表現	B	and, so が使えた。
5/ 8	制作「大型連休の思い出」	表現	A	構成よい。キャッチーな文あり。
〃	〃	言語	B	スペリング向上。

※各項目の内容は，評価機会毎にまとめる一覧表の電子データから自動的に差し込まれるよう設定してある。

(4)　**説明責任について**

　「説明責任」は accountability という英語が示す通り，元来「収支について説明することができる」ことを意味する。評価においては，「どのような指導をした結果，どのような成果が上がったか」について理論的に説明できることを言う。教育現場においても情報開示が前提である現在にあっては，説明責任を果たすことを常に念頭に置いて指導・評価に取り組むことが必要である。「面倒くさい」「言い訳を考えているよう

だ」「教師が臆病になっている」などと主張し，積極的に説明責任に対応しようとしない教師がいるが，これは，自分の評価・評定に自信がないことの現れであり，職責を十分に果たしていることにならない。説明責任への対応に積極的に取り組むことは，自らの評価・評定のシステムを整備・点検・修正し，さらに指導方法を謙虚に振り返り改善するための良い機会として活用することである。校長のリーダーシップの下，全教師で取り組むべき課題である。

　また，評定を示した後に学校が一方的に説明をするのでは，生徒・保護者の理解を得ることは難しく，説明責任を十分に果たすことにならない。普段から，指導や評価の方針を具体的に生徒・保護者に示し，コミュニケーションを図りながら教育活動を推進することが大切である。

　次に，説明責任を適切に果たすための主な留意点を挙げる。

○学校としての共通の評価・評定のシステムを明確に策定する。
○学年当初（新入生に対しては「新入生説明会」等入学前の機会に）に示す。
○教科としての観点別状況の評価の基本的考え方と具体的方法を学年当初に示す。
○各学期の始めに目標と評価について確認する。
○最終的な評定（評価）を通知する前に，適切な時期（定期テスト後等）に，教科中間通知表等を使って，その時点における生徒の状況を生徒・保護者に周知し，教育相談の機会を設定する。

［教科中間通知表の例（次頁参照)］
　・各学期の評価対象となるものを観点別に一覧表で示す。
　・ある時点までの評価結果を記入する（コンピュータのソフトを活用すれば，自動的に差し込まれるように設定できる）。
　・その時点での仮の観点別評価と評定を算出して示す。
　・面談等を通して，生徒・保護者に通知し，今後の学習改善への指針とする。
※前頁表中の未は「未実施」を表す。

[例] 教科中間通知表

満点くん　　平成20年度英語科中間通知表
1年4組　NO.4　氏名　青柳　亮太　　　　（6月16日現在）

○観点：コミュニケーションへの関心・意欲・態度		○観点：表現の能力	
活動・テスト名	評価	活動・テスト名	評価
自己紹介スピーチ	A	自己紹介スピーチ	B
授業観察（レッスン1）	A	自己PR文を書こう！	B
自己PR文を書こう！（制作）	B	中間テスト（英作文）	A
初めてのインタビュー	A	初めてのインタビュー	A
授業観察（レッスン2）	B	会話テスト①	B
会話テスト①	B	私のペットを紹介します（制作）	未
私のペットを紹介します（制作）	未	私のペットを紹介します（スピーチ）	未
私のペットを紹介します（スピーチ）	未	期末テスト（英作文）	未

○観点：理解の能力		○観点：言語・文化についての知識・理解	
活動・テスト名	評価	活動・テスト名	評価
中間テスト	A	小テスト（レッスン1）	A

★あなたの現時点での評価・評定の状況は…。

観点別学習状況		評定
観　点	評　価	
コミュニケーションへの関心・意欲・態度	A	4
表現の能力	B	
理解の能力	A	
言語・文化についての知識・理解	A	

○「1学期学習・評価計画表」を見直し，残りの学習活動に意欲を燃やしてください！

2 ◆ 日頃の評価

前項では，主に指導要録に係る評価・評定について，その趣旨やシステムについて述べた。ここでは，その評価資料となる日頃の評価について，主なものを取り上げて説明しよう。

(1) パフォーマンステスト等

パフォーマンスとは，一般的には「あるタスクに対して，最後までやり抜いたり完成させたりすること」を示す。パフォーマンステストでは，断片的・個別的なものではなく，タスクに取り組む一連の動作や行動を対象とし評価する。

コミュニケーション能力の育成の観点から，英語科におけるパフォーマンステストの重要性はますます大きくなっていると言える。

ここでは，パフォーマンステストについて，その基本的な考え方や進め方について解説する。

A 音読テスト

①すでに学習した教科書の一部を音読させる方法

授業で学習した教科書のテキストを音読させ，評価するもので，指導した事項がどの程度定着しているかを測る。例えば，イントネーションやストレス，音の連結，感情表現等が考えられるだろう。この場合，事前に，テキストのどの部分をどの規準で評価するかを具体的に示しておくことが必要である。

1人が音読する量は，教科書の1セクション程度で十分と考えられるが，物語文など内容を十分理解した上での音読になっているかを評価したい場合には，該当する課（レッスン）全部を音読させることもある。実施時間との関係で設定するとよいだろう。

②初見の原稿を音読させる方法

使用している教科書以外のテキストをその場で初めて見させ，音読させる方法である。この方法は，英文の内容的なまとまりを理解して区切って音読できるか，未習語を正しく音読できるか等，文の構成や文字の

音声化についての知識が身に付いているかを測る意味合いが強くなり，「表現の能力」というよりむしろ「言語についての知識」の観点で評価するのが妥当だと考えられる。

　使用するテキストは，生徒の現レベルと同程度であるものが望ましいため，他社の検定教科書の同じ時期に扱う課を取り上げたり，簡単な英語絵本等から取材したりするとよいだろう。

　実施に当たっては，全員が「初見」となるように，教室から少し離れた場所（廊下や隣接教室等）で行い，テキスト内容が漏洩しないように留意したい。

B　暗唱（レシテーション）

　音読をさらに進め，教科書等を暗唱させる方法である。「学習は模倣から始まる」と言われるように，特に初期の段階では効果的な活動と言える。主に，「表現の能力（正確な発話）」の評価規準で評価する。

　暗唱させる英文は，教科書でも他の資料のものでもかまわないが，1人で発表させる場合には，対話文よりもスピーチや物語，説明文的なものを選ぶようにする。この活動は，スピーチ活動への橋渡しにもなる。

　また，2人以上のグループで対話文を暗唱させ評価する方法も考えられる。この場合は，それぞれの担当する文の量や難易度により，有利・不利が発生しないように十分配慮をすると共に，評価規準（テスティング・ポイント）を明確に設定しておくことが大切である。この活動は，スキットへの橋渡しにもなる。

　ただし，暗唱は，生徒に相当の負担をかけることになる。覚えることに労力を使い過ぎるため，不自然なリズムや，いわゆる「カタカナ英語」的な発音に陥る場面をよく目にする。本来の趣旨に照らし，生徒が暗唱する英文の量には十分配慮する必要がある。

C　スピーチ

　スピーチには，①毎時間継続的に実施するものと，②特別に時間を設定して実施するものがある。

①継続的に実施するスピーチ

　毎時間授業の冒頭に1名あるいは2名程度にスピーチをさせる方法で

ある。この方法では，特別な時間を設定せずに評価ができるとともに，生徒は普段の授業の状況で発表できるため，精神的な緊張や負担が軽減できるというメリットがある。

一方，この方法では，全員の発表が終わるまでに相当な期間を要するために，初めの時期に発表する生徒と終わりの時期に発表する生徒では，準備・練習の期間に差が生じ，生徒に不公平感を抱かせる可能性がある。これをクリアするための方法として，発表が一巡した時点で，希望者に再度発表するチャンスを与える等が考えられる。

②特別に時間を設定して実施するスピーチ

課の終わりや学期末等に，1時間ないし2時間かけて実施する。

同じ機会に全員がスピーチをするため，評価規準がぶれることがなく，生徒に不公平感を与えることもほとんどない。

一方，1人当たりの時間が1～2分程度しか確保できず，スピーチ内容の質・量ともに不足する可能性がある。また，評価者にとっても十分に観察する時間が確保できないというデメリットも考えられる。

スピーチに限らずパフォーマンスの評価は，1人の教師が行うのではなく，ALT等とペアを組み，2人以上で行うようにする。以下の2つの評価方法いずれにしても，教師の主観が相当影響する可能性がある。2人以上で評価し，ディスカッションをして評価を決定することで，客観性を高めることができる。また，生徒にも相互評価させて，教師が設定した評価規準と生徒がイメージする評価規準の整合性を持たせることも大切である。

スピーチの評価方法として，「分析的評価（analytic evaluation）」と「全体的印象による評価（holistic evaluation）」がある。

①**分析的評価**（analytic evaluation）

設定した評価規準がずれる可能性が低く，生徒にもわかりやすい評価方法と言えるが，個々の項目の評価と実際のスピーチの印象に違和感が生じることもよくある。

また，1人当たりの発表時間が短いため，評価項目1つ1つを十分検討して評価できない可能性もある。

[例] 評価カード

	スピーチテスト評価カード	
	＿＿年＿＿組　氏名＿＿＿＿＿＿　実施日：　月　　日	
No.	評　価　項　目	評　価
1	内容（伝えたいことが具体的に述べられているか。）	A・B・C
2	文法・語彙（文法に則っているか，適切な語彙が使われているか等）	A・B・C
3	伝達力（声量，間，視線，必要最低限のジェスチャー等）	A・B・C
4	発音（正しい発音，イントネーション，ストレス等）	A・B・C
	総合評価　＝　A　・　B　・　C	

※各項目のA，B，Cの組み合わせにより「総合評価」を決定する。
　(例) AAAB → A, AABB → B 等
※評価項目の重み付けを変える（例えば，「内容」は他の項目の2倍の重みを持つ等）や条件を付ける（例えば，「内容」がAでない場合は，他の項目がすべてAであっても総合評価はB以下とする等）。

②**全体的印象による評価**（holistic evaluation）

　評価とスピーチの全体的印象の整合性があり，短い時間でも評価することが可能である。一方，なぜそう評価されるかを分析的に説明できない，あるいは多くの人数を評価しているうちに，評価規準がぶれてしまう可能性が大きい等のデメリットも考えられる。
　それを防ぐために，基準となる客観的な記述を用意しておく必要がある。下にイングランドで用いられているGraded Objectives in Modern Language（GOML）の一部を参考として載せる。これは，特にスピーチの評価のために作成されたものではないので，各評価者が適宜スピーチ用に書き換え，生徒にもわかりやすい表現にして改めて示すことが必要である。

Graded Objectives in Modern Language（GOML）

レベル2	生徒は見たり聞いたりするものに対して短く単純な応答をする。生徒は人や場所や物の名前を言ったり，描写したりする。生徒は「例えば助けや許可を求める目的のための」決まり文句を使う。生徒の発音はまだおおよそ正確である程度で，話し方はためらいがちだが，意味は明瞭である。
レベル3	生徒は話を始めたり，応答したりするのを助ける視覚的なヒントなどを使いながら，少なくとも2回ないし3回のやりとりのある，自分たちが前もって準備した短い課題に参加する。生徒は「例えば好き嫌いや感情などの」個人的な応答をするために，短い句を使う。生徒は主に記憶した言葉を用いるものの，疑問文や平叙文を変えるために語彙項目を差し替えることが時にある。
レベル4	生徒は視覚的なヒントなどに助けられて，少なくとも3回ないし4回のやりとりから成る，単純で構造がはっきりしている会話に参加する。生徒は自分の文法知識を用いて，個々の単語や句を適応させたり差し替えたりすることを始めている。生徒の発音は全体的に正確で，イントネーションの一貫性をある程度示す。

（参考文献：平田和人編『中学校英語科　絶対評価の方法と実際』明治図書）

D　プレゼンテーション

　実物や絵，写真，グラフ等を用いて，英語で情報や意見等を伝えるタスクである。近年中学校の英語の授業でも頻繁に取り入れられている「Show & Tell」はこのタスクの代表的な活動である。

　主な評価の観点は「表現の能力」で，評価規準としては，「正確な発話」として「話そうとすることを正確に伝えることができる」や「適切な発話」として「聞き手の立場に立ってわかりやすく工夫して話すことができる」等が考えられる。

[例] 2年1学期のタスク

パフォーマンステスト（Show & Tell）

My Golden Memory of "the Golden Week"!

○次の要領でパフォーマンステストを実施します。しっかり準備してテストに臨みましょう！

①トピック：「大型連休（ゴールデンウィーク）の黄金伝説！」
　　　　　　4月末から5月初めの大型連休での印象的な出来事を，聞いている人に興味を持ってもらえるように，関連する実物や写真，絵などを見せながらスピーチします。

②実施日：○月○日（○曜日）

③条　件：

- □　①一般動詞の過去形を使うこと
- □　②7文以上の英文で話すこと
- □　③1分以内で終わること
- □　④内容に関係する写真や絵，実物等を提示すること
- □　⑤最後に質問を受け付け，答えること。

④評価について：
　このテストでは次の評価を行います。また，この評価は，学期末の評定にも反映されますので，要注意…！

コミュニケーションへの関心・意欲・態度	・自分が伝えたいことをしっかり伝えようとして，話し続ける。 ・聞き手の様子を見ながら，繰り返したり言い換えたりしながら，話そうとしている。	B・C
表現の能力	・一般動詞の過去形が正しく使える。 ・提示する実物や絵，写真等と話す内容が適切に関連づけられている。 ・話の概要が理解できる。	A・B・C

⑤発表順について：男子出席番号1～最後→女子出席番号1～最後

E　スキット

2人以上のグループで、ある状況・場面を英語で演じさせ評価する。スケッチとも呼ばれる。主な評価の観点・内容のまとまりは、「表現の能力」・「話すこと」である。

実施方法及び評価方法は、スピーチと重複するので、ここでは割愛する。しかしながら、スキットの場合は、英文の量が多ければ質が高いとは限らないという点でスピーチと異なる。発話の状況が英文により大きく反映されるためである。例えば、「口数の少ない朴訥としたキャラクターが最後にパンチの効いた台詞を述べることで周囲が驚く」といった状況が考えられる。この点から、分析的評価（analytic evaluation）よりも全体的印象による評価（holistic evaluation）の方が適していると言える。

また、両方を組み合わせた方法で評価することも有効だと考えられる。

スキットの課題として、言語材料を指定する方法と場面・状況等を指定する方法がある。

①言語材料を指定する方法の例
- There is / are …. の文を使って、1分以内のスキットを作り、発表しましょう。
- Help! という英文を1回以上使う、1分以内のスキットを作り、発表しましょう。等

②場面・状況等を指定する方法の例
- タイムマシンに乗ってある時代へ行ったと想定して、1分30秒以内のスキットを作り、発表しましょう。
- 「その時歴史は動いた！」歴史のエピソードを1つ取り上げ、2分以内のスキットを作り、発表しましょう。
- 「爆笑パロディーショー！」映画や物語、TV番組のパロディーを英語で作り、発表しましょう。　等

F　会話テスト

評価者（教師）と生徒が面接により英語で会話し、英語の運用能力を中心として評価するテストである。評価の観点と内容のまとまりは、主に「表現の能力」・「話すこと」だと考えられるが、Q&A型のインタビ

ューのような場合は，英語の質問を聞いて答えることになるので，一部「聞くこと」の「理解の能力」も含まれるだろう。観点及び評価規準は，個々のテストの構成を見て設定することになる。

ここでは，よく用いられる会話テストをタイプ別に紹介する。

① Q&A 型

教師の質問に対して，生徒が答えるインタビュー形式のテストである。質問の仕方や答えさせ方，また事前に質問を提示しておくかその場で示すか等により，実に様々な方法が考えられる。

[例①] 短く応答させる例
〈質問一覧〉　※一部

No.	QUESTIONS	必要最低限の答えの例	さらに一文のヒント
1	Do you have a pet?	Yes, I do. / No, I don't	I have a cat. / I want a dog.
2	What sports do you play?	I play tennis.	I am a good player.
3	What is your favorite subject?	I like English.	I study it every day.
4	How many people do you have in your family?	"4" などの具体的な数	I love my family.
5	Where do you live?	I live in Hasuda.	It's a beautiful town.
6	Can you speak Chinese?	Yes, I can. / No, I can't.	But I can speak Korean.

※質問は，相互に関連性のないものを羅列するのでは，コミュニケーション能力を育成する上では，適切でない。「初対面の人との会話を予想して」「学校生活について」等トピックを設定して質問を作成・配列するとよいだろう。

〈実施要領〉

パフォーマンステスト（会話テスト）

英会話タイムショック！電光石火！

　これから3時間をかけて英字新聞の制作をします。その"裏番組"で，会話テストを実施します。次の要領を読んで，しっかり準備して臨んでください。

①**1人当たりの持ち時間**：1分20秒
②**方法**：
　□質問一覧（前頁参照）の質問を，先生が矢継ぎ早に質問します。
　□質問順はランダムです。
　□皆さんは，その質問に自分の立場でできる限り早く応答します。
　□質問して3秒待っても答えがない場合は，次の質問に移ります。
　□制限時間以内に③の基準をクリアできるかどうかを測ります。
　□質問の聞き返しは，1回までOKです。ただし，英語で聞き返しの依頼をすること。
　□合格するまで，何回テストを受けてもかまいません。ただし，英字新聞に取り組んでいる授業中に限り，休み時間は行えません。
③**評価の基準**：
　□15以上の質問について「必要最低限の答え」で答えられたらB。
　□その内，10以上の質問について「さらに一文」が付け加えられたらA。
④**観点別評価**：
　このテストの結果は，次のように観点別評価に反映されます。
　　ア　コミュニケーションへの関心・意欲・態度：テストに参加し，一生懸命答えようとしていると判断されれば，B
　　イ　表現の能力：テスト結果をそのまま反映
　　ウ　言語についての知識・理解：　〃

［例②］ ある程度長い応答を求める例

> **パフォーマンステスト（会話テスト）**
>
> あなたのことを教えてね…。
>
> 次の要領で会話テストを実施します。心の準備をしてください。
>
> ①1人当たりの持ち時間：2分30秒
> ②方法：
> 　　□先生が，次の中から1つ質問します。
>
> > ア　Where do you want to go this summer?
> > イ　What do you want to eat if you go to Yokohama?
> > ウ　What do you want to be in the future?
>
> 　　□質問に対して，考える時間も含めて約1分間で自分の考えを話してください（5文以上の英語を目安とします）。
> 　　□その話の内容について，先生が3つの質問をします。その質問に答えてください。
> ③評価について：
> 　ア　コミュニケーションへの関心・意欲・態度　→　B or C
> 　　　※テストに参加しようとしているかどうかを評価します。スラスラ答えられなくても，一生懸命答えようとしていると判断されればBとします。
> 　イ　表現の能力　→　A・B・C
> 　　　※初めの質問に対する答えに対して，先生にとって理解可能な5文以上のまとまりのある英語で話せたらB以上。
> 　　　※その後の質問に適切に応答できていると判断されればA。

②ロールプレイング型

　ある場面を設定し，生徒に何らかの役割を与え，その役割に応じた英語運用をさせ評価するテストである。この際，例のようなロールプレイ・カード等を使用する。
　ロールプレイング型のテストでは，より実践的なコミュニケーション

能力を測定することが可能になるが，一方，英語運用以外にも演技力などの要素も多く含まれる可能性がある。実施に当たっては，評価規準を明確に設定し，評価者，生徒ともに十分共通理解を図っておくことが重要である。

[例] 入国審査の場面

> **パフォーマンステスト（会話テスト）**
>
> 　　　　　しっかり演じ切ろう！
>
> ○**あなたの役割**：
> 　あなたは，今，カナダの空港に着いて，入国審査を受けようとしているところです。下のメモを頼りに，入国審査を受けてください。無事に通過できるか？
>
> > ＜メモ＞
> > 　氏名：青木　咲（あおき　さき）
> > 　年齢：18歳
> > 　生年月日：1999年3月25日
> > 　滞在期間：2ヶ月
> > 　滞在目的：留学
> > 　滞在場所：トロント市内のホテル
>
> ○**先生の役割**：
> 　カナダの空港の入国審査官です。審査を受ける人に，身元確認や滞在目的等についての質問をします。親切な人ならいいですね…。

　この例の場合の評価規準は，おおむね次のように設定できる。
①コミュニケーションへの関心・意欲・態度：質問に対して，自分のことを伝えようとしている。
②表現の能力：
　ア　質問に対して，不自然な間をおかず適切に応答できる。
　イ　質問に対して，正確な表現で応答できる。
③言語についての知識・理解：質問への応答に適した表現について知識を身に付けている。

この例以外にも,「ハンバーガーショップのカウンターで」「電車やバスの乗り方」「苦情対応」「電話応答」「道案内」「観光案内」等多くの場面・状況設定が考えられる。実生活の場面を切り取り,簡潔で整理された状況設定をして,テストとして活用できるよう工夫したい。

③チャット型
　教師と生徒1人あるいは2人以上が,英語で自由に会話をする形式のテストである。事前に,具体的な質問を提示せず,主なトピックを提示する程度にとどめておく。
　トピックとしては,「週末の出来事」「夏休みの予定」「クリスマスプレゼントに欲しい物」「好きな音楽・スポーツ・有名人」「行ってみたい場所」等,中学生が普段の雑談の中で話題にしているもので,特別な背景的知識を必要としないものを取り上げるとよいだろう。
　実施に当たっては,教師が話し過ぎて生徒の発話量が少なくならないよう十分留意する必要がある。

G　ディベート(ディスカッション)
　論題あるいはトピックを設定し,肯定派と否定派に分かれ,英語で議論をする活動を評価する。正式なディベートでは,相当高いレベルを要求され,中学段階での実施は困難が予想されるが,簡略化したり,準備・練習時間を十分確保したりすれば実施は可能である。
　ディベートやディスカッションを評価する際,活動の円滑な運営や生徒の発話の公平な機会確保等に重点をおいて教師が司会役を担当する場合と,教師が評価に集中できるよう生徒に司会を任せる場合がある。生徒の実態と評価方法を勘案して決めるとよいだろう。

[例]　簡易ディベート〈実施要領〉

パフォーマンステスト
ディベートをやろう! 　次の要領でディベートを行います。しっかり準備して臨みましょう。暑い夏に,熱い議論を期待しているぞ!

1．実　施　日：○月○日（○曜日）の英語の時間
2．準　　　備：
　□4名のチームを編成する（チーム編成は別紙による）。
　□対戦チームを決定する。くじ引きにより決定します。
　□対戦相手と相談して論題（3．の①〜③）を1つ決定する。
　□「肯定派」「否定派」を決定する。
　□それぞれチームの中の役割分担をする。
　　（ア　第1スピーチ者　イ　質問者2名　ウ　第2スピーチ者）
　　※質問応答はチーム全員で協力する。
　□準備をする。それぞれの主張の根拠となるデータを収集する。各スピーチ者は，自分のスピーチを考え，暗唱で話せるようにしておく。質問者は，相手のスピーチを予想して，質問をできる限り多く用意する。質問は，原則として Yes / No で答えられるものとします。
3．論題（トピック）
　① Junior high school students should not wear uniforms.
　② Junior high school students should bring their own lunch every day.
　③ Every junior high school student must go to high school.
4．活動の進め方
　⑴ 第1スピーチ（①肯定派　②否定派）各2分
　⑵ 作戦タイム2分
　⑶ 質疑応答（否定派から肯定派へ）　3分
　⑷ 作戦タイム2分
　⑸ 質疑応答（肯定派から否定派へ）　3分
　⑹ 第2スピーチ（①肯定派　②否定派）各1分
5．評価について
　ディベートを観察して，次の観点・規準で評価します。

評価の観点	規　　　　準	評　　価
コミュニケーションへの関心・意欲・態度	・間違いを恐れず，英語で自分の考えを伝えようとしている。 ・自分の考えを伝えようと言い換えたり，つなぎの言葉を使ったりしながらコミュニケーションを継続させようとしている。	B・C

表現の能力	・与えられた時間内で自分の考えを整理して話すことができる。	A・B・C
理解の能力	・自分の考えを述べたり，理由付けをしたりする表現について知識がある。	A・B・C

H　レポート，作品制作

　中学校でのレポートや作品制作は，学習する語彙や文法等の関連から，内容的にも限定されたものとなるが，実際の英語使用の機会確保のために積極的に取り入れ，評価資料として活用していく必要がある。

　それぞれの課題を独立した個別のものとして実施する場合と，スピーチやスキット等他の活動と関連させて実施する場合がある。指導計画において，より効率的・効果的な方法により実施することが大切である。

［例］作品制作
〈原稿用紙〉

将来の夢を熱く語ろう！
My Future Dream ....

CLASS:　　　NO.　　　NAME:

※太線枠には，関連する絵や写真等を貼り付ける。
※吹き出し枠には，内容を象徴するようなキャッチーな英文を記入する。

〈制作要領〉

> **パフォーマンステスト（制作）**
>
> 　　　　将来の夢を熱く語ろう！My Future Dream ....
>
> 　作品制作の時間がやって来ます。次の要領をよく読んで，準備をしてください。
> 　評価の対象になりますから，気をつけてね！
> 1．**実 施 日**：○月○日（○曜日）　英語の時間
> 2．**制限時間**：50分
> 3．**ト ピ ッ ク**：「私の将来の夢　My Future Dream」
> 　※「7行スピーチ」で扱った内容をベースにすると楽ですよ。
> 4．**条　　件**：
> 　□ to 不定詞を1回以上使うこと。
> 　□関連する絵や写真等を貼り付けること。
> 　□原稿用紙の最終行まで英文を書くこと。
> 　□雑な作品は，評価を厳しくします。
> 5．**評価について**
> 　皆さんの活動状況及び作品分析から，次の観点・規準で評価します。
>
> | 評価の観点 | 規　　準 | 評　価 |
> |---|---|---|
> | コミュニケーションへの関心・意欲・態度 | ・活動に取り組んでいる。（書いている，書こうとしている）
①活動開始直後：取り組み始めているか？
②活動の中間：条件をクリアしようとしているか？
③よりよい作品（英文）とするよう辞書を使ったり，読みやすくなるよう書き換えたりしているか？ | B・C
※①〜③を目安にして観察の度に○ならばB |
> | 表現の能力 | ・与えられた時間内で，自分の考えを条件に合わせて書いて表現できる。 | A・B・C |
> | 理解の能力 | ・自分の希望や考えを述べたり，理由付けをしたりする表現について知識がある。
・つなぎの表現を知っている。 | A・B・C |

Ⅰ 学習ノート

　生徒の平素の学習状況を評価・評定に反映させるために学習ノートを活用することも考えられる。生徒の学習ノートには，一般的に次の内容が盛り込まれていると考えられる。

- 教科書の本文の写し
- 教科書の本文の和訳
- 新出語句の写しと意味，用例
- 基本文や重要表現の説明
- 授業での活動の記録
- 英語による自己表現（授業で学習した基本文や重要表現をもとにして）他

　これらの中で評価資料として活用できるのは，主に「英語による自己表現」の部分である。その他は学習改善のための指導資料としては使用できるが，予習や復習の活動記録であり実際の英語使用の記録ではないので，評価対象とするには問題がある。
　この「自己表現」の評価においては，次の点に留意する必要がある。

- 自分のこと，あるいは自分と関わりのある事柄について表現できている。
- 単文ではなく，複数の英文で表現できている。
- 評価対象の生徒全員に同じ課題を課し，筆記の時間を確保している。

※特定の生徒が自主的に取り組んでいる場合は，所見（個人内評価）として扱い，評価評定に直接的に反映させない。

(2) **生徒による自己評価と相互評価**

　生徒による自己評価・相互評価の趣旨は，教師が設定する評価規準をよりよく理解し，よりよい学習活動へ移行するための指針を得ることである。よって，例えば「良かった」「もうちょっと頑張って」といった漠然としたものでは自己評価・相互評価のねらいに沿ったものとは言えない。「どんな評価規準に対して，どの点が，どうしてそう判断するのか」を分析的に評価させることが大切である。
　また，教師の評価との整合性を図る（評価規準を一致させる）機会を

設けることが必要である。評価の機会の度に，教師と生徒が評価規準について共通理解し，また，それぞれの評価が妥当かどうかを確認し合うよう心がけたい。

自己評価・相互評価には，学習への意欲付けという機能もある。生徒が自分に合った目標を設定し，その達成度を評価させ，さらに教師が励ますことで，生徒の学習への取り組みは意欲的になることが期待できる。

これらの点から自己評価・相互評価を，積極的・計画的に授業や指導計画に位置づけることは意味のあることと言える。

A カードを利用した自己評価・相互評価
①毎時間の継続的な自己評価・相互評価カード

毎時間の授業を継続的に振り返る一般的な方法として，カードを利用し自己評価・相互評価を蓄積する方法がある。比較的短時間で実施でき，定点観測的に毎授業で常に意識させたい事項への意識付けや意欲高揚を図ることができる。また，回収した後，教師がコメントを加え，フィードバックすることで効果が上がると思われる。反面，毎時間常に授業終了後の数分をカード記入に充てる必要がある，形骸化しやすい，コメント記入など処理に時間がかかる，等の問題点もある。それぞれの教師が，何を重視するかを精査して，カードを利用した自己評価を取り入れるかどうかを判断することになるが，「多くの先生がやっているから…」と具体的なねらいを持たずに形式的に取り組むことは避けなければならない。

②活動（テスト）毎の自己評価・相互評価カード

評価・評定の資料となるような個々の活動やテスト毎にカードを利用して自己評価・相互評価させる方法もある。個々の活動やテストに特定して行う評価であるため，より分析的に振り返る機会となり，次からの学習改善に向け，より直接的に反映されることが期待できる。反面，この種のカード相互の関連性を持たせることや管理方法には課題がある。活動毎に整理してファイリングさせ，それまでの記録を通して振り返らせる等の指導が必要になる。

[例①] 自己評価・相互評価カード（レッスン毎）

自己評価・相互評価カード

授業を振り返ろう！

LESSON （ 4 ） "*Miki Goes to New York*"

目　標：①英語で道案内ができる。
　　　　②未来を表す文の形式を理解する。
あなたの目標：地図を見せながら簡単な道案内ができるようになる。

月日	関心・意欲・態度	表現	理解	言語・文化	友達からの評価とコメント	サイン
6月20日	A・Ⓑ・C	Ⓐ・B・C	A・Ⓑ・C	A・Ⓑ・C	Ⓐ・B・C はっきり話せてたよ！ by 咲	青野

このレッスンをまとめると？

関心・意欲・態度	表現	理解	言語・文化
Ⓐ・B・C	Ⓐ・B・C	A・Ⓑ・C	Ⓐ・B・C

後半になって，自信が出てきて自分から話せるようになった。地図があれば，だいたいの道案内ができるようになったと思う。でも，John 先生の道案内を聞いて，ちゃんと理解できてるか不安はある。Will や be going to の文の決まりがわかった。

［例②］会話テストの自己評価カード

会話テスト自己評価カード

道案内をしよう！

学年・組：2年C組　氏名：青山　遥介

観　点	評価の内容	自己評価	先生の評価
関心・意欲・態度①	自分から話を進めようとしましたか？	Ⓐ・B・C	Ⓐ・B・C
関心・意欲・態度②	不自然な間をおかず，会話を続けようとしましたか？	Ⓐ・B・C	Ⓐ・B・C
表現の能力①	内容を整理して，相手にわかりやすく話せましたか？	Ⓐ・B・C	A・Ⓑ・C
表現の能力②	道案内の表現（turn right / left, You are here. など）を使うことができましたか？	Ⓐ・B・C	Ⓐ・B・C

次に頑張っちゃおう！と思うことを書きましょう。
　今回は，いくつかのパターンを予想して準備してあったので，けっこうスラスラできた。とっさに聞かれてもスラスラできるようにしたい。発音がだめだった。

（先生から）
よく準備できていました。現在地を確認してから案内しないとわかりにくいですね。発音は気になりませんでした。自信を持って！

③挙手や口頭コメントによる自己評価・相互評価

　授業中の主な活動の後や，発表等の後に，挙手や口頭コメントによる自己評価・相互評価することもある。即時性がありごく短時間で実施できること，また，教師と生徒のインタラクションが図れることから，まさに指導に直結した評価活動と言える。

［例］生徒Aが「将来の夢」という題でショートスピーチをした時の相互評価

生徒A：… That's all. Thank you.（スピーチ発表の終了）
（クラス全員で拍手）
教　師：今のA君の発表の評価はA，B，Cのどれですか。手を挙げてください。
　　　　Aだと思う人は？（ほとんどが手を挙げる）
　　　　Bだと思う人は？（数名が手を挙げる）
　　　　Cだと思う人は？（少数が手を挙げる）
　　　　AをつけたO君，どこが特によかったか理由を話してください。
生徒O：文章がわかりやすく整理されていたと思います。発音もきれいでした。
教　師：はい，その他特によかった点を言える人はいますか。…。Pさん。
生徒P：原稿を持たないで，私たちと目を合わせようと見渡していました。
教　師：では，BをつけたQさん。どこを直せばAになりますか。
生徒Q：何となく…。
教　師：Qさん，ありがとう。でも，先生がいつも言っているスピーチの目標を考えながら聞いていないと，自分の力もつかないから，気をつけてくださいね。
　　　　　私はA君のスピーチを「A」と評価します。目を合わせようとしていたこと，内容が整理されていて，聞き手の興味を引くために質問からスピーチを始めたこと，発音も，単語と単語のつながりを意識して実際に英語らしい発音ができていたことなどが理由です。…

(3) ポートフォリオによる評価

　生徒の日頃の学習を記録し，生徒の学習を励ます方法の1つにポートフォリオ評価がある。ポートフォリオとは，もともと，「折りカバン，書類ばさみ，作品集」等を示し，作品等を保管するもののことである。それを学習評価に応用したものがポートフォリオ評価で，「1人1人の生徒の学習過程や成果に関する情報や資料等を，長期にわたって集積したものを基にした評価」と定義付けすることができる。ポートフォリオ評価は，テスト等による客観的評価とは異なり，事実に基づく主観的評価で，個々の生徒が目指す方向性を探るための方策と言える。この点から，英語学習におけるポートフォリオ評価は，個人内評価の一部と捉えられるべきもので，そのまま評定に反映されるものではないことに留意する必要がある。

A　ポートフォリオ評価のねらい

　ポートフォリオ評価の主なねらいは，次のようにまとめることができる。

　○生徒の成長と進歩を評価することができる。
　○教師は指導計画や指導方法を評価し改善することができる。
　○生徒は自分の学習を振り返り，学習課題を明確にすることができる。

　生徒の「生」の資料を長期にわたって集積することで，標準化されたテストによる評価を補完し，妥当な評価を推進することが可能になる。

B　ポートフォリオ評価の方法と活用及び留意点
①資料の収集
　英語学習における収集資料として，次のものが考えられる。
○生徒の作品
　・生徒の作品：制作物，レポート，英作文，音声データ（テープやメモリ），発表ビデオ，発表用原稿等
　・自己評価・相互評価の記録：自己評価・相互評価カード，チェックリスト等

○教師の評価記録
  ・テストの結果：小テスト，定期テスト，実力テスト，単元テスト等
  ・パフォーマンステストの結果：インタビューテスト，スピーチ，音読テスト，スキット，ディスカッション等
  ・観察の結果：所見，生徒の応答メモ，授業ビデオ等

②資料の蓄積・整理・取捨選択
　教科の目標や指導計画に基づいて，何をどのような形で収集し資料とするかを年度や学期の当初に明確にしておくことが必要である。その上で，対象となるものをしかるべき形で，ファイルや個人用ボックス等に時系列で保存していく。
　ある一定の期間（たとえば月毎等）で，蓄積された資料を，改めてねらいに即して整理，取捨選択し，評価の資料としてのポートフォリオを作成する。
　さらに，学期末や学年末に，それまでに蓄積・整理・取捨選択した資料を，評価する目的に照らして再度見直して，評価の対象にするものを精査した上で整理する。これをその学期・学年のポートフォリオ完成版として，学期・学年の評価・評定を補完する資料として，生徒に保管させる。

③ポートフォリオを用いた検討会
　ポートフォリオ評価は，従来の教師による一方的な評価に代えて，学習の主体者である生徒を評価の主体として捉え，教師と対等な立場で参加させていこうという発想に基づくものである。そこで，蓄積・整理されたポートフォリオをもとにして，教師と個々の生徒が定期的に検討会（面談）の機会を設定することが望ましい。その場では，資料をもとにして，学習や指導の過程を振り返り，次に努力するべき目標等について具体的に明確化していく。この検討会を，教師は学習者の学習を改善するばかりでなく，学習者を励ます機会として活用し，指導と評価の一体化を推進することができる。

3 ◆ ペーパーテスト（Achievement Test）

　教師が意図した学習が，生徒によって適切になされたかをチェックする方法にペーパーテスト（Achievement Test）がある。
　ペーパーテストには，次のような利点がある。
　○パフォーマンステスト等の代替アセスメントに比べ，手間がかからない。
　○適切に作成・実施すれば，客観性の高い評価が可能になる。
　○観察回数が少なくて済み，実施後のデータ処理が簡単である。
　加えて，いわゆる定期テストのような評価対象者全体に対する一斉テストについては，
　○同一問題を評価対象者全員に対して一斉に実施できる。
という利点がある。
　これらの利点を生かし，適切な評価が行われるよう，本節ではペーパーテストをどのように設計，作成，活用，管理すればよいかについて，主にいわゆる定期テストを想定して解説する。

(1) 定期テストの設計

　学習指導要領に基づく評価・評定の枠組みにおいては，定期テストもまた，観点別の絶対評価が可能なものであることが原則になる。この点から，従来頻繁に用いられてきた統合的テスト（Integrative Testing，いわゆる「総合問題」）は，1つの問題に複数の観点を測る，あるいは測ろうとする観点が不明瞭な問いが混在するため，評価・評定の資料としては適切とは言えない。
　4つの観点をすべてペーパーテストである定期テストで測ろうとすることも避けなければならない。例えば，「表現の能力」の内，「話すこと」はペーパーテストで測ることは不可能である。それぞれの観点，内容のまとまりに応じた適当な評価方法を効率的に配置した計画を立てるよう留意することが必要だろう。
　さらに，形式上観点別テストにはなっているものの，その観点の趣旨に合致しない問題が作成されている例も頻繁に見られる。実際の作成に当たっては，1(1)Bを参照し，妥当性について検証したいものである。

A　テスト計画

　学期毎の指導・評価計画を立案する際に，具体的な評価方法についても計画することが大切である。定期テストのように一斉で行う（行わなければならない）ペーパーテストで取り扱う内容を精選し，定期テストの利点を最大限に生かすように計画する。

　定期テストの実施は，基本的には，各学校の教育課程に則って行われるものである。最近では，定期テストの回数を減らしたり，廃止したりする学校も出てきている。しかし，評価対象者全員に対して公平に実施できる機会としての一斉テストが，英語科としてどうしても必要であると判断した場合は，教科として要望していくことになる。

　回数は，評価の客観性を高めるという点からは，できる限り多い方が望ましいが，指導時間の確保等を考慮すると，現実的には学期に2回程度が限度である。学期の日数にもよるが，できる限り複数回の実施をすることが望ましいと思われる。

B　テストデザイン

　ペーパーテストを作成する前に，指導計画に基づいて，学期，学年，さらに3年間を見通したテスト計画を作成することが大切である。何をどの時点で評価するかを明確にしないことには，適切なテスティングが行われることはない。

　ここでは，テストデザイン（設計図）の手順について説明する。

①観点の設定と配分の決定

　まず，どの観点をどの配分で評価するかを決める。この際に，一斉テストで測ることが適当な観点を多めに，他の評価方法でも測定することが可能な観点を少なめに，また，テスト範囲に該当する期間で重点的に扱った観点や内容のまとまりを多めに配分する等，考慮して決定する。次頁の例のように，表にして整理するとよいだろう。

②テスティング・ポイントの設定

　各観点で具体的に何を測るのかを決める。この段階で設定するテスティング・ポイントそれぞれが，テストでの大問1つに相当する。

[例] 観点の設定と配分（2年2学期中間テスト）

観点	内容のまとまり 等	配　分
表現の能力	書くこと	20％
理解の能力	聞くこと	20％（注1）
	読むこと	30％（注2）
言語・文化についての知識・理解	言語についての知識（文法・語彙）	30％（文法20％・語彙10％）
	文化についての知識・理解	0％（注3）

（注1）（注2）このテスト範囲では，指導計画上「読むこと」に重点を置くレッスン（課）が大きな部分を占めるため，「理解の能力」の内，「聞くこと」よりも「読むこと」の配分を多くしてある。

（注3）このテスト範囲では，「文化についての知識・理解」に該当する指導内容がないため配分しない。

[例] テスティング・ポイント

- 未来を表す表現を使って，週末の予定について書くことができる。（表現の能力：書くこと）
- 未来の内容（予定）についてのスピーチを聞いて，概要を正しく理解できる。（理解の能力：聞くこと）
- 電子メールの英文を読んで，概要を正しく理解できる。（理解の能力：読むこと）
- 適切な助動詞を選択できる。（言語についての知識・理解：文法）
- 場面に応じて正しい慣用表現を選択できる。（言語についての知識・理解：語彙）

　また，この時に，各観点（大問）のテスト上の配置についても検討しておきたい。同じ観点を1つのブロックにまとめておくと，生徒にとってわかりやすい配置になると共に，教師にとっても採点等テスト実施後の処理が容易になる。

③問題数の設定
　問題数を設定する際には，全体の問題数（質・量）と各大問中の問題数（質・量）について検討する。
○全体の問題数
　　大問毎に各観点のテスティング・ポイントを設定しているため，評価対象者が時間内にすべて解答し終えられるか留意して問題数を決める。問題数が多くて取り組む時間が足りない大問があると，その大問のテスティング・ポイントが正確に測定されない可能性がある。足りなかったのが解答する・時・間・なのかあるいは解答する・力・なのかの違いは，目標に準拠した評価においては重要な意味を持つ。信頼性・妥当性の高い評価をするためには，むやみに問題数を増やして，・見・か・け・上・の・困・難・度を上げようとするようなことは絶対に避けなければならない。
○各大問中の問題数
　　テストの客観性・信頼性を確保するためには，大問中の問題数はテストの総問題数を考慮した上で，できる限り多く設定することが望ましいだろう。問題の質や解答方法にもよるが，4～6問程度，最低でも2問以上を設定する必要がある。ある観点を測る問題が1問しかない場合，その問題が正解できるかどうかは，偶然によるところが大きくなるからである。

④配点
　従来のテストでは「100点満点」が当たり前だったが，目標に準拠した評価においては，必ずしも100点である必要はない。評価者である教師にとって必要なのは総合点ではなく，観点毎の達成度であるからだ。
　しかし，生徒や保護者にとっては，全体の到達度という点から「100点満点」が理解しやすいと思われる。また，学級編成や進学指導において「集団に準拠した評価」として定期テスト等の結果が利用されることも考えられる。この場合は，他教科との統一性から100点満点であることが求められるので，学校・学年のシステムに合わせるようにする。
　100点満点であるとして，1回のテストの配点を考える際，「そのテストで何に重点を置いて測定しようとしているか（＝観点・内容のまとまりの優先順位に基づく配分）」ということを配点に反映させるのが原

則だろう。例えば，「表現の能力」「書くこと」を重点的に指導した課がテスト範囲の大きな部分を占める場合には，そのテストでは「(書くことで) 表現の能力を測る問題」の配点が多くなることが考えられる。

(2) **定期テストの作成**

上記のようなテストデザインに沿ってテストを作成する。その際，次の点に留意したい。

①明瞭・明解な指示文にする。
②英語以外の要素により，生徒に負担をかけないようにする。
③多肢選択問題では，偶然による正解の確率を減らすため，選択肢は4つ以上にする。

また，生徒にとって取り組みやすい形式上の問題配置（1つの大問が表裏に渡って印刷されることがないように等）や，解答及び採点しやすい解答用紙の作成等にも配慮することが必要である。

次に，実際に観点別の問題を作成する時の留意点について，よく見られる不適切な問題，また適切な問題の特徴的な例を挙げて説明する。

A 表現の能力を測る問題

「表現の能力」を測る問題では，当然「実際に表現させること」が大原則になる。定期テストのようなペーパーテストでは，必然的に「書くこと」を扱うことになる。

ただし，コミュニケーションに必要な表現の能力を測るという点からすると，正解は必ずしも1つに限定されるものではない。例えば，「ジョンの趣味は釣りです」という内容を伝える場合，"John's hobby is fishing."の他，"John likes fishing." "John often goes fishing. He likes it." "John enjoys fishing."等いくつかの表現で伝えることができる。そのため，問題作成に当たっては，評価規準（基準）と予想される解答例について十分に検討しておく必要がある。

さらに，他の観点と比べ，生徒にとっては解答するのに，また，教師にとっては採点するのに時間がかかることにも留意が必要である。問題数，配置，配点，採点の方法等についても配慮したい。

[例①] よく見られる不適切な問題例

〈「表現の能力」を測る問題〉——規準：正しい発音ができる。
1．次の各組の語の下線部の発音が同じならば○で，異なれば×で答えなさい。
　(1) ant — aunt　　　　　(2) long — wrong
　(3) played — used
2．次の文を発音する時，どの部分を最も強く発音すればよいか，それぞれ１つ選び，記号で答えなさい。
　(1) A: What time did you get up this morning?
　　　B: I got up at seven o'clock this morning.
　　　　ア　　イ　　　ウ　　　　　エ

　１，２ともに，実際に発音させないため，「表現の能力」を測る問題としては適切とは言えない。むしろ，表現する際に必要な知識を測るものと捉え，「言語についての知識」を測る問題とすべきだろう。
　また，１(1)については，ant の発音には，〔ɑːnt〕も〔ænt〕もあり得るので正解が存在しない，同(2)については，スペリングだけでも正解が導ける，２(1)については，Aの発話の意図により正解が複数存在する等の問題点も見られる。

[例②] 適切な問題例

〈「表現の能力」を測る問題〉
　　　——規準：自分の伝えたいことを適切に伝えることができる。
1．次の(1)(2)の質問に対して，自分の考えをそれぞれ２つの英文で書きましょう。※１つの英文は，３語以上で構成すること。
　(1) Do you like to living in your town, Hasuda?
　(2) Where do you want to live in the future?
2．あなたはアメリカのメール友達 John（ジョン）に夏休みの過ごし方についてのメールを書きます。下のメモの内容が John に正確に伝わるような英文を書きなさい。

> 〈メモ〉 ○8月に1週間，長崎のおじさんの家に滞在する。
> ○長崎では釣りを楽しみたいと思っている。
> ○読書をたくさんしたいと考えている。

B 理解の能力を測る問題

　この観点では，「読むこと」「聞くこと」を扱う。

　どの生徒にとっても「初めて読む・聞く」英文を用いることが原則である。既に習った教科書の文をそのまま使うことは避けるべきだろう。教科書の内容と関連づけたい場合は，テスト用に rewrite したり，関連する英文を他の教科書などから引用することも可能である。

　また，特定の内容に偏り，生徒の知的背景が解答に大きく影響するような英文も避けなければならない。例えば，ある特定のコンピュータ・ゲームをトピックとする英文を取り上げ，そのゲームについて豊富な知識がある生徒が容易に解答できるような問題を作成する等である。

　次頁の例③は従来のテストでは頻繁に用いられたいわゆる「総合問題」である。この形式の問題は，集団に準拠した評価（いわゆる相対評価）においては，その目的にかなうものであり，現在でも，特に私立高校の入試ではよく用いられている。しかし，観点別の目標に準拠した評価では，適切とは言えないだろう。

　問題なのは，まず，1つの大問に複数の観点が包含されている点である。特に，「理解の能力」を測る問題であるにもかかわらず，その他の観点を測る問題がある。例えば，(1)(3)は，「言語についての知識」を測る問題に分類されるべきものだろう。

　また，すでに授業で学習した英文をそのまま用いていることにも問題がある。授業では，TFクイズやQ&A等の活動を通して，その英文について全生徒が一通り理解しているという前提があるはずだ（理解ができていなければ補うのが教師の仕事と言えるだろう）。その場合，(2)(4)は，英文を理解できるかどうかを測るというより，「授業でやったことを覚えているかどうか」を確認しているに過ぎなくなる。

　これらの点から，このような問題は適切とは言えないだろう。

[例③] よく見られる不適切な問題例

〈「理解の能力」を測る問題〉
　　　　　　　　　　　　——規準：英文の内容を正しく理解できる。
次の対話文を読んで，各問いに答えなさい。
　　　Ken: You have a lot of CDs! Do you like music?
　Nancy: Yes, I do. I play (　①　) piano. How (　②　) you?
　　　Ken: I play (　①　) guitar. Nancy, is this your sister?
　Nancy: No. She is my friend. I don't have any ③sister. ④She is in Canada.
　　　Ken: I see. Do you have any brothers?
　Nancy: Yes, I do. I have one brother. He is in France.

(1) (　　) ①，②に適する語をそれぞれ1つずつ正確に書きなさい。
(2) 下線部③を正しい形にしなさい。
(3) 下線部④ she は具体的に誰を示すか，文中の登場人物で答えなさい。
(4) 次の英文ア，イ，ウがそれぞれ英文の内容に合っていれば○，合っていなければ×で答えなさい。(選択肢は省略)

(※英文はテスト範囲の教科書本文をそのまま引用するものとします。)

[例④] 適切な問題例

〈「理解の能力」を測る問題〉
　　　　　　　　　　　　——規準：英文の概要を正しく理解できる。
次の対話文を読んで，各問いに答えなさい。
Taro: I have two Chinese friends.
Bill: Really? Are you good friends?
Taro: Yes, we are. We play tennis every Sunday. They are very good tennis players. Bill, let's play tennis together this Sunday.
Bill: OK. What time?

```
Taro: Well, from ten to eleven in the morning.
Bill: Sorry. But I go to church on Sunday morning. Let's play
      after that.
Taro: OK. Please come to my house after lunch.
Bill: OK. By the way, do you and your Chinese friends talk in
      Chinese?
Taro: No, we don't. I study Chinese at school but I can't speak it.
      So we usually use English, and sometimes Japanese. They
      speak well.
Bill: Oh, they speak three languages: (_____) (_____) and
      (_____).
Taro: That's right.
```

(1) 文中の(_____) (_____) and (_____)の(   )内には3つの言語が入ります。その3つの言語を英語で書きなさい。
(2) 次の①②について，英文の内容に合っているものを1つずつ選び，記号で答えなさい。
　① ア　TaroとBillは今度の土曜日の午後にテニスをする。
　　 イ　TaroとBillは今度の日曜日の午前10時から12時にテニスをする。
　　 ウ　TaroとBillは今度の日曜日の午後にテニスをする。

第5章 評価

C 言語や文化についての知識・理解を測る問題

　コミュニケーションが成立するために必要な言語や文化についての知識・理解であることをしっかり確認して問題作成するよう留意したい。単に語彙や文法について知識があるかどうかを測るのではなく，実践的コミュニケーション能力の育成という視点も必要になる。

　教科書の内容に関するものであっても，他の教科で測るべきものは英語のテストで問うことは適切でない。(p.255, 1.(1) C ④参照)

　また，次の例⑥の(1)のような問題は，ステレオタイプ的誤解を生徒に植え付ける可能性があるため避けたい。

[例⑥] よく見られる不適切な問題例

〈「文化についての知識・理解」を測る問題〉
　　　　　　　——規準：韓国文化について基本的な知識がある。
韓国について書いてある次の(1)から(5)の内容が正しければ○，正しくなければ×でそれぞれ答えなさい。
　(1)韓国の人はキムチが好きである。
　(2)「こんにちは」は韓国語では「アンニョハシムニカ」である。
　(3)韓国と北朝鮮は，北緯37度線で隔てられている。
　(後略)

[例⑦] よく見られる不適切な問題例

〈「言語についての知識」を測る問題〉
　　　　　　　——規準：基本的な表現について知識がある。
次の各組の英文がほぼ同じ内容になるように書き換える時，（　　）に適する語を1つずつ書きなさい。
(1) His father is going to play the game with John this afternoon.
　= His father (　　　) play the game with John this afternoon.
(2) Saki likes *Anne of Green Gables*.
　= Saki's (　　　) (　　　) is *Anne of Green Gables*.

　比較的作成が容易で，テスティング・ポイントを限定しやすいため，頻繁に用いられる問題形式である。言語についての知識を測ろうとする意図は理解できる。
　しかし，各組の表現は必ずしも同じ内容で用いられるものではない。また，コミュニケーション能力を育成するという学習指導要領の趣旨から考えると，その目標に合うとは言い難い。これらの点から，このような問題は適切な問題とは言えないだろう。

[例⑧] 適切な問題例

〈「言語についての知識」を測る問題〉

> 1．次のそれぞれの対話文中の（　　）に適するものを，ア～エの中から1つずつ選び，記号で答えなさい。
> 　　　　　　　　――規準：文に適した表現を選ぶことができる。
> (1) A：Hello. May I speak to Mr. Safford, please?
> 　　B：Sure. (　　　　　　　　)
> 　　ア　Of course, you may.　　イ　You have the wrong number.
> 　　ウ　I can take your message.　エ　Just a minute.
> （後略）
> 2．次の日本語の表す英文として，正しいものを1つ選び，記号で答えなさい。
> 　　　　　　　　――規準：文構造について知識がある。
> (1)もし明日雨が降ったら，私は家にいます。
> 　　ア　If I will stay home, it is rainy tomorrow.
> 　　イ　It is rainy tomorrow if I will stay home.
> 　　ウ　I will stay home if it is rainy tomorrow.
> （後略）

(3) 定期テストの活用

　定期テストの結果は，評価・評定に使用される他，指導法の改善また生徒の学習改善のための資料として活用できる。

　ここでは，生徒が定期テストの結果を振り返り，自分の学習改善の指針を得られる「自己評価カード」の例を示す。

[例] 自己評価カード

No	評価規準（何をテストしているか？）	配点	得点	観点別評価	
1	質問の答えになる内容を聞いて理解できる。	10		聞くこと/20	理解

期末テストを振り返ろう！

年　　組　　氏名＿＿＿＿＿＿＿＿

2	まとまりのある英文を聞いて，主な内容が理解できる。	10		
3	まとまりのある英文を読んで，主な内容が理解できる。	10	読むこと/20	
4	対話を読んで，主な内容が理解できる。	10		
5	文法に従って正確に書くことができる。	10	書くこと/30	表現
6	将来の夢について，まとまりのある英文を書くことができる。	20		
7	場面に適した表現を選択することができる。	10	文法・語彙/20	知識
8	未来を表す表現，慣用表現について知識がある。	10		
9	英文の手紙の形式について知識がある。	10	形式/10	

〈観点別評価〉あなたの達成度は？（当てはまるところに○をつけてね！）

聞くこと	A：16〜20	B：10〜15	C：0〜9
読むこと	A：16〜20	B：10〜15	C：0〜9
書くこと	A：16〜20	B：10〜15	C：0〜9
文法・語彙	A：16〜20	B：10〜15	C：0〜9
形式	A：16〜20	B：10〜15	C：0〜9

これからどうする？

今回のテスト結果を振り返って，どのようにこれからの学習に取り組んでいきますか？具体的に書いてみましょう。

----

(4) 定期テストの管理・共有

　一斉テストとしての定期テストは，他の評価資料とは異なり，実施されるまで問題流出があってはならない。そのため，未実施のテストの管理に当たり，次の点に十分留意する。

　○データの厳重な管理。（ネット接続されていないコンピュータでの管理，外部記憶媒体に保存し金庫等施錠できる場所で保管する等）
　○印刷されたテストの厳重な管理。（金庫等施錠できる場所で保管する，印刷機の原版の廃棄等）
　○テスト作成で使用した資料等の廃棄や保管。

　定期テストには，学習者を定点観測的に評価するためのツールとしての性質もある。例えば，「自己紹介文を書く」等の表現の問題を毎回出題し，個々の生徒や学習集団全体の変容を追ったり，特定の文法事項や表現，あるいは技能（例えば，「数字を正しく聞き取る」等）に関する問題を継続的に出題して，定着度合いを測ったりすることが考えられる。

　また，他学年の同時期における到達度と比較することにより，その学年集団の全体的傾向や特徴を把握でき，指導法の改善に資することもできるだろう。

　さらに，ある一定のフォーマットによって作成したテストを継続して実施・蓄積していくことにより，テストの妥当性・信頼性が高まることが期待できる。

　これらのことから，実施した定期テストを教科として共有することは有意義なことであると言える。そこで，次の点に留意して，教科で保管・共有するとよいだろう。

　○教科で共有する引き出しやキャビネット等に実施したテスト（リスニング問題CD等）を，1つのファイルにまとめて整理して保管する。
　○テスト作成のデータは教科の共有コンピュータ（あるいは外部記憶媒体）に，整理して一括して保存する。
　○テスト結果（学年の平均点等学年の特徴を示すもののみとし，個人データは除く）や実施上の問題点（改善点）をそれぞれのテストのフォルダに合わせて保存・保管する。

4 ◇ 指導・評価計画について

　指導と評価の一体化を推進するためには，指導計画と評価計画を密接に関連づけて作成する必要がある。この作成に当たっては，3年間の指導・評価計画と，各単位時間の授業での指導・評価計画が系統性を持つように留意することが大切だ。
　次に各段階の関連を示す。

---

① 3年間の到達目標（学習指導要領にある目標を具体的に示したもの）
　　　　　　↑　↓
② 各学年の到達目標（①に至るために各学年に適した段階的目標を具体的に示したもの）
　　　　　　↑　↓
③ 各学期の到達目標（①②を達成するために必要なコミュニケーション活動の設定とその評価規準等の設定）
　　　　　　↑　↓
④ ア．各単元の計画（レッスン・課の比較的短いスパン）
　　イ．各活動の計画（コミュニケーション活動の比較的長いスパン）
　　　　　　↑　↓
⑤ 1単位時間の授業の計画（実際の指導と評価資料の収集）

　年間指導計画については，教育委員会への提出が義務づけられていることもあり，ほとんどすべての学校において作成されていると考えられる。また，シラバスとして，保護者・生徒にわかりやすい表現で配布・公表している学校も増えている。
　しかし，より具体的に指導内容や評価について示す，各学期の指導計画・評価計画（p.301～例参照）が作成されている例はまだ少ない状況にある。前述の説明責任を果たすためには有効な資料となるものと考えられるため，整備していく必要があるだろう。

平成○○○年度 第1学年英語科 第2学期学習・評価計画表

プログラム/テスト	主な言語材料	主な学習活動	主なテスト・提出物等	観点別配点 関 表 理 言
Program 6 **同じこと、 違うこと**	<新出文型> $1 三単現のs（肯定文） $2 〃（疑問文・否定文） $3 Whoの疑問文 <重要表現> $1 every morning $2 You're welcome. $3 By the way 　　No kidding!	□「大事なことは強調さないでね！６行スピーチ」 Yeahh!!!『ぼくのわたしのおとうだち…』 →毎時間短いスピーチを作成して発表する。（毎時間２名が発表する）→★「伝説の第１回スピーチ大会」！ □**とにかくいっぱい読んじゃおう！**（"三単現のs" 編：他の教科書を読んでみよう！） ★「This Is My Buddy！」（英語で友達紹介） □ Questions and Answers をして文をまとめよう！ （作品制作：友達にインタビュー して英文をまとめる） □本文の内容理解 音読（声を出して教科書 を読むこと）、基本文や重要語句について 説明を聞いたり、練習する □小テスト	☑ 授業内観察 □ 小テスト □「This Is My Buddy」(英語で友達紹介) □「伝説の第1回スピーチ大会」！	○○○ ○○○ ○○○
ノート点検①			☑ ノート点検 □ 第1回復習テスト	○○
第１回復習テスト	□ Program 5, Program 6 □ Program 1〜5	□ ワークの問題 □「あしたのために…その３」（課題自由英作文）		
Program 7 **タコマの牧場で**	<新出文型> $1 所有格（〜's） $2 Whoseの疑問文 $3 Howの疑問文 <重要表現> $1 Here's…. 　　I'm sorry. $2 try 〜 on…. $3 take care of 〜	□「初任を買ってみよう！」（対話練習：ロール・プレイング） □ 基本文の暗記テスト！（whose、〜'sを使った文型練習） □**とにかくいっぱい読んじゃおう！**（他の教科書を読んでみよう！編） □「Johnny's cafeにて…」（毎時間少しずつグループで の残像会話練習をし） →与えられたビッグについて３〜４人のグループで 自由会話を楽しみます。（積極性が大切ですっ！） ★「ALTの先生と会話を楽しむ！」（グループ会話） ★作品制作（題材は未定）で評価します。 □本文の内容理解 □ VTR視聴 □ 音読（声を出して教科書を読むこと） □ 基本文や重要語句についての説明を聞く	☑ 授業内観察 □ 小テスト □ 「ALTの先生と会話テスト」（グループ会話） □ 作品制作 ★小テスト	○○○

> 今学期も個別に
ALTの先生と対
話する機会を設け
ていきます。積極
的に取り組もう！

> 作品制作は会話テス
トの"裏番組"とし
て取り組みます。集
中力がポイント！

第5章 評価

Program 8	〈新出文型〉	□「Gestureでゴー！」(現在進行形を使った文型練習)	□授業内観察
Eメールを書こう	現在進行形	★「Johnny Thunder ①」(個人面談)	□小テスト
	§1 (肯定文・疑問文)	□「ALTの先生との会話テスト」(個人面談：切符を買おう！)	□「Dear My friend ....」
	§2 〃 (否定文)	□「顔文字解読術」	□音テスト
	§3 代名詞の目的格	□「Eメールを書いてみよう！」→「Dear My Friend....」(手紙文を書く)	□「ALTの先生との会話テスト」(個人面談：切符を買おう！)
	(him/her等)	※このプログラムは音読に重点を置いて学習を進めます！(□シャドウイング ☑emotional reading	□「Johnny Thunder ①」(個人面談)
	〈重要表現〉	□行読み 等)	
	§2 □Thank you for ～	□音読み→□音読テスト	
	□with love	□音読は、声を出して教科書を読むこと	
	§3 □talk about ～	□基本文や重要語句についての説明等	
		★小テスト	
		□VTR視聴	
		□本文の内容理解	
ノート点検テスト	□Program 7, Program 8	□放送問題	☑ノート点検
中間テスト	□Program 6・7・8	□ワークのために....(その4)	□中間テスト
		□「あしたのために....(その4)」	
		□「音楽」「スポーツ」「テレビ」から一つ選んで	
Program 9	〈新出文型〉	□「ケンジの秘密....」	□授業内観察
カードをもらって	§1 一般動詞の過去形	□ショート・スキット作成委員会！	□小テスト
うれしいな	(肯定文)	□毎時間短いスキットを作成して発表する。(毎時間	□「栄光の第1回スキット・コンテスト」(個人面談)
	§2 〃 (疑問文・否定文)	代表チーム2名が発表する)	□「Johnny Thunder ②」(個人面談)
	(疑問文) Where等の疑問文	★「栄光の第1回スキット・コンテスト」(個人面談：トピックを選んで自由会話)	**□英字新聞１号**
	〈重要表現〉	→「なきり日記」("有名人の日記をえらく日記に活用)	
	§1 □Happy birthday.	→「人生委員長の日」(一般動詞の過去形を使って日記	
	□stay with ～	を書く)	
	□next door	(□日本全国・温泉巡り) (where を使った対話練習)	
	□That's right.	□恐怖の暗記カテスト！(where を使った対話練習)	
	□Come on.	□VTR視聴	
	§2 □many kind of ～	□音読、声を出して教科書を読むこと	
	§3 □I see. □Thanks for ～	□基本文や重要語句についての説明等 ★小テスト	
		□(個人面談：「ALTの先生との会話テスト」	
		□「Johnny Thunder ②」：トピックを選んで自由会話	
		(個人面談))	
読解テスト		(教科書やワークを離れた英文を使ったテストです。)	☑読解テスト
リスニング・テスト			☑リスニング・テスト

> 英字新聞のネタは普段から集めておきましょう！授業で一度書いた記事を活用しましょう！

期末テスト③	□Program 9 □これまで学習した内容	□放送問題 □ワークの問題 (Program 9) □「あしたのために…その5」(課題自由英作文) 最良の日(一般動詞の過去形を使って)	☑期末テスト「人生」
ノート点検③	□Program 9		☑ノート点検③
Program ○ Let's Save the Earth.	〈新出文型〉 §1 When の疑問文 §2 can の文(肯定文・否定文) §3 〃 (疑問文) 〈重要表現〉 §1 next time §2 Here it is. this way §3 turn down	Program 10 は 3 学期の評定に入りますが、時間がある限り進めていきます。	○○○ ○○

※注：これはあくまでも「計画」です。進度やその他の事柄によって、活動を新たに加えたりカットすることがあります。
※「観点別評価」の網掛の意味は次の通りです。[関]=コミュニケーションの関心・意欲・態度、[表]=表現の能力、[理]=理解の能力、[言]=言語や文化についての知識・理解。

平成○○年度 2 学期の評価の方法について

通知表の「観点別評価」は次の方法で行います。これは、「観点別評価」と呼ばれるものです。これは、あなたの学習状況を他の生徒と比べるというものではなく、各個人が「どれくらい目標を達成できたか」といういわゆる絶対評価で、4つの観点ごとの目標に照らした評価で評価するものです。授業における学習活動、テスト、作品制作・提出等のねらいをよく理解し、積極的に努力を進めていきましょう。
下の表中に示す「評価の機会」で評価の得点を集計して[A][B][C]の3段階の評価を行います。

評価の観点	コミュニケーションへの関心・意欲・態度 「聞くこと」「話すこと」「読むこと」「書くこと」	表現の能力		理解の能力	言語や文化についての知識・理解
		正確さ 「話すこと」「読むこと」(音読)	「話すこと」「書くこと」	正確さ 「聞くこと」「読むこと」	言語についての知識 「聞くこと」「話すこと」「読むこと」「書くこと」
評価の際の視点(評価規準) 言語学習への取組	□協力してペアワーク等に取り組める。 □うなずいてメモを取りながら聞いたり、読んだりしている。 □聞いたり読んだり内容について確認したり、感想や意見を述べたりしようとする。 □問題を恐れず、自分の考えを話したり書こうとする。 □必要に応じて辞書を活用している。	□正しい強勢、イントネーション、区切り等に従って正しく話したり音読できる。 □文法に従って正しく話したり書いたりできる。 □伝えたい内容を、話したりしたりして相手に正しく伝えることができる。 □場面に応じて語句や表現、文章形式等を適切に選ぶことができる。		□強勢、イントネーション、区切り等を聞き分けることができる。 □聞いたり読んだりした英文の大切な部分を正しく理解することができる。	□語句や文、音の変化等についての知識を身に付けている。 □状況や場面による強勢やイントネーションの違いを理解している。 □場面や状況に応じた表現を知っている。 □文構造や符号や文字標記等についての知識がある。	言語についての知識 □語句や文、音の変化等についての知識を身に付けている。 □状況や場面による強勢やイントネーションの違いを理解している。 □場面や状況に応じた表現を知っている。 □文構造や符号や文字標記等についての知識がある。

第 5 章　評価

	コミュニケーションの継続	適切さ	適切さ	文化についての理解
	□わからないところがあっても、推測したり、辞書を利用して聞いたり読んだりすることを続ける。 □わからない表現があっても、相手に理解してもらおうと工夫して話したり書き続けたりする。（ジェスチャー、言い換え、説明など） □つなぎの言葉を用いて会話や文を自然に継続しようとしている。	□場面や状況に応じた声量で、また心情が伝わるようにたり読んだりすることができる。 □読みやすい文字や表現方法を使って英語を書くことができる。 □内容を整理して、限られた時間内で必要な量の英文を話したり書いたりすることができる。 □文のつながりや構成を考えて、わかりやすく話したり書いたりすることができる。	□伝言や手紙、また質問や依頼等に対して適切に応じることができる。 □自然な口調で話される英語の内容や間を取ることができる。 □文や文章の目的に応じて速さを読み取ることができる。	□日本国内外の家庭、学校や社会における日常の生活や風俗習慣などを理解している。 □人々のものの見方や考え方などの違いについて理解している。
評定に使用する資料	☑授業内観察（言語活動の観察：随時） ☑会話テスト ☑発表類（○スピーチ ○スキット） ☑作品制作（○スピーチ ○英字新聞 ○Eメール 等） ☑その他	☑復習テスト ☑中間テスト ☑期末テスト ☑会話テスト ☑発表類（○スピーチ ○スキット） ☑作品制作（○スピーチ ○英字新聞 ○Eメール 等） ☑ノート点検 ☑その他	☑復習テスト ☑中間テスト ☑期末テスト ☑理解力確認テスト（○読解テスト ○リスニング・テスト）	☑復習テスト ☑中間テスト ☑期末テスト ☑小テスト ☑会話テスト ☑発表類（○スピーチ ○スキット） ☑作品制作（○英字新聞 ○Eメール 等） ☑ノート点検 ☑その他

<観点別評価の判定について>

□ 学期末の各観点のA、B、Cの評価は、それぞれの評価資料の組み合わせによって判断します。基本的に、A=90％以上（十分満足できる）、B=80％未満～60％以上（おおむね満足できる）、C=60％未満（努力必要とする）とします。

2. 「通知表」の評定（5段階評価）について

通知表に記載される評定（1～5の数字）は、次の方法によって判定します。
① 各観点別評価（A、B、C）を、それぞれA=3、B=2、C=1として合計します。
② 各観点別評価①によって数値化したものの合計が「12と11=5、10と9=4、8と7=3、6と5=2、4=1」として判定します。

1年（　）組（　）氏名（　　　　　　　　　　　）

第6章　教材・教具

1　効率的な教材作成のために
　　――教材のリソース
2　教材の作成上の注意
3　授業に役立つ教具
4　教材・教具の管理・共有について

英語教育における教材と教具は，その区別が曖昧であり様々な定義で語られることがある。ここでは教材を「授業の中で生徒が直接触れ，理解したり，表現するための素材となるもの」，教具を「指導に際して，生徒の意欲・関心，学習効果，指導効率を高めるもの」と定義することにする。
　本章では教科書や準拠ワークなど以外の授業に役立つ教材の探し方，開発方法，そしてそれらの管理や共有の方法について紹介しながら，教材研究の視点を考えていきたい。

1 ◆ 効率的な教材作成のために——教材のリソース

　教材開発のアイディアはいたるところにある。教師自身がアンテナをはりめぐらせて，様々なものに興味を持って接するだけで，自然と「授業に使える素材」が見つかるはずだ。日頃接しているものがそのまま（あるいは少し形を変えて）授業に応用できることもある。
　まずは，どのようなものが教材研究のリソース（素材）となりえるのか，またどんな活用法が考えられるか，以下，項目ごとに挙げていく。

(1)　書籍
A　英語で書かれた物語・絵本・雑誌など
　英語で書かれた物語や絵本などは，本物の英語に触れるまさにオーセンティックな教材として価値がある。しかし，児童英語（幼児教育）向けの絵本などには，通常の中学校英語では扱うことがない独特な語彙も多く含まれており，そのまま教室で扱うには適さない場合もあるので注意したい。主にリスニングなどの素材として，絵本を「読み聞かせ（読み語り）」などに活用する方法もある。
　TOEIC®などの各種試験でも，広告や雑誌の記事を読んで，内容を理解する問題などが出題される。広告のデザインや様式などは教材作成の参考にすることもできるし，それらを参考にして生徒たちが自ら英語で広告物や記事を作成するなどの表現活動にも応用できる。

B 中学生向けの雑誌など

　日本語で書かれた中学生向けの雑誌などにもヒントはたくさんある。例えば人気のある芸能人やスポーツ選手などを例文として取り上げることもできるし，雑誌の写真などを切り抜いておいて生徒に直接見せるなど，活用方法はいろいろである。

　また雑誌の中には「占い」「相性診断」「はがき投稿」「1コマ漫画」など様々な企画があるが，それらの仕組みをそのまま授業の中で活用することもできる。例えば，英語で書かれた恋愛相談を読み（リーディング），みんなでその投稿に英語でアドバイスを書く（ライティング）などの様々な活動が設定できる。このような仕組みを用いることで，should や must not などの表現を使う機会を自然に設定できるなどのメリットもある。

(2) インターネット

A 英語教師のウェブサイト

　書籍と同様に，あるいはそれ以上に様々な素材を見つけることができるのがインターネットである。検索エンジンで「比較級　導入」などと検索すれば，授業のアイディアから指導案，授業で使えるプリントまで様々なものを手に入れることができる。これらの素材はデジタルファイルとしてネット上に存在しているので，時にはそれらをダウンロードして保存することができ，加工修正して活用することもできる。

　出版社や教育センターなどが作成するデータベースサイトの他に，最近は英語教師自身がブログ（ウェブログ）などの個人サイトを立ち上げており，実際に活動を行ってみての反省や注意点など，よりリアルな声を聞くことができる。メディアの利用法については，本章第4節の「教材・教具の共有・管理について」の項も参照されたい。

B ウェブはマルチメディアの宝庫

　教材作成のリソースとしてインターネットが書籍より優れている点として，マルチメディアである点が挙げられる。文字だけでなく音声・映像などの情報素材も閲覧できることが利点である。

①動画

　動画共有サイトには，世界中の人が撮った様々な映像が蓄積されている。英語によるビデオメッセージなどはリスニングの素材としても活用できるし，外国の町を撮った映像などは，新しい教材の導入やまとめなど，教材の学びを深める場面でも活用できる。

　もちろんこれらのサイトには，生徒に示す上で適切ではない表現が含まれている可能性もある。またテレビ番組の映像など著作権法から見て，使用に配慮を要するものもあるので，注意したい。

②音声

　インターネットを通じて，世界中のラジオ番組やポッドキャストを無料で聞くことができる。これらの音声データもぜひ活用したい。

　インターネットラジオの多くはネイティブ向けで，英語のスピードや語彙だけでなく，話題が日本人にとって身近でないものが多いため，中学生にそのまま聞かせるのは難しい。むしろ英語教員のスキルアップの手段として利用してみるとよいだろう。

　ポッドキャストとは音声によるブログのようなもので，インターネットラジオと異なり，いつでも何度でもその番組を聞くことができる。また，RSSというアドレスを登録しておけば，更新されるたびに自動的に自分のパソコンに取り入れられるのも便利である。これらの音声ファイルは携帯型メディアプレーヤーやパソコンに保存できるので，授業中手軽に生徒に聞かせることができる。

　英語に関する番組はたくさん存在するが，内容としては，①英会話番組，②ストーリー朗読，③インタビュー，④音楽紹介などが多い。日本の中高生向けの英語番組も少しずつ登場し始め，授業の中で生徒が番組作りに取り組む実践なども見られ始めている。

　最近のパソコンを用いればポッドキャストを作ることはそれほど難しくないので，今後リスニングテストをパソコンで録音・作成する人が増えていけば，それらの素材を共有することもできるだろう。

③画像

　インターネットの普及により，シドニーのオペラハウスの写真も，マ

ザー・テレサの写真も検索すればすぐに見つかるようになった。それらを印刷して生徒に見せることもできるし，プリント類に貼り付けて資料とすることもできる。また Power Point® などのプレゼンテーションソフトを使って，教室で大きく提示することもできる。ただし，こうした素材も著作権や肖像権に十分配慮して活用したい。

授業で意外に役に立つのが，芸能人やスポーツ選手の似顔絵を載せたサイトである。芸能人の写真をそのまま見せるよりも，生徒の反応は大きいものになる。「芸能人　似顔絵」などと検索して探してみるのも面白い。

(3) 人から学ぶ——同僚・同業者から

教材を開発する上でもっとも頼りになるのはやはり同僚や先輩，他校の先生方だろう。あまり先入観を持たず，広く情報を収集するようにすれば，自分でも意外なほど身の回りの様々なことが英語の授業に役立つことに気づくはずである。

A　英語科同士で情報交換

まず，一番身近な同じ学校にいる英語教師と情報交換をする，ということが大切である。同じ学年を複数の教師で担当する場合は当然だが，学年が異なっても同じような活動が授業に活用できることも多いので，教師間の相互のコミュニケーションを密にしたい。

B　他教科の先生方から

小規模校で自分以外に英語科の教師がいない，という場合は他教科の先生から情報を得るのはどうだろうか。特に国語の授業でおこなわれていることは，同じ言語を扱う教科という点から有効である。文章を読んだ後に意見交換するためのワークシートであったり，スピーチの前段階のアイディアの組み立て方法であったり，英語の授業にそのまま活用できる点は多い。生徒が各教科のプリント類を綴じ込んでいるファイルを見せてもらうだけでも，ヒントが見つけられるだろう。

また，音楽や体育の先生方の授業を見ると，ペアの作り方やグループ発表のさせ方，自己評価表の活用方法など，授業作りのベースになる指

導方法を学ぶことができる。実技教科としての側面も強い英語科としては、これらの教科から学ぶことが多いのではないかと思う。ぜひ、積極的に教材について情報交換を行いたい。

C　他校の先生方から

校内にとどまらず、情報を得られる場面はたくさんある。英語科教員が集まる研究会やサークルなどに参加することである。本やインターネットではわからない、その先生の雰囲気であったり話し方が、時に大変刺激になることもあろう。こうした研究会には大きく分けて、「公的なもの」「私的なもの」があり、主催者によっても様々に分類される。インターネットでこれらの研究会などの情報を得ることもできる。

他の先生方の実践を目の当たりにすると、「あんなこと、自分には無理だ」とあきらめてしまう人もいる。そのまま実践するのは無理にしても、何か取り入れられることはないか、とまず考えてみることが大切である。

反対に「自分も同じことをやってみよう」と強く影響を受けてそのまま授業でやってしまい、まったく機能しないこともある。その授業に至るまでの過程が違うのだからそれも当然である。自分の生徒の実態、自分の力量や個性などを考えて、自分流にアレンジしていくことが大切だろう。

授業は1時間で完結するわけではないので、まずはそういった他の先生方のアイディアを適宜取り入れて、生徒の反応を見ながら修正していくのもよいだろう。

(4)　テレビ番組などのメディアから

A　クイズ番組の仕組みを利用する

テレビのクイズ番組は、1時間のエンターテインメントとして、非常によく計算されている。視聴者を引きつけ、巻き込んでいく工夫がたくさん仕掛けられている。これらの仕組みは、生徒の活動量を増やす手段として授業の中にも取り入れていくことができるだろう。

① ドボンクイズ
　[例] Warabi is the smallest city in Japan.
　例えば上記のような「日本一」に関する英文を6つ黒板に示す。この中に1つだけ嘘があるとし，解答者は「これは正解だ」と思うものを1つずつ答え，嘘の選択肢が最後に残るようにすれば勝ちというもの。嘘の答えを選んでしまったら「ドボン」となり，その解答者は敗退する。グループ対抗にして相談しながらグループごとに英文を叫ばせてもよいし，グループの中で個人戦をするのも面白い。

② 4択クイズ
　[例] Which country is Rob from?
　　　(A) China　(B) Australia　(C) Italy　(D) The U.S.
　4択クイズをたくさん用意しておき，毎回授業の最初に5問のクイズに答えさせる。解答者はグループでもペアでも個人でもよい。生徒に問題を作らせるのも面白い。「これは○○くんからの問題です」などと紹介すれば，生徒も意欲的に取り組むだろう。よい問題は参考として次年度以降，後輩に出題することができる。

B　CMソングを授業で歌う
　英語の歌を授業に取り入れている先生方は多いが，難しいのは選曲である。中学生段階で重要なのは，①生徒が聞いたことがある（メロディーを知っている），②英文が簡単，③歌詞に教育上不適切な表現や内容がない，という3点だろう。これらの条件を満たすのが，テレビで流れているCMソングである。スポンサーの厳しい条件をクリアしているだけあって，不適切な表現はあまり使われていないため，歌詞を生徒に示す際にも安心である。また，生徒が日頃耳にする機会が多く，学校で学んだものに学校以外で触れることがあるのは，生徒にとっても大変うれしいものである。
　このCMソングの意外な効果としては，多くの場合CMソングはその商品の主な購買層を引きつけるために選ばれるため，ファミリーカーや缶コーヒーなどの場合，生徒の保護者世代の（若かりし頃の）ヒット曲が選ばれることが多い。生徒が「家にこの曲のCDがありました」と

うれしそうに報告してくれることもあり，意外なところで「親子の会話が増えました」と感謝されることもある。最近は，そういったCMソングばかりを集めたCDも発売されることが多いので，入手してみるのもよいだろう。

(5) 生徒の力を活用する

　上の項で挙げたクイズ問題などのように，生徒を問題（教材）作成に参加させることができる。生徒は自分が作ったものが，授業に使われることをうれしく思うので，特に英語が得意な生徒のそうした気持ちをうまく刺激しながら，教師の負担を軽減できればさらに望ましい。

A　教材作成委員会

　英語が得意な生徒を集めて，教材作成委員会を結成してみてはどうか。英語係などを任命して，取り組ませる方法もある。
　①クイズ問題を作らせる，②英文日記を書かせる，③スキットを書かせる，など活動は様々あるが，大切なことはそこで作った問題を実際に授業等で取り上げることだ。作成に関わった生徒は誰かの役に立った，誰かを喜ばせられた，という思いを強く持つことだろう。このことは英語が得意な生徒たちを教師側に取り込んでいく1つの手段にもなる。

B　予想問題の作成

　定期テストが近づいてきたら予想問題を作らせるのも面白い。成績が近い生徒同士で「挑戦状」と名付けて，試験範囲から問題を作らせるのもよいし，担当教師がどんな問題を出題するのか，前回のテスト問題を参考にしながら問題を作成させるのもよい。
　問題を作る過程で，生徒たち自身で「何が大切なのか」を客観的に整理することができる。そしてそれこそが「テスト勉強」になることにやがて気づいていくだろう。自律した学習者を育てるためにも効果的な学習方法である。
　生徒が作成した問題は，①ペアで交換する，②ランダムに配布する，③よくできたものを印刷して配布する，④廊下に掲示してみんなでシェアする，など様々な利用法がある。

英語があまり得意でない生徒でも，「単語の意味を書け」などのシンプルな問題を作成するよう促したり，市販のワークブックの問題を参考にするなどの支援をすることで，同様に活動に参加することができるだろう。また，ペアで共作させるなどすれば，より安心して取り組むことができる。

2 ◆ 教材の作成上の注意

(1) 作成のヒント

A　教材を身近なものに

　教科書などの既成の教材であっても，そのままコピーして使うのではなく，生徒の身近な人物や物事の固有名詞，エピソード，写真・絵に差し替えるだけで，生徒の反応は変わってくる。特に他教科の先生方の名前やエピソードを取り入れるのは効果的である。ただし，例文に用いる先生方との信頼関係が大前提である。比較級の導入で先生方を比較することもよくあるが，内容によってはあらかじめ了承を得ておく必要があるだろう。

B　ルーティン化

　教材作成で大切なことは継続できること。一回だけの授業のために準備に何時間もかけられるわけではないので，準備が簡単であることもポイントになる。同じワークシートの英文を替えることで違う文法事項でも使えないか，と考えるだけで活用法が広がっていく。前に行った活動と関連があると，生徒の負担も軽くなるので，より活動に集中できるという利点もある。

C　ねらいを明確に

　教材を作る際には，どの文法項目のどの機能を伸ばしたいのかをよく考えながら取り組む必要がある。「受動態を教えたい」ということだけでなく，「be動詞の後ろに過去分詞形が続くことを定着させたい」，「いろいろな動詞の過去分詞形を使わせたい」，「受動態がどんな場面で使われるのかを意識させたい」など，より具体的な目標を設定する必要があ

る。換言すれば，それがはっきりしていれば，教材の方向性は自然と固まっていくはずである。

D 自由な発想で

　時には逆転の発想も大切である。「これを教えるためには何を使えばよいか」ではなく，「これは，何を教えるときに使えるだろうか」と発想することで，新しいアイディアを生み出すことができる。このあとの項で紹介する様々な教具も，アイディア次第で本来の目的以外の使い道も見つけられるかも知れない。

　例えば，目の前にある「消しゴム」1つとってみても，
- 爆弾ゲームの「爆弾」にする
- すごろくゲームのコマにする
- 紙に書いた英単語を消していくゲームで使用する
- 教科書の上に置いて，英文を隠しながら読む練習をする
- 誰の消しゴムかお互いに尋ね合う練習をする

など様々な活用法がある。

(2) 作成の際の留意点

A 著作権等に配慮する

　授業に使えるリソースは様々あるが，作成に際しては著作権には配慮したい。

　前項で紹介したイラストや似顔絵などの個人作品の利用には，授業で使用する限りでは本来許諾をとる必要はない。ただし，メールや手紙等で直接連絡を取ったり，必要であれば関係機関に届けを出したりしておいてもよいだろう。その際，使用目的や使用状況をしっかりと伝えておきたい。「教育目的なら」と快諾してくれる方もいるが，「授業で見せるのは構わないが，印刷配布されるのは困る」という方もいる。

　例えば，テストに利用したイラストの作者名やウェブサイトのURLを載せたりすれば，生徒にもそれらの配慮を伝えることができ，メディア教育的側面にも対応できる。

　また特定の企業の商品名ばかり使うのも，特に公立学校の職員の場合は問題になりかねない。教材作成にはそうした配慮も必要である。

B　指導の意図にあわせて素材を選択する

　生徒の間で人気のある芸能人やスポーツ選手などを授業で扱うことも効果的であるが，注意も必要だ。例えば，人気タレントの写真を見せると教室は一時的に盛り上がるかも知れない。しかしそれは英語の学びが深まったことによる高揚とは異なるものである。生徒に寄り添うということは，生徒に迎合するということとは違う。せっかく生徒がこちらを向いてくれたことをチャンスとして，生徒に英語をたくさん使わせることができるような活動をしっかりと準備しておく必要がある。

3　授業に役立つ教具

　授業に役立つ教具には，様々な種類がある。昔から学校現場で使われてきたラジカセやフラッシュカードだけでなく，最近では様々なICT機器も活用され始めている。目的や場面に応じて，それらの機器を使い分けていきたい。

(1)　定番機器の再活用
① OHP

　近年ではやや「時代遅れ」な教具と思われがちであるが，
・絵や文字を瞬時に重ねることができる
・絵や文字を提示する順がランダムに操作できる

など，OHPでしかできない活用法もある。イラストを使って様々な動詞を練習するなど，新出文法事項の定着を目指してのパタンプラクティスには最適である。活用する先生方も昨今減っているため，借り出しも容易である。

　ただし，生産台数が減っているため，サポート体制が整っていない場合があるので，故障に気をつけながら大切に使っていきたい。点灯，消灯を繰り返すとランプ切れが起こりやすいので注意したい。

② ラジカセ

　教科書付属のCDを聞かせるのに大活躍のラジカセだが，一工夫すれば用途はもっと広がる。

［活用例１］
　　録音機能付きのラジカセがあれば，気軽にリスニング教材が作成できる。生徒にクイズを作らせて，できた生徒から録音していくなど，生徒自身が使えるような工夫をしていくと面白い。
［活用例２］
　　合唱練習用などに，何台も小型ラジカセがある学校もあるだろう。教科書本文をダビングして，グループごとに音読練習をさせるのも面白い。教室で一斉に行うよりも，一人一人の参加意欲が高まる。グループごとに異なるページを練習させて，順に発表させるのもよい。

③フラッシュカード
　英語教具の古典とも呼べるフラッシュカード。英単語を見せながらの発音練習，日本語を見せて英語を言わせる練習など，文字と音を結びつけさせるためには必須の教具である。
　ただ単語を見せるだけでなく，本来は文字通りカードをフラッシュさせて（一瞬だけ見せて）英語を言わせる活動などに使用されるべきだろう。カードの扱いには慣れも必要だが，生徒の目を教師に向けさせる一番手軽なアイテムであると言えるので，有効に活用したい。
　手軽にカードをシャッフルして練習することができることも便利であるが，ただ全体に見せるだけでなく，思い切って生徒に１枚ずつ配ってしまい，同じ品詞の仲間を探すゲームをしたりするなど，用途は広い。品詞ごとに色分けしてラインを引いてみるなど，紙というアナログ媒体の特性を最大限に生かして活用したい。

(2)　ICT 機器の利用
A　最新の ICT 機器
　ICT とは Information and Communication Technology（情報通信技術）の略称で，教育現場で活用される ICT 機器としては電子黒板やバーコードリーダーなどの，主に音声や映像を扱うデジタル機器があげられる。
　英語の授業の中で有効に活用することで，生徒の興味・関心を引きつけたり，単純な繰り返しドリルなどを効率よく行ったりすることができ

る。高価なものもあり，すべての教室ですぐに利用できるわけではないだろうが，環境が整えば積極的に活用していきたい。

B　身近な機器を組み合わせる

　高価なICT機器が学校になくても，身近にある機器をうまく組み合わせれば，十分同様の効果をあげられる。

　例えば，テレビはビデオ映像を見せるためだけに使うのではもったいない。デジタルカメラと映像ケーブルでつなげばOHC（実物投影機）のように，生徒の書いた英文などをテレビに映し出すことができる。パソコンのヘッドホン端子からテレビの音声入力端子につなぐステレオケーブルを用意すれば，パソコンのスピーカーがわりに音声を大音量で聞かせることもできる。

C　プレゼンテーションソフトの活用

　マイクロソフト社のPower Point® などのプレゼンテーションソフトには，スライドが切り替わるタイミングをあらかじめ指定できるリハーサル機能などがある。1分おきに画面（文字）や音が切り替わるように設定しておけば，音読やライティング，会話活動などをおこなう際に，時間で順番や役割を交代させたり，残り時間を意識させたりするのに便利である。生徒は画面を見ながら活動し，教師はパソコンやストップウォッチから目を離して生徒の支援に回ることもできるといったメリットもある。

　パソコンは生徒にとっても身近な存在になってきており，ただ画面を見せれば喜ぶという時代ではなくなってきた。興味・関心を高めるための道具としてだけでなく，授業の効率を高め，生徒の学習を深めるツールとして活用したい。

D　ラジカセをパソコンで代用

　教科書付属のCD，英語の歌，リスニングテスト，活動中のBGMなど，授業中に使いたい音声素材は多様である。その都度CDを入れ替え，トラック番号を指定するのは時間の無駄である。いっそ全部をパソコンの中に音声ファイルとして保存してしまってはどうだろう。

「iTunes」や「Windows Media Player」などの無料で手に入る（あるいは最初からパソコンに搭載されている）音楽再生ソフトを使えば，CDからのインポートや，画面上で音声を切り替えることなどが即座にできて便利だ。

(3) パーティーグッズの活用

　雑貨店のパーティーグッズ売り場には，①カチンコ，②パペット，③ダーツ，④早押しピンポンブー（クイズ用），⑤パーティー用盛り上げCDなど，授業にそのまま使えるグッズがたくさんある。

　例えば，映画監督が使うカチンコは，スキット発表時に撮影というシチュエーションを使って緊張感を生み出すことができる。また声が小さかったり，読み間違えたりしたらNGとしてやり直しさせることができるので，評価の観点や規準を自然に伝えることができる。ミスを指摘しても，和やかな雰囲気でやり直しができるのもよい。生徒に監督役をやらせるのも面白い。

　こういったグッズは使い方次第で単純に授業を盛り上げるだけでなく，英語の学びを深めるツールにもなりえる。

4 ◆ 教材・教具の管理・共有について

　せっかく作った教材も「使用は一回限り」というのではもったいない。適切に保管しておけば，教える生徒が変わっても多少のバージョンアップを施すだけで再利用が可能だ。

A 保存する

①デジタルデータと紙の両方をとっておく

　授業で使ったワークシート等は文書ファイルの電子データで保存するだけでなく，紙ベースでも1枚ずつファイリングしておくと便利だ。ライティング用，スピーキング用と細かく分類しなくても，1年生で使ったプリントとして綴じておけば十分だ。年度末にきちんと綴じている生徒のファイルをまとめてコピーするという方法もある。日付まで入っていれば，年間計画の作成などにも役立つ。紙媒体のよい点は一覧性であ

る。パソコンを立ち上げなくても，パラパラとめくりながら目的のものを探せる便利さがある。

②検索機能を活用する

　一方，デジタルデータで保管するメリットは容易に修正可能であることと検索機能だろう。ファイルが増えてくると必要なファイルを探すのに苦労してしまうので，あまり細かくフォルダ分けしない方がよい。1つのワークシートでも「2年生」「不定詞の練習」「スピーキング」という風に，その教材を分類する基準はたくさんあるからだ。あまり細かく分類して保存しておくと，必要なときに目的のファイルにたどり着けなくなる恐れもある。

　またファイル名の設定にも配慮が必要である。「2年不定詞Ｓ01」など「学年」「文法項目」「スキル」などがわかるようなファイル名をつけておくとよい。その際，英数字を半角にするか全角にするかを統一しておいたり，同様のファイルが多数ある場合は「01」のように常に2桁の数字でナンバリングしておくなどすると，フォルダ上で表示したときに順番に並んで探しやすいという利点がある。

　最近のパソコンは文書中の文字列も含めて全文検索してくれるなど検索機能が充実しているので，作ったファイルは「英語教材」とでも名前をつけたフォルダに全部まとめて入れておいて，必要なときにキーワードで検索する方が早い。

B　共有する

①学校のパソコンに蓄積する

　学校のパソコンのハードディスクの中にこれらの教材データを蓄積していけば，英語科教員のデータベースにもなる。複数の教員が互いのファイルを共有することにより，自分では気づかなかったアイディアに触れることができるので，「英語科」の共有フォルダを作成することを強くすすめる。

②インターネット上にアップロードする

　ブログなどのサービスを利用して，自分のアイディアや教材を紹介し

てみるのもよい。それぞれの記事に「ライティング」「リスニング」などのタグと呼ばれるカテゴリー種別を指定しておけば，あとで必要な情報を探し出すのにも便利である。

　授業で使ったプリントなどはウェブ上でファイルを保管，共有できるサービスを使って，インターネット上に載せることもできる。遠く離れた場所の英語教師がそれを授業で使って，アドバイスや感想を寄せてくれることもある。情報は発信するところに集まるものと考えて，積極的に活用したい。

c　英語教室を活用する

　少子化で余裕教室がある学校も多い。ぜひ英語科専用の部屋を確保したい。その際，英語科としての具体的な活用計画を，期待される効果や発生が予想される問題点とその解消法を添えて管理職に提案する。また他教科の同僚の理解が得られるように配慮することも必要である。

　英語教室には，掲示物などを充実させることで英語学習の雰囲気を盛り上げるという効果があるだけでなく，たくさんの教材・教具をいちいち教室に運ばなくてよい，というメリットもある。前述の教材・教具などを管理する上でも便利である。

　また声を出し，時には動き回る活動をさせることもある英語科の教科指導上の特性を考えても，通常教室と離れた場所に英語教室を確保できれば，生徒に伸び伸びと活動させることができ，また他教科の授業などに迷惑をかけてしまうリスクを減らすこともできる。

　生徒の作品を掲示したり，英語の本を置いたりすることで，英語教室自体が1つの大きな「教材」になるのだ。生徒がその場所で英語によってコミュニケーションをとりあい，英語を通じてコミュニティーを創り上げるようにしていきたい。

第7章 クラスルーム・マネージメント

1　授業のルール作り
　　──授業規律の確立を目指して
2　授業に集中させる方法
3　学習形態のバリエーション
　　──意欲と集中力を高めるために
4　授業における発問・指名の方法
5　意欲的な学習者を育てる
　　授業マネージメントのABC

1 ◆ 授業のルール作り——授業規律の確立を目指して

　生徒が意欲的に英語学習に取り組み，その効果を高めるためには，授業に参加する者（教師・生徒・また時には参観する者）の共通理解に基づく，一定のルールが厳然と存在し，一貫して遵守されていること（授業規律が確立されている）が必要になる。このルールのあり方は，授業により実に多種多様であり，まさに「英語教師の数だけ」「英語の授業の数だけ」存在する。しかしながら，長年の経験に基づいてその効果が実証され，汎用できる指導法（コツ）といったものも数多く認められる。ここでは，その指導法について解説していく。

(1) 授業開き

　授業のルール作りの始まりは，その年度の授業開きにあるという。1年間もしくは3年間，一貫して守らせていくルールには何があるか，を十分に検討し，どのように理解させるか，さらには教師と生徒の間でどのような「契約」を行うかを考えておく必要がある。

A 年間を通して守らせていくルール・約束事の例

　英語授業の大原則を示し，日々の授業で教師も生徒もこれらを貫き通す覚悟を，互いに確認し合うことが肝要である。

　　○積極的な姿勢・態度
　　　 Positive Attitude（ポジティブ・アティテュード）
　　○素早い反応・応答
　　　 Quick Response（クイック・レスポンス）
　　○正確で英語らしい発音（いわゆるカタカナ英語（Janglish）は×）
　　　 No "Janglish"（ノー・「ジャングリッシュ」）
　　○誰とでも分け隔てなく活動
　　　 Help Each Other（ヘルプ・イーチ・アザー）

　これらの約束事を，実際の言語活動・体験を通して学ばせることが大切である。英語での簡単なゲーム等を「活動させ，ほめて，認める」指導を展開し，期待感があふれる生徒たちとの素敵な出会いを創り上げたい。

B　契約の仕方の例

　１年後，もしくは３年後の英語学習の成果・ゴールをイメージさせることも大切だ。次のような工夫で，これから積み重ねていくドリルや活動の意義を十分に理解させ，「この先生と共にしっかり学べば，自分はこのように成長できるんだ」という実感を持たせることで，生徒との確固たる「契約」を結ぶ。

　　○学習案内（またはシラバス）の配布・説明
　　○先輩のパフォーマンス・テストのDVD視聴
　　○英字新聞・英詩・ポスターなどの表現作品集の鑑賞

(2) 授業に臨む際の約束

A　授業中の約束事の例

　毎時間の授業に臨むための約束事や心構えも，実際の活動を通してタイミングよく指導することが大切である。授業開き後の２〜３時間を使って，反復による習慣形成を行う。

　　○時間に遅れたり，忘れ物をしたりした場合，報告する。
　　○活動に必要な教材以外は，机の引き出しの中に入れる。
　　○話を聴くときは，耳だけでなく体全体を発話者へ向ける。
　　○音読をする際には，必ず教科書を手で持ち上げる。

　これらの細かな約束事を，上手に定着させることが大切だ。時には，全員が同様にできるまで，時間をかけて待ってあげることも必要となる。そうすることで学習効率が上がることを理解させながら「凡事徹底」ができるか否かで，今後の授業が変わっていく。

B　確認の方法の例

　毎時間の授業の中で行われる様々な事柄の確認・記録の方法についても，徹底を図る。

　　○予習・復習や家庭学習課題を確実に済ませて授業に臨む。
　　○活動ごとの自己評価は，規準に照らしてきちんと行う。
　　○授業（満足度）評価票には感想・コメントも詳しく記入する。

以上はどれも小さな事柄だが，活気ある授業を支える大切な要素でもある。生徒の力を伸ばすため，億劫がらずに徹底を図りたい。

(3)　活動時の約束
　英語の授業では，多様な学習形態で多様な活動が計画される。それぞれの活動がそのねらいや目的に照らして適切に実施され，最大の効果を上げるためのルールや留意点について解説する。

A　素早く動くことの大切さ
　心地よいテンポでリズム感のある授業を創造するためには，生徒が機敏に「動く」必要がある。パートナーを替えたり，座席の配置を変えたりする際にも，余分な時間をかけずに行えるよう，普段からの訓練も大切だ。もちろん，生徒にも素早い動きを要求するため，教師の教材提示・プレゼンテーションにもスピード感が求められる。十分な教材研究とリハーサルを行い，淀みなく活動を展開できるようにしたい。

B　誰とでも公平に活動することの大切さ
　コミュニケーション能力の向上のためには，ペアやグループなど，生徒同士のインタラクションが必要不可欠である。友人と言語活動を行う際に，固まった人間関係では学習効果は期待できない。誰とでも分け隔てなく楽しく活動できる雰囲気作りを徹底したい。
　英語のコミュニケーション活動を通して，豊かな人間関係を醸成するわけだが，その際には次の3つの要素に着目しながら活動をコントロールしなければならない。

　〇インフォメーション・ギャップ（情報の差異があること）
　〇チョイス（選択の余地があること）
　〇フィードバック（反応を確かめながら活動を進めること）

　これらを十分に満たした生徒の知的好奇心や発達段階に応じた活動を展開し，望ましい雰囲気を創り上げたい。

2 ◆ 授業に集中させる方法

　コンピュータ・ゲームなどの魅力的な刺激の連続に慣れている現代の生徒を，英語の授業に集中させることには，多くの苦労が伴う。しかしながら，教師が上手にマネージメントすることで，仲間と学び合い・高め合いながら，嬉々として英語を学ぶ中学生を育てることも可能である。ここでは，年間を通して生徒を意欲的に授業に取り組ませる様々な工夫を紹介する。

(1) 始業時に着席させるには

　授業は（標準）50分間である。この50分を最大限に活用するためには，授業の開始時刻が守られていることが第一の条件となる。生徒が授業開始に間に合わない，チャイムが鳴っても生徒が立ち歩いている，着席指導が最初の指導である，といった例も数多く存在する。それを改善するための指導のポイントを挙げ，解説したい。

A　チャイムで始まり，チャイムで終わる

　毎時間，授業開始が1分間だけ遅れたとすると，年間では100分間以上の損失となる。授業中の1分1秒がいかに大切であるかを，体験的に学ばせる必要がある。もちろん，終了時刻すら守れない教師では，生徒からの信頼は得られない。「時間厳守」を生徒と共に徹底する覚悟を持つことが大切だ。

B　教師が教室で待つ

　始業のチャイムは，必ず教室で聞く。情報ステーションである職員室に常に戻ることも大切だが，授業が連続している場合には，そのまま教室を移動する。さらに，余裕教室がある場合には，英語科で積極的に活用し「英語学習室」「国際交流室」等に必要機材を常設し，生徒の方が移動してくるシステムを確立すると，時間の無駄を省くことができる。

C　授業開始後の活動を固定しておく

　5分程度の内容を，毎時間「年間の横の帯」としてドリルする活動

が，多く展開されるようになってきた。これを授業の最初に位置づけ，授業のパターン化を図ると，教師も生徒もスムーズに授業に集中できる。例として以下のようなものがある。

　　○市販のリスニング教材を，授業の最初に毎時間行う。
　　○単語テストやディクテーションを，短時間で実施する。
　　○英語の歌や簡単なゲームで，ウォーム・アップを行う。
　　○家庭学習の確認・答え合わせ等を，効率よく実施する。

　これらの工夫で，英語を学ぶ雰囲気へと誘うことが重要だ。

D　休み時間から英語の活動を展開する
　生徒の知的好奇心や興味・関心を高める英語活動を休み時間から展開し，英語の授業の雰囲気作りをしておくことも大切だ。例えば，

　　○流行している英語の曲やスタンダードな名曲を聴かせる。
　　○英語の字幕スーパーを入れて，DVDの映画を鑑賞する。
　　○クロスワードパズル等の簡単な英語のゲームに挑戦させる。
　　○ポイント制の自由英作文等に取り組ませる。

　これらの工夫で，スムーズに授業へと移行できる環境作りも心がけておきたい。

(2)　**集中して聴かせるには**
　「人の話を聞く」はどの教科においても共通する規律の1つである。しかし，「しっかり聞きましょう」と連呼するだけでは生徒は集中して聴くはずがない。ここでは，聞かせる対象別に，生徒が集中して聴くようになるポイントについて解説する。

A　教師の話を聴かせる
　教室の四隅にまできちんと届く声・クリアな発音・適切なスピードで，視覚教材等も効果的に活用しながら，話す。特に，活動の指示を出す場合には，具体例やゴールを示しながら，短時間で明確に話さなければならない。この時の留意点としては，以下の内容が考えられる。

○他の活動を完全に停止させて聴かせる。
　　○聴くポイントや課題を与えて，聴かせる。
　　○話を聴くことで生み出されるメリットを理解させる。
　　○プレゼンテーション技術・話術を磨く。

B　友人の話や発表を聴かせる
　受容的な雰囲気に包まれた，温かいクラス・マネージメントをするためには，友人の話にも高い興味・関心を示せる学習集団にしなければならない。以下のような工夫も積極的に取り入れたいものである。

　　○相互評価をさせる（その際，評価規準を明示する）。
　　○相槌を打たせたり，発表後に質問を義務づけたりする。
　　○話す側の発表内容を魅力的にして，意味の創出をさせる。

C　教材を聴かせる
　基本的には，前述の「教師の話」「友人の発表」を聴かせる際の留意事項を踏まえた上で，以下の点にまで気を配りたい。

　　○十分な画像の大きさや，適切な音量・スピードを保障する。
　　○生徒の実態に応じて，情報量を適切にコントロールする。
　　○どの教具を用いるのが効果的か，「手段の最適化」を図る。

(3)　**集中して話させるには**
　これは言い換えれば，活発に発話させるコツということになる。自分の考えを適切（的確）に伝えさせるために，どのような課題を与え，また指示を出すとよいかを意識したい。たとえば以下のような工夫が考えられる。

　　○制限時間内にどれだけ多くの情報提供をするか競わせる。
　　○学習者が用いる表現をより豊かにするために，一時的に使用禁止用
　　　語（NGワード）を設定し，話させる。
　　○ビジュアル・エイズやICT機器を効果的に活用させる。
　　○話題源を魅力あるものにして，発話の意欲を高める。

入学時から段階的にフリートーキングの練習やALTとのコミュニケーションに慣れさせ，身近な話題で自分自身や相手のことを自由に表現させたい。学年が上がったら，相手の考えに耳を傾けながら，逆の立場で反論を述べるという反駁のドリル等も設定し，より実践的なコミュニケーション能力を培えるよう工夫したいものである。

(4) 集中して読ませるには

中学校3年分の英語教科書の英文量を，ペーパーバックのページに換算するとほんの17ページ分にしかならず，その大部分が会話形式となっている。このインプットの絶対量不足を補うために，教科書以外の様々なタイプの黙読用教材を提供する必要もあろう。

- ○ストーリー性のある80〜120語程度の短編読み物教材を，毎時間読破させる。
- ○教材を自分で選べる「ビュッフェ・スタイル」の授業を特設する。
- ○多読・速読のための教材を揃え，コーナーに常設する。

Eメールや手紙，宣伝広告や新聞記事，料理のレシピや商品の説明書など，生徒が実生活で「読む」機会の多い教材にも慣れさせたい。そして，タイムリーで魅力あふれる「生きた」英文に触れる中で，生徒のコミュニケーション能力の育成を図りたいものである。

(5) 集中して書かせるには

「書く」活動を行わせる際に最も配慮しなければならないことは「学習者の個人差が大きく，時間がかかる」ということだ。従って，最初から高度な文章を要求することは避け，段階的な指導を心がけたい。さらに，授業時間外に取り組ませることも必要となるため，書くための必然性と，いかに魅力的な課題を設定できるかが大きなポイントとなる。

- ○制限時間内により多くの英文を書くことを競わせる。
- ○様々な考えに即座に反論を述べるチェイン・レターを書く。
- ○日常的に書く「クリエイティブ・ノート」等を活用する。
- ○定期テストの公開予告問題でまとまった英文を書かせる。

普段から様々な物事のとらえ方や英語の表現方法にも慣れさせ，間違いを恐れずに自由に表現する意欲を育てることが大切である。また，生徒作品の添削には大変な労力が伴うので，ALTを積極的に活用することも視野に入れておく必要があろう。

3 ◆ 学習形態のバリエーション——意欲と集中力を高めるために

　英語の授業では多種多様な活動が展開される。それぞれにねらいや目的が異なり，それにともなって，それぞれに適する学習形態が存在する。目的に応じた様々な学習形態が，バランスよく授業に計画されることで生徒の意欲と集中力は高まるとも言える。ここでは，どのような学習形態がどのような活動に適しているのか，またそれぞれの学習形態において，最大限の効果をもたらすのか，具体的な例を挙げて解説する。

(1)　一斉指導の工夫

　少人数指導や個別学習がもてはやされるようになっているが，現状としては一斉指導の時間が授業の多くの部分，しかも重要な部分を占めていることもまた，現実である。さらに，大切な内容だからこそ，クラス全員参加で共通に確認したり活動したりすることが必要なこともある。換言すれば，この一斉指導の時間がきちんとマネージメントされているか否かで，授業規律の確立も大きく左右されるということだ。

A　適する活動

　一斉指導の利点は「短時間で同一の内容を同時に多人数に指導することができる」ということである。文法や文化的背景等の説明・提示をする際は，この長所を最大限に活用したい。

B　留意点

　学習者にはそれぞれ，好みの学びのスタイルやペースが存在する。一斉に指導を展開する際には，この点に留意しなければならない。ICT機器の活用をはじめとする様々な工夫・バリエーションで，生徒の視覚にも訴える情報提供・プレゼンテーションを常に心がけたい。

また，教室内での教師の立ち位置や声量・視線の配り方・インタラクションのタイミングなど，生徒の集中力と緊張感をしっかりと持続させる工夫も，怠ってはならない。

　さらに，教師が英語で授業を行うことはもちろん，授業中に生徒が発する言葉を，極力英語にしていくことが，言葉の使用場面と働きとを意識させるためには重要である。授業が始まったら生徒も教師もオール・イングリッシュで過ごす覚悟で，1つ1つの授業をコーディネートしていくことが，最終的には言語の使用場面とその機能とを有機的に直結させることにつながる。場面に応じた自分なりの言葉で，様々な言葉の機能を駆使しながら，生き生きと諸活動に取り組む，コミュニケーション能力の高い生徒の育成を目指したいものである。

(2) 個別学習の工夫

　生徒1人1人に対して，教師が個別に指導する機会を持つことは，学習者の能力を向上させるためだけでなく，信頼関係の構築の上でも非常に重要なことだ。一斉指導とのバランスを考慮しながら，積極的に個々の生徒に関わる姿勢を持ち続けたい。

A　適する活動

　授業中には，机間指導が最も一般的であるが，パフォーマンス・テストのチェックや様々な英語表現活動の展開など，ダイナミックな時間の使い方も視野に入れていきたい。VTR撮影等の工夫も積極的に行い，個々の能力の把握に努めなければならない。

　また，授業中は時間的な制約も多いため，ぜひとも授業外にも個別指導の時間を設定したいものである。「読む」「書く」領域の添削・チェックは時間をシフトして実施することも可能であるし，「学習相談日」等を積極的に開設して「英語の学び方」に関する指導も充実させていきたい。

B　留意点

　授業中に個別の生徒をチェックする際には，その「裏番組」として，その他の生徒に何をさせておくかが大変重要となる。市販の教材に取り組ませるだけでなく，自学自習が可能な学習ソフトを活用したり，

ALTを効果的に活用したりするなどして，コミュニケーション能力を向上させながら，生徒に飽きさせない工夫を施すことも肝要だ。

(3) ペア学習の工夫

コミュニケーションの基本となるペア学習は，授業中の学習活動の中核をなすものであり，この活動の質の高さで学習効率が大きく変わるといっても過言ではない。適宜パートナー・チェンジをすることでペア活動の質と量を確保しながら，誰とでも分け隔てなく活動するムードを，学級に創り上げたい。

A 適する活動

どの領域でも効果的だが，特に「聞く」「話す」活動に適している。コントロールされたペアで活動させた後，最後に気の合う者同士での活動を設定しておくと，教室内も活性化する。

B 留意点

この活動を教室内で一斉に行うと20近くペアが存在することになる。1つ1つのペア学習が均質で，適切に機能しているかどうかを見分けることが極めて重要だ。座席で振り分けられたランダムなペアばかりでなく，教師が学習者のレベルに応じて意図的に作る，教え合い・学び合いのための「兄弟ペア」，競い合い・切磋琢磨のための「ライバル・ペア」等を効果的に活用することも，時には必要である。

(4) グループ学習の工夫

小集団で活動するグループ学習は，内容の定着を図る上で非常に有効な学習形態だ。生徒同士の相互評価の場としても欠くことのできない形態で，授業中はもちろん，授業外の課題解決活動等にも応用が利くものである。

A 適する活動

様々なコミュニケーション活動に適している形態である。グループ同士で競争意識を持たせることで，学習の活性化を図ることもできる。ド

ラマタイゼーションの授業をはじめとする各種表現活動や，ディスカッションやディベートの授業でも，協力性を上手に高めさせながら，楽しく活動できるよう配慮したい。

B　留意点

特に学年が上がるにつれて，学習リーダーをどのグループにも配置し，英語の時間独自の編成をすることが望ましいと言える。各班のリーダーには「英語教材作成委員」として，クラスへの様々な作品・情報の提供をしてもらうと，授業の活性化にもつながるはずである。

4 ◇ 授業における発問・指名の方法

英語授業において，生徒が主体的に参加するためには，授業がインタラクティブであることが求められる。教師の働きかけに生徒が答える，発問―応答の積み重ねがインタラクティブな授業の重要な構成要素となる。ここでは，発問の方法について具体例を挙げ解説していく。

(1) 発問の際の留意点

生徒の前向きな学習姿勢と，上手な発問の相乗作用によって，活気に満ちた授業が生まれる。入学当初から，教師の発問や英語の指示をよく聴く，解答を全員が考える，友人の発表をきちんと聴く，といった基本的な学習習慣を身につけさせておきたい。その上で，以下のような点に留意しながら適切な発問・インタラクションを積み上げていく。

まずは，授業の流れの中に発問を適切に位置づけることが大切だ。導入とまとめの段階では，それぞれ形式と内容が異なってくる。授業のどの段階でどのような発問をすれば効果的であるかを，前もって予想し，マネージメントしておくことが重要だ。そして授業の中で，生徒の理解度や反応を見ながら修正・変更できる技量を身につけたい。

さらに，発問と関連して，指名の問題がある。指名の仕方によっても学習意欲が左右されるため，細心の注意を払いたい。答えるのは個人でも，発問はクラス全体に向かってするのだから，指名は必ず発問の後にするという大原則を忘れてはならない。

①生徒の想像力を刺激する発問で，必ず答えさせること。
②考える余裕を与えながら，完全な答えを要求しないこと。
③既習の知識や前後関係から類推できる質問を尋ねること。
④易から難へ段階を追った発問を，適切に位置づけること。
⑤時には答えを書かせるなどして，自信を持たせること。
⑥オープン・エンドな質問も交えて，主体的に応答させること。
⑦生徒が教師に，または生徒同士で質問する機会も，極力多く確保すること。

(2) **指名の方法**

　全生徒が常に授業に参加している，授業は生徒自身が創っているという実感を味わわせるためには，効果的な指名が求められる。生徒が課題や質問を，自分が答えなければならない自身の問題として，常に集中してとらえられるような指名の方法について解説する。

①座席順に指名をする場合
　　深く考えなくてもすむ素早く反応できる発問とし，スピードを競わせるなどゲーム的な要素も盛り込みたい。
②任意の生徒を意図的に指名する場合
　　発問の難易度に応じて，1人1人の生徒に関するあらゆる情報（能力はもとより性格や家庭環境等をも）を踏まえた上で，瞬時に判断をして指名する。状況に応じて，1人ではなくペアやグループを指名し，授業の活性化を図る必要がある。
③挙手によるボランティアを求める場合
　　「自分にも言わせて欲しい」「発表してみたい」との気運が高まってきたら，挙手をさせて意欲的な生徒を指名したい。人前で自分の考えを堂々と述べる楽しさや，できたときの満足感を上手にコントロールしてあげると，学級全体に活気ある授業を創ろうとするムードが満ちあふれてくる。

(3) **発表のさせ方**

　生徒に応答・発表をさせる場合に，配慮したい点をいくつか挙げる。

①クリアに発言させるため，必ず起立して発表させる。声が小さくて聞き取りづらい場合には，教室の隅に座っている生徒に確認を求めたり，教師が後ずさりして声を大きくする必然性を生んだりすることも大切だ。
②パフォーマンス・コンテスト等の発表の際には，教室中央のステージに立たせて，聴衆の集中力を喚起する。司会進行をする場合でも，発表する生徒に注目が集まるよう，教師は教室の後部で聴くとよい。
③長時間のプレゼンテーションの際には，メモを効果的に活用させたい。キーワードだけを書かせて，視線を下げずにプレゼンテーションできる力も身につけさせたいものである。

5 意欲的な学習者を育てる授業マネージメントの ABC

　最後に，授業作りや教室外英語の指導において，教師が常に心がけておきたいマネージメントの3つの要素に関して，述べておきたい。

①オーセンティックな活動（Authenticity）
　授業内に行われる活動は，実際の英語によるコミュニケーションとはかけ離れているものが多くある。「周囲の人と声を揃えて音読をする」「日本人同士で英語を使う」等の活動は，現実の生活では考えられない。実際の「試合」をさせずに，これらのドリルのような「素振り」ばかりを強要していると，学習者の意欲が減退してしまう。そこで「本物の」「リアルな」言葉のやりとりや言語交渉を，3年間の英語学習においていかにマネージメントしていくかが，教師の腕の見せ所となる。

　　○ ALT とのインタビュー等，パフォーマンス・テストの実施
　　○情報やメッセージの受け手を意識した，発信型の表現活動
　　○総合的な学習の時間，修学旅行のような行事等での外国人との交流
　　○電子メールやテレビ会議など各種インターネット技術を駆使した国際コラボレーション（協同学習・交流学習）の体験など

これらの体験を学習者に常に意識させながら，「実際の試合で困らないように訓練を重ねる」というスタンスで日々の授業を構築していきたいものである。

②バランス（Balance）
　週4時間という限られた英語授業の中で，言語の使用場面や働きを焦点化していかに効率よく指導を展開したとしても，なかなか生徒のコミュニケーション能力は高まらない。英語学習の「日常化」を目指すためにも，平衡感覚に優れた指導を展開したい。

　　○授業と家庭学習，塾や通信講座の利用とのバランス
　　○一斉指導や個別指導の学習形態，教材・教具等のバランス
　　○「聞く」「話す」「読む」「書く」の4領域の調和
　　○正確さを求める活動と流暢さを求める活動のバランス
　　○相互理解のための活動と課題解決のための活動のバランス
　　○楽しく力をつける授業と入試対策を行う授業とのバランス
　　○ALTとのティーム・ティーチングと通常授業のバランス

　生徒の英語学習を取り巻くあらゆる環境のバランス・調和を敏感に感じながら，授業外でも意欲的に英語に触れる生徒の育成を目指したい。

③クリエイティビティー（Creativity）
　与えられた言語形式だけを繰り返すドリルとは異なり，自由に英語で表現をする活動には生徒も大きな魅力を感じ，生き生きと授業に臨む。時間の制約による，詰め込み型で無味乾燥な指導に陥らぬよう気を配りながら，学習者が自由に個性や創造性を働かせられる授業や課題を，意図的・発展的・系統的にマネージメントしたい。

　　○英語カラオケ大会やスピーチ大会「青年の主張」など各種表現イベントの開催
　　○スキット・ドラマ等，パフォーマンス・コンテストの実施
　　○意見の拮抗を生むディスカッション，ディベートの授業
　　○英詩・エッセイの創作・英語による卒業文集の作成
　　　英語版学校ホームページ，学校プロモーションビデオの制作など長

期間で取り組む学びの「磁界」作り（サブジェクトから総合的なプロジェクト）への移行

　教師が様々な仕掛けをしないことには，生徒の学習の創造性は乏しくなるばかりだ。生徒の創作意欲をかき立て，英語で表現する喜びを実感できるような，バラエティーに富んだ活動を，段階的に3年間の学習に位置づけていきたい。

　教師中心の注入的・画一的・拘束的な英語学習から，学習者中心の活動的・個性的・創造的な学習に抜本的な転換を図ることこそ，生徒との信頼関係・契約を確固たるものとし，上手なマネージメントを施す最大のポイントなのである。

第8章　自律的学習者に育てるための工夫

Ⅰ　家庭学習
Ⅱ　イベント的活動
Ⅲ　自学帳

I 家庭学習

1 ⇔ はじめに

　読者の皆さんに，現在のご自分の英語力をどうやって習得してきたかを振り返っていただきたい。小さい頃から英語圏で生活し，気がついたら英語を理解できるようになっていたという苦労の少ない方もいるだろうが，大部分の読者は中学校に入ってから学校の授業で本格的に英語の学習を始め，多くの涙ぐましい"努力と苦労"を経て現在の力をつけられたのではないだろうか。

　「私の英語力は○○先生の授業のおかげです。」と言えるほど，指導力のある英語教師に出会った運のよい方もいるかもしれない。この本を読むからには，そんな教師を目指している方も多いと思うが実際には，どんな"スーパー・ティーチャー"でも週に3～4回の授業だけで学習者に英語を習得させるのはむずかしいし，言語習得というのは，そんなに甘いものではない。実際のところは指導者のわかりやすい授業によって学習者が強く英語に対して動機付けをされ，英語を好きになり，自主的に学習をするようになった結果，その学習者の英語力がついたと考えるのが自然であろう。つまり学習者が自律して教室外でも英語学習に時間を使うようになったことで英語に触れる機会が多くなったことが言語習得に大きく寄与したと思われる。あなたの英語力も様々な人の助けはあるにせよ，最終的にはあなた自身の努力によるものであることを誇りに思っていただきたい。

　ではどうすれば，あなたの生徒をあなたのように自律的な学習者にすることができるのか？中学生は授業でさえ集中力が続かないのに，家に帰ってからやるはずがない，というのが標準的な学校の実態であろう。その"性悪説"にたってこの章では，話をすすめていきたいと考える。

2 ◆ 復習のさせ方

(1) 宿題の中味

　中学生の場合，予習よりも復習に力を入れさせたい。授業で学習した内容を定着させるには，その日のうちに宿題として，必ずやらせる習慣を確立させることが大切である。私がいつも課している内容は，

　①新しく学習した言語材料の例文（授業中に何度も口頭練習したもの）を5回（または完全に書けるようになるまで）ノートに書く。
　②授業中に学習した教科書のページを10回（またはすらすら読めるようになるまで）音読する。
　③新出単語を5回（または完全に書けるようになるまで）ノートに書く。
　④教科書準拠のワークブックを解く。

　どれも機械的で目新しい内容はない。学習した言語材料を使って自分自身で考えた文を書いてくるなどの創造的な内容を課す場合もあるが，宿題の基本は"どのレベルの生徒も取り組める"である。やろうとしても1人でやれないものは，低位の生徒が宿題をやってこない口実を作ってしまう。ただし何度も単語や文をノートに書く作業は上位の生徒にとっては退屈な場合もあるので，回数を5回に設定し，5回書いても覚えられない生徒はそれ以上書くように指導している。そんなことをいっても，最低ラインの5回以上書いてくるはずはないという予想が性悪説の場合たつわけで，当然"しかけ"が必要になる。

(2) 宿題を必ずやらせるには

　一番いけないのが，"出しっぱなし"の宿題で，課しただけで，次の時間は何もなかったように次の内容に進む授業では，おそらく時間が経つにつれて誰もやってこなくなるであろう。宿題をやったことで，成就感が得られたり，最終的に毎回の宿題の努力が成績にも反映できるようなシステムを確立することが必要である。

①書かせた宿題は、かならず次の時間にディクテーション・テストやスペリング・テストを行って確認する。
②音読練習させた箇所は、次の授業で個人に読ませて、良い点や足りない点を評価する。
　＊それ以外に学期に1度、"音読テスト"を行い、日々の練習の成果を評価する。テストで読むページは学期中に学習した教科書すべてのページが範囲で、どのページが指定されるかその場にならないとわからないので普段から音読練習をしておかないと対応できないということを認知させておく必要がある。
③ワークブックは、次の授業で答え合わせをする。

　要はかならず次の授業で確認することである。書かせた宿題やワークブックは授業の最後で生徒にノートをとらせる間に机間巡視しながら、"ハンコ"を押す。テストは回収し、正しく書けていれば、文は2つ、単語は1つハンコを押してから次の授業で生徒に返す。返されたテスト用紙は生徒がノートに貼り付ける。このハンコは学期の最後に集計して、その数が成績に反映するようにする。ハンコを押す点検作業は慣れるまでは大変かもしれないが、ここが生徒の宿題定着の生命線である。まじめに取り組んでいる生徒のハンコは増え、そうでない生徒は増えないという"平等"な制度がまじめな生徒を増やしていく。学期の最後になると、休み時間中に生徒の間で「お前、ハンコいくつある？」という会話がいたるところで飛び交うようになる。こうなればしめたものである。

3 ◆ 予習は必要？

　賛否両論ある問題である。私は1年生の場合、予習は"禁止"している。ただし現実的には塾に行っている生徒は文法内容や教科書本文の内容を先取りしているので、白紙の状態で授業を受けさせること自体がむずかしくなっている。予習をさせると、教科書の内容を見てしまっているので、音声で導入しても、聞き取れて答えているのか、既に知っているから答えられているのかわからないという問題もあるが、そこは情報を付け加えたりしながら教師の工夫でカバーできるので、私は2年生か

らは予習をさせている。本文を事前に数回黙読させ，単語の意味を知っているだけでも授業での生徒の負担を軽減させ，その分，音読練習や言語活動の時間を増やせると考えたからである。ただし「予習をしなさい。」と指示しても何をやってよいか生徒はわからないので，新学期の最初に別紙のプリント（p.344参照）を用いて，細かく予習の仕方，復習の仕方，授業中のノートの取り方を指導している。

4 ◆ 定期テストの勉強のさせ方

小学校では単元ごとにテストがあり，学習してからあまり間隔が空かないことや，範囲が限定されていることから，テスト前に意識的に勉強し直さなくても，多くの生徒が比較的，高い点数を取れることが多い。しかし中学校の定期テストでは，系統的な家庭学習が必要になる。ただし，中学校1年生の1学期の中間テストの場合は，小学校の時と同じ勉強方法でも平均が80点を超えるのが普通で，これが逆に落とし穴になって，期末テストで痛い目に遭う生徒が多い。そこで私は以下のようなプリントで基本的なテスト勉強の方法について指導している。

定期テストの勉強の仕方

期末テストが迫ってきました。前回の中間テストは範囲も狭く，書くのはアルファベットだけだったので平均点も90点以上と，あまり勉強していなくても高得点が取れましたが，今回からはそうはいきません。発表された範囲をもう一度ていねいに復習しておく必要があります。ではどのように英語の試験勉強をすればよいか，アドバイスしますので参考にしてください。

1　「今日のポイント」の文を暗記し，完全に書けるように

どんな場面で，どのような英語を使うのかを授業で勉強しましたね。授業中何度も声に出したり，ペアで練習した表現です。先生が授業中に黒板に書いた文，特に授業中に書き取りテスト（ディクテーション・テスト）で出題された文は一番重要です。返されたテスト用紙はちゃんとノートに貼ってありますか？　間違いはきちんと直しておかないと期末テストでも同じ間違いをしてしまいますよ。

2　英文を覚えるには？
①英文を見ながら，何度も声に出してすらすら言えるようになるまで練習する。
②言えるようになったら，紙に繰り返し書いてみる。
③日本語だけを見て，英語で言ってみる。

3　教科書を音読する
　試験範囲の教科書をまず声に出して英語らしく何度も音読してください。リスニングCDを持っている人はお手本を真似してみましょう。その場合，「音」だけ出すのではなく場面や意味を考え，話し手の気持ちになって読むことが大切です。

　すらすら読めるようになったら，印刷して渡した，教科書の英文の日本語を見て，教科書を見ずに英語に直してみましょう。

　特に授業中にアンダーラインを引いてある文や表現は重要なので読めるだけでなく，書けるようにしておきましょう。

4　単語の練習
　単語を覚えるには英語と日本語を一覧にして書き出したり，カードを作るなど各自で工夫してください。am/areなど日本語にしにくい単語はI am Kumi.「私は久美です。」など英文の中で覚えるほうが身につきます。

＊Tom，Chinaなどの人の名前や国，地名などは見て読めればOKで，書けるようになる必要はありません。また教科書には出てこなくて，授業の中やWorkoutで使用した単語も，見て意味がわかればOKです。

5　ワークブックをやり直す
　試験前に解答を配りますので授業中に答え合わせをしていない箇所や，よくわからなかった点を各自で答え合あわせをしたり，間違えた部分をやり直しておいてください。

6　英文を日本語に訳す問題は出ません
　私の定期テストには，英文を日本語に訳す問題は3年間出ません。都立の入試にも出ません。読む力を試す英文は教科書からは出題されません。

5 ◆ 長期休暇中の課題の出し方

(1) 単語リスト・英文リストの暗記

休暇の前に教師が作成したリストを渡し，休暇中に言えて書けるようにしておくよう指示する。この場合，ノートに○○回ずつ書いて提出という縛りを作ると，上位の生徒には退屈なので，リストと同じ内容で休み明けにテストを行うことを予告しておく。こうすれば各自のペースで学習することができる。冬休みや春休みのような，比較的短い休みの課題として適切である。

(2) プロジェクト

夏休み等，長期の休みを利用して，学習した単語，表現を使用して，生徒の興味のある内容についてまとまった英文を書かせる。この課題は低位の生徒にはむずかしいので，かならず事前に別紙の資料（pp. 345-346 参照）のように基本的な書き方やモデル文を提示したり，休暇中に何日か相談日を設けて教師が手助けしてやる必要がある。完成した英文を自分のものにするために，何度も声に出して読ませるしかけが必要である。そうしないと，翻訳ソフトを使ったり，親から書いてもらった文を丸写しして終わりという生徒も出てくる。内容を休み明けに発表するというように，スピーキングとリンクさせると生徒も書いた英文を読む練習をしてくるようになる。

私が今までに書かせたトピックでは2年生で My summer vacation を書かせ，2学期の最初に ALT との面接テストでその内容を話させた。またオリンピックイヤーの時は，My favorite athlete を書かせ，優秀作品は教室に掲示して他の生徒の啓発に活用した。生徒の作った作品は他の生徒も真剣に見るので，よい教材になることが多い。

WORKOUT No.5
府中市立府中第二中学校 2年英語通信
Published by Mr. Taguchi on April 20th 2007

これが予習ノートだ（家庭学習法）

1 予習のやり方例（新しいレッスンに入るとき）
① 辞書を使わずに①〜④をイラスト・写真を参考に2〜3回黙読して大体の内容をつかむ。
② 次の時間に学習するページをノートの左側に丁寧に一行おきにうつす。
③ 新しく出てきた単語を書き出し、辞書や教科書のリストで意味のみ調べる。
④ もう一度、ノートに書き出した部分を黙読し、意味のわからない文に線を引く。

2 授業では
(1)（最初の5分で）
① 先生が黒板に書いた文や内容をノートの右側に写す。
② 今日の表現を使って自分で考えた文（自己表現）を書く。

(2)（教科書の内容説明の時）
① 予習してきた左側の部分に、先生の説明で大切な点を書き込む。早く書けないので記号を使って要点のみメモする。日本語訳は書かなくてよい。訳は試験前に配られるもののコピーを後で貼る。
② 先生がアンダーラインやOをつけると言ったら目立つペンでラインやマーカーで書き込む。
③ 先生が大切だと言ったものには（重要）マークを書き込む。
④ OOOと似た意味だと言ったときには=できの単語（表現）を、反意語なら⇔のマーク

3 復習のやり方
① 今日の表現を何度も声に出して言えるようにする。
② 今日の表現の☆マークの文を書けるようにノートに練習する。
③ 音読学習した教科書のページの音読を、意味を考えながら最低10回は音読する。
④ 新しい単語を書けるようになるまで（最低5回）ノートに練習する。
⑤ ワークブックのテストのつもりもやって、確認する。

教科書の1ページくらいを、ノートを見開きで2ページ使って下のように折って、大判のノートの方が進めやすい。

Lesson 1 Life in Australia

① (p.2) ☆大きな大きな文字
Hello, everyone. Let me tell you about my life in Australia. ① Many people in Australia ② I love sports. I played netball every Sunday. It is popular among my friends.

Now it is spring in Japan. The season is different in Australia. It is autumn there. Why? Does anyone know?

☆ Let me tell you about my family
☆ I'm like ～. ←～のような私
☆ This boy is popular among girls.

Words
品	語	意味
1	life	名 生活、人生
2	love	動 愛する、大好きだ
3	sport	名 スポーツ
4	among	前 ～の間で
5	different	形 異なった
6	why	副 なぜ
7	anyone	代 だれか

↑売買は教科書のうしろの語のリスト

(April 20th Friday)
☆ 自己表現
Ken: A / B / C
I watched TV yesterday. I practiced soccer yesterday. I studied English yesterday.

☆ 自己表現
life life life life / love love love / sport sport sport sport / among among among / different different different different / any why why why / anyone anyone anyone
I watched TV yesterday. I watched TV yesterday. I watched TV yesterday.
I (live) (love) a sport . (many) a different (why) ? about

↑背景のパルス

English Quiz   Date April 20 04 Friday
Class A Number 31 Name Taro Taguchi
次（ほんとにもうすぐテストだよ）をすぐに英語で書きなさい。

→デイリーテストをスピードアップテストだとイメージして素早く書き終わるのが目標。

→テスト前に配られる日本語を書き写しほかの人も書き終わるまで待ち、これを覚えると効率あがる。

WORKOUT NO 12

府中市立府中第二中学校 2年英語通信
Published by Mr. Taguchi on July 18 2007

夏休み中の英語学習について

1 宿題（提出日8月29日～31日）

①夏休み中で印象に残ったことを、1学期に学習した過去形を使い、教科書やモデル文を参考にして50語～100語程度の英文にまとめる。またその英文に書いた内容に関連した写真を1枚貼り付け、英語の写真日記を作る。（提出用紙は別紙）

②その英文を何度も声に出して読み、最終的に暗記して完全に言えるように練習しておく。（2学期、9月18日以降に実施テスト予定 詳しくは WORKOUT NO13）

1）注意点

○ 題材を書きたくないよう、1つのテーマや出来事に絞っていつ、どこで、誰と、何をしたというような事実をできるだけ具体的に書き、さらにどう思ったかや、自分の感じたことなどを入れて、自然な文の流れになるようにする。

○ 文の形は基本的には過去形になるが、一般動詞とBe動詞の両方向を使ってみよう。できるだけ今までに習ったいろいろな表現を多く使ってみよう。

○ 習っていない単語や、使いたい単語は和英辞書で調べてみよう。
　新出用語は太いペンで、11日以上の濃い鉛筆で書いて下さい。

○ 自分ではどうしてもわからないときは、学校に来て先生に相談しよう。
　相談日：　7月27日（金）　9：00～4：00
　　　　　　7月30日（月）　9：00～4：00
　　　　　　8月20日（月）　11：00～4：00
　　　　　　　 28日（火）　2：00～4：00

○ 文ができたら提出用紙（別紙）に清書し、写真を貼り付ける。
＊必ず自分用の控えを取っておいて下さい。

モデル文1

I went to Nagano with my family in August. I stayed at my grandfather's house for five days. This is a picture of my grandfather. He is always kind to me.
It was very cool in Nagano. I did my homework in the morning and I played tennis with my brother in the afternoon. It was fun!
One day we went *fishing in the river. It was my first time, but I got two fish! I was very happy. In the evening we had a *barbecue party and *ate the fish. It was so good! I had a very good time there. (103 words)

*fishing 釣り　*barbecue party バーベキューパーティー　*ate　eat (食べる) の過去形

モデル文2

I practiced badminton almost every day. It was very hot in the *gym. So I was very tired after the practice. Mr.Shimizu is very *strict when he teachus badminton. But he is a very good *coach. He often says, "You can do it." I like him very much. On August 11th we had a game in Chofu Daisan Junior High school. I was very *nervous but I played well. And I *won the game. I was very happy. (78 words)

*gym 体育館　*strict 厳しい　*coach コーチ　*nervous 緊張した
*won win (勝つ) の過去形

2）評価の観点

① 英文の量　② 英文の正確さ　③ 英文の独創性　④ 自然な流れか　⑤ 文字の丁寧さ

を元にA～Eの5段階で評価し、2学期初めの能力の資料にします。できるだけモデル文に頼らず、自分で考えた文が多いことが条件になりますが、モデル文を参考にしたい人は、Aをねらっている人は、友だちに声に出して覚えた人は教室の国際理解理解教室の人は掲示します。

2 今までにならった疑問文（WORKOUT NO3 と NO11）を言えて書けるようにする。

44の英文を、日本語を英語に、肯定文を否定文にするなどは1人で、口で言えるようになっている人が多くなった人は紙に声に出して覚えて下さい。

○ 9月11日（水）に、その学習成果を試すテストを実施します。2学期の成績に入ります。

25問×4点の100点満点です。
出題形式は必ずプリントの同じ内容で、日本語を英語に直す形式で、プリントの左端の疑問文か否定文から出題します。

3 補習

対象：原則として1学期の英語の成績が2以下だった人で、このままではいけないという危機感を持ち、夏休み中に復習したいという気持ちが強い人
　＊担任の先生に「招待状」が配られますが、あらかじめ希望者は申し込んでください。

日　時：8月20日（月）～24日（金）　9：00～9：50
場　所：第2音楽室（変更の場合もあります。）
指導者：田口　徹・1年生の先生
受講料：な、なんと！・・・・無料
持ち物：筆記用具　WORKOUT NO3 と NO11　ノート（授業用ではなく練習用）
主な学習内容：B e動詞と一般動詞の違い、代名詞、疑問詞等

第8章　自律的学習者に育てるための工夫・I

府中市立府中第二中学校 3年英語通信

WORKOUT

NO.11
Published by
Mr. Taguchi
on July 12th 2008

夏休みの宿題
My Favorite Athlete（私の好きなスポーツ選手）

いよいよ中国の北京で8月8日から24日までオリンピックが行われますね。日本人の活躍だけでなく、世界中の一流のスポーツマンの活躍が見られるので、今からわくわくしますね。さて宿題ですが、オリンピックを見て、あなたが気に入った選手を一人選び、その人の写真と情報を集めて画用紙1枚に写真を貼り、紹介文、プロフィールを英文で書いてください。なお以下の条件を必ず満たしてください。

1 写真は新聞の切り抜きやインターネットから集める。画用紙に貼るのは1～2枚までとする。

2 選手は日本人でも外国人の選手でもよい。

3 レイアウトや装飾を工夫して、見ている人が読みたくなるようにする。
  ＊先輩の優秀作品を参考にしてください。

4 タイトル（My Favorite Athlete）を最初に書いてください。画用紙右下にクラス・番号・名前を記入してください。（名前はローマ字も漢字も可）

5 英文について（必ず黒ペンで書いてください）
  載せる情報例
  名前・国籍・出身地・年齢・何の選手か・オリンピックでの成績・趣味等
  その他、あなたがその選手が好きな理由・選手にまつわるエピソード

  右の例文を参考に最低10文の英文を書く。習っていない単語は和英辞書で調べること。
  （和英辞書を持っていない人は、この機会に購入してはどうですか？）
  兄弟や保護者、先生に表現を教えてもらうのはかまいませんが、友達同士で聞いたりしてもわからないような、むずかしい表現や単語を使わず必ず辞書を使って調べてください。

選手の情報を調べるにはインターネットで検索すると、プロフィールなどが載っていることが多いので、そこを参考に記事などを見て、引き付けるような記事にしてください。英語の表現でわからなければ、以下の相談日に学校に来てください。

相談日
8月22日（金）9：00～4：00
8月25日（月）・26日（火）の2：00～4：00

プロフィール例　ロジャーフェデラー選手

My Favorite Athlete

This is Roger Federer. I'm a big fan of him.
He is a pro tennis player from Switzerland. He has been a No.1 player in the world since 2004. He is 26 years old. When he was 8 years old, he started to play tennis. At first he learned tennis from his parents. He speaks German, French and English. He likes to play soccer and golf, too. He has visited Japan once. I wanted to see this game, but I could not get a ticket. I want to be a tennis player like him.

Class A　Number 1　Toru　Taguchi

オリンピックのメダリストの紙面表現

[野口みずき選手は2004年のアテネオリンピックの女子マラソンで金メダルを取りました。]

My Favorite Athlete

Mizuki Noguchi won a gold medal of Women's Marathon in Athens Olympic Games 2004.
= Mizuki Noguchi is a gold-medalist of Women's Marathon in Athens Olympic Games 2004.
銀　silver　　銅　bronze

6 評価について

提出は夏休みの授業8月25日～27日の間に提出してください。以下の観点で評価します。特にオリジナルの文もたくさん書き、仕上がりをきれいにした作品はA+として、モデルとして国際理解教養区で展示できる作品は来年の11月の作品展示会に配示する予定です。
提出者全員の作品を、思わず「へー！」と言ってしまう内容のあるものが含まれているか。

①理解できる英文以上を書いてあり、思わず「へー！」と言ってしまう内容のある文が含まれているか。
②言葉書きではなく、英文の流れが自然な文で読みやすい。
③レイアウトが工夫され、字が丁寧で見やすく、読みやすい。

A+（50点）A（40点）B（30点）C（20点）D（10点）未提出（0点）に得点に換算して2学期のコミュニケーション・意欲・態度の成績の資料にします。

○2学期実技テストにもなります。
　2学期の授業で、夏休み中に作成したMy Favorite Athleteの原稿を暗記しながらクラスメーとの前で発表してもらいます。毎時間の授業の最初に、出席番号順に男女各2名ずつ発表を行なわせます。したがって原稿は提出する前両日授業の終わりに必ず本人に返却します。写真も各人に用意しておいてください。
　発表の様子はビデオ録画し、5段階で発表の能力（発表力の表現の能力）の成績の資料にします。
※発表を見ないで5段階で発表の能力（発表力）の成績の資料にします。

以下の点を見て、正しい発音を音声で言えたか。
①原稿を見ないで、正しい発音を音声で言えたか。
②内容を伝えようとする気持ちを持って話しているか。
③オーディエンスをきちんと見て、引き付ける工夫をしたか。
④質問に的確に答えられたか。（発表の後、先生やオーディエンスからの質問タイムがあります。）

II　イベント的活動

1 ◆ イベント的活動の意義

　イベント的な活動を行うにあたり，多くの先生方の懸念は時間的な余裕であると思う。しかし以下の2つの点に注意すれば，それほど時間的には難しくないというのが実際にやってみての印象である。

　1点目は，年度当初に3年間を見通して無理のない計画を立てるということ。家庭学習や夏休みなどの長期休業を利用した練習・活動と結びつければ，ある程度の準備が必要でも無理なく実施することができる。また，最初はできる範囲で最善のものを行うことに努め，いきなり大風呂敷を広げすぎないことも大切である。

　2点目は，それぞれの活動を学年間でリンクさせることである。例えば，1年生で行った活動をベースにして，さらに発展させたものを2年生で行う。または，3年生で行う活動の下準備として，布石となる2年生の活動を考える，という発想である。

　次頁表で挙げたのは，いずれも私が実際に行っているイベント的活動の一部だが，それぞれが独立しているわけではなく，実は密接に相互関連している。例えば，1年生1学期の自己紹介のスピーチは，2学期の他者紹介にそのまま応用できる内容となっている。また，「私の1日」「私のニュース」「体験学習報告」はそれぞれが独立した活動であるが，最終的に3年生で行う「修学旅行新聞」のためのステップとなっている。一度やったことのある活動であれば，一から説明する時間を省くことができるし，生徒にとっても活動を理解する負担が減る一方で，やっていることの質が徐々に高くなっていくのを実感できるというよさがある。

　さらに，平常授業との関連や学んだ言語材料を応用する時期的なタイミングを意識することも大切である。つまりイベント的活動は，3年間を見通した指導（縦の流れ）と，教科書や言語材料などのその時点での学習事項（横の関連）を十分に踏まえて行うことにコツとその意義がある。

以下に，私が行っているイベント的活動の中から，1年生1学期に行っている「自己紹介スピーチ」と3年生1学期の「修学旅行新聞」の2つについて，実際の指導の様子をお伝えしたい。

学年	学期	活動の内容	生徒に必要となる主な言語材料やターゲット
1年生	1	自己紹介スピーチ： 英語で自己紹介をする。	一般動詞／be動詞／身の回りの単語
	2	他者紹介スピーチ： 英語で他人を紹介する。	be動詞／一般動詞（3単現）
	3	私の1日：自分の典型的な1日を紹介し，Wh疑問文で応答する。	Wh疑問文／時間・頻度を表す副詞
2年生	1	私のニュース（私の1日過去形編）： 過去に起きた出来事を話す。	過去形／感情を表す表現
	2	体験学習報告： 体験学習について報告する。	過去形／読み手を意識した文脈作り
	3	スピーチ「私の夢」： 夢や将来やってみたいことを発表する。	未来表現／不定詞／パラグラフ・ライティング
3年生	1	修学旅行新聞： 修学旅行での出来事を新聞にまとめ，ALTに報告する。	助動詞／There構文／受動態／比較／現在完了など
	2	Show & Tell「私の宝物」： 自分の宝物について紹介する。	既習の文法事項／名詞修飾／即興性
	3	ディベート： 身近な話題についてディベートを行う。	即興性／既習語彙・表現の拡充・定着

各学年でのイベント的活動の例

2 ◆ 自己紹介スピーチ──１年生１学期

　一種の Show & Tell である。広い意味では，これから３年間で行うすべての英語の活動の基礎となり，中学校の英語の教科において初めての発表となるので，全員の生徒が「英語はやればできる」という感覚を持てるということを特に重視している。

　一般動詞（like・play・have・want など）や be 動詞を学んだら，それらを使って簡単な自己紹介ができるようにする。画用紙で作ったボードに，自分の顔，出身，「自分の好きなもの・好きでないもの」「持っているもの」「欲しいもの」などを表す絵を描く（写真でもよい，下図参照）。この段階では，文を暗記して暗唱するのではなく，そのボードに張られた絵や写真をヒントにして，英文を再生していくことを目的とするため，文字は一切書かないようにする。また，このボードには聞いている生徒の理解も助けるという効果がある。

　準備は４月当初から始める。食べ物・スポーツ・身の回りの持ち物など，発表で生徒が必要にすると思われる語彙について，教科書にとらわれず，毎回の授業の５分くらいずつを使い，チャンツやカルタなどで導入しておくと効率よく実施できる。

［例１］　自己紹介用ボード

［自己紹介スピーチの例］

 Hello. My name is Taniguchi Tomotaka. I'm from Osaka. I like grapes but I don't like yogurt. I play baseball every day. I have a computer but I don't have any mobile phone. I want a mobile phone.

3 ◆ 修学旅行新聞――3年生1学期

　3年生では，①4技能（聞く・話す・読む・書く）を統合的に使う，②本物の英語に触れる，③学んだ言語材料を使用することでさらなる定着を促す，の3点を大きなテーマにしている。

　本校では3年生の1学期に，修学旅行で奈良・京都に訪れている。そこで，訪れた寺社のレポートや感想，現地で出会った人々についての詳細をまとめた「修学旅行新聞」（下は生徒の作品の一部）を仕上げ，旅行の思い出をALTに報告するという活動を最終的な課題としている。

　先にも触れた通り，修学旅行新聞のベースとなるのは1年生の「私の1日」から2年生の「体験学習報告」の一連の流れである。過去の出来事について自分の印象や感想を入れながら，読み手を意識した文章作りができるように段階的に指導しておく（次頁表参照）。

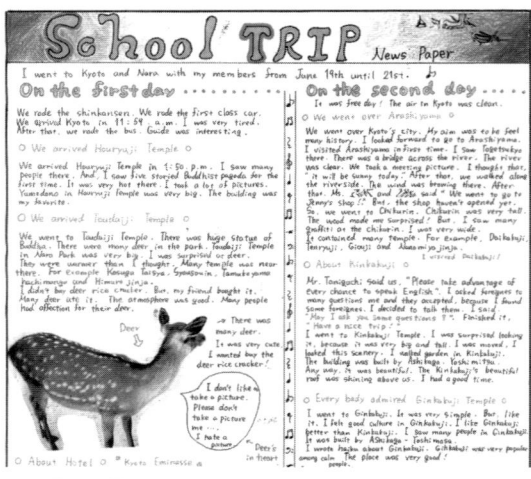

［例2］修学旅行新聞（生徒作品の一部）

段階	活動の内容	技能
1	外国からの観光客にインタビューする	話す・聞く
2	修学旅行の思い出を新聞にまとめる	書く
3	友人の新聞を読む	読む
4	ALT に報告する	聞く・話す
5	観光客の人にお礼の手紙を書く	書く
6	手紙の返事を読む	読む

修学旅行新聞の段階的指導

　また，生徒には，修学旅行中に外国から来た観光客の人に英語でインタビューをすることを課している。教室を離れて自分が学んでいる英語が実際に通じるという経験をさせるためである。

　そのための会話練習も計画的に繰り返しやっておくことが大切である。2年生あたりから，ここで行うインタビューを到達目標としながら，スキットや会話練習などで，このときの本番に近い設定にするなどの工夫をしておくと生徒の負担は軽くなる。さらに「あなたはどのくらいここにいますか」や「日本に来るのは何回目ですか」などは聞きたい質問として生徒の側から必ず出てくるので，3年生段階で学ぶ現在完了形のよい練習となる。

　外に出て，初対面の外国人と一対一で話をするという課題は相当なプレッシャーに感じるようで，生徒は興味と必然性を持ってその練習に取り組む。不安を感じている生徒に対しては，あらかじめ本番の会話を想定した会話練習やQ&AのドリルをALT相手や友だちどうしでたっぷりと行う時間を与えるとよい。

　特にインタビューをお願いする時や，後日送る手紙の送付先を聞く際の依頼表現（これらは助動詞のよい練習になる），お礼の表現などは最低限しっかりとできるようにしておきたい。

　修学旅行新聞の作成にはマッピングというブレインストーミングの手法を用いる（右頁下図参照）。図のようにまずは日本語で自分の体験や感想を挙げ，それぞれ関連付けていき，全体の構成を考える。単なる和文英訳にならないように，ひとつの吹き出しにはキーワードのみを書くようにする。英文を作る時は，まず日本文の述語をヒントに，それぞれ

の文章が一般動詞の文①か，be動詞の文②かを判断し，吹き出しに書き込む。教師がそれをチェックしたら，生徒は1日2つの吹き出しずつ英文を仕上げて，毎日提出する。教師は添削し，その日のうちに生徒の元に戻るようにする。私は添削後のノートを職員室前の専用のボックスの中に入れておき，生徒が下校時に持ち帰れるようにしている。英文が完成したら，専用の紙またはノートに写真や絵をレイアウトし，清書する。それぞれが修学旅行新聞を仕上げたら，友人の書いた新聞を読んで語彙や表現のインプットを増やし，次の課題（ALTに思い出を口頭で報告し，ALTからの質問に答える）に備える。

さらに，現地でインタビューを受けてくれた外国人観光客に作成した新聞のコピーを添えてお礼の手紙を書く。念のため差出人住所は学校にしておくとよい。その返事はリーディングの教材となるし，それをきっかけに文通を始める生徒もでてくる。

インタビューは，これからの国際社会を生きる上で実際に学ぶ必要と価値のある異文化交流の際の礼儀やマナー，危険回避の方法（同性や家族連れなどの団体客にお願いするなど）も同時に学習する良い機会となる。実施の際には，相手のあることなので，失礼と危険がないよう十分に留意して行いたい。

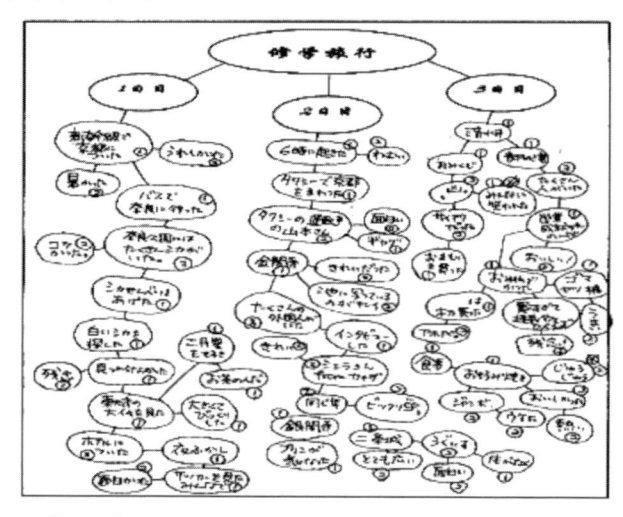

［例3］マッピングによるブレーンストーミング

III　自学帳

1 ◆ 自学帳は，生徒と教師にとっての宝物

　自学帳導入の基本的なねらいは，家庭学習を充実させ，自律した学習者を育てることである。しかし，それだけに留まらないのが自学帳である。教師が1人の生徒と真剣に向き合い，毎日コメントを朱書きすることで信頼関係が生まれ，生徒の豊かな想像力や創造性を発見できるノートなのである。

2 ◆ 自学帳の始め方

　自学帳とは，その名の通り"自分で学習するノート"である。しかし，教師が「さあ，自分でやりなさい」と言うだけでは生徒たちは途方に暮れてしまう。具体的な取り組み方を指導することが大切である。

(1)　自学の流れを提示する

　基本的な学習の流れは，「整理・復習（理解）⇒練習・自己テスト（定着）⇒オリジナル化（応用）」である。この流れに沿って「自学メニュー」（*次ページ参照）を配布すると生徒たちは取り組みやすい。生徒は「その日に学習するかどうか」や，「学習内容」などを自己決定できることで満足感を感じるようである。

(2)　ルールを決める

　自学をする時は，「曜日・日付・名前を英語で書く」，「その日に学習する内容を見出しとして書く」，「朝一番で提出ボックスに提出し，放課後取りにくる」，などのルールを決めることで生徒は取り組みやすくなる。

(3)　チェックとコメント

　提出された自学帳は，その日のうちに目を通し，コメントを朱書きして返却するとよい。返却されたノートを開いて生徒がまず見るのは，教

師のコメントである。学習方法をアドバイスしたり，ほめたり励ましたりすることで，生徒のやる気を高めることができる。また，毎日のやり

May 15, 2007

1年自学【1学期スタート】メニュー No.1

Category A（まとめ、構造理解、公式発見）＜理解しよう＞
1. アルファベットの読み方「名前」と「仕事」をまとめる
2. クラスルーム・イングリッシュをまとめる　　＊教科書P．2＆3
3. 身の回りのものの名前をまとめる　　　　　　＊プリントNO．6＆21
4. 数字をまとめる　　　　　　　　　　　　　　＊教科書P．22
5. クラスメイトの名前をまとめる
6. 曜日名をまとめる　7．月の名前をまとめる

Category B-1（暗記）＜覚えよう＞
1. 大文字を練習　　　　　　2．小文字を練習
3. アルファベットの読み方「名前」と「仕事」を覚える
4. クラスルーム・イングリッシュを覚える　　　＊教科書P．2＆3
5. 身の回りのものの名前を覚える　　　　　　　＊プリントNO．6＆21
6. 数字を覚える　　　　　　　　　　　　　　　＊教科書P．22
7. クラスメイトの名前を覚える
8. 曜日名を覚える
9. 月の名前を覚える
10. アルファベット・チャンツの単語を覚える

Category B-2（自己診断テスト）＜覚えたかな？＞
1. 大文字を〇〇秒以内で美しく書く！
2. 小文字を〇〇秒以内で美しく書く！
3. アルファベット「名前」読みができるかテスト！
4. アルファベット「仕事」読みができるかテスト！
5. 自己診断テスト「クラスルーム・イングリッシュ」編　＊教科書P．2＆3
6. 自己診断テスト「身の回りの英語」編　　　　＊プリント No.6＆21
7. 自己診断テスト「数字（0〜10）」編　教科書　＊教科書P．22
8. 自己診断テスト「クラスメイトの名前」編
9. 自己診断テスト「曜日名」編
10. 自己診断テスト「月の名前」編
11. 自己診断テスト「アルファベット・チャンツの単語」編　＊プリント No.14

Category C（パターン練習）＜単語を入れ替えて新しい文を作り出そう＞
1. Unit1（教科書P．10，11）の会話文の名前を入れ替えて書いてみる
2. Unit2（教科書P．19）の会話文の名前を入れ替えて書いてみる

Category D（応用）＜覚えた文を実際に使ってみよう＞
1. アルファベットの「仕事」を応用して、知らない単語を読んでみる
2. ローマ字日記（自作）　　　　　　＊教科書P．119参照「ヘボン式ローマ字」
3. 自作アルファベット・チャンツに挑戦！（単語を入れ替えて、チャンツをつくろう！）

Category E（自己評価と通信）
1. 先生に質問または、先生に言いたいこと
2. 今日の自学の間違い探し（案外気がついていないかもよ・・・）
3. 自学帳♯1を終えるにあたっての感想と反省（1冊終わるごとに必ず書くこと！）

自学メニュー

とりを通して，生徒との「心の絆」を深めることができる。

以下は，「単語練習⇒自己テスト⇒文練習⇒応用」の流れで行ってある自学帳の例である。

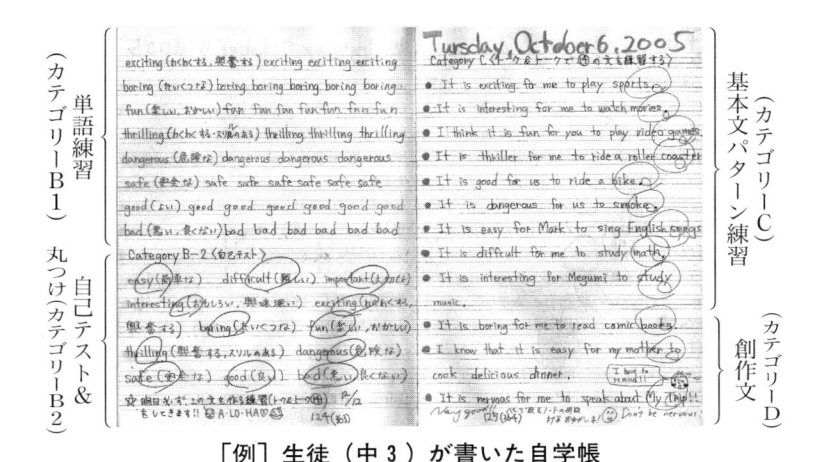

[例] 生徒（中3）が書いた自学帳

3 ◆ 自学帳を軌道に乗せる 4Tips ── キーワードは「つなげる」

Tip 1　授業内容とつなげる「家庭学習」

例えば，教科書の本文を導入し，音読練習した後，「みんなも脚本家だよ。オリジナルストーリーを創作してごらん。」と言って授業を終える。すると，面白い作品がぞくぞく登場する。

Tip 2　友だち同士をつなげる「モデルの配布」

時機を見て，友だちや先輩のよい「自学帳」をモデルとして印刷・配布し，ペアでのよさに気づかせる。次の日からのノートは，驚くほど変化する。

Tip 3　既習事項とつなげる「コメント」

自学帳をチェックする時，誤りを訂正しすぎないことも大切である。既習事項は，ヒントや情報源を与え，自力で訂正してみるように励ますことで次につながる。

| Tip 4 | 気持ちをつなげる「廊下作戦」

　なかなか軌道に乗らない生徒には，廊下で「自学帳やってる？待っているよ！」と一声かける。そうすることで，生徒は先生に「気にかけてもらえている」と感じ，心の中にいつも「自学帳」が意識される。

　最後に，ある保護者の方からいただいたコメントをご紹介したい。

> 　お世話になります。始めた4日間は「続くのかな」と半信半疑でしたが，毎日このノートに向かう姿を見て，大変うれしく思いました。先生からのコメントが楽しみで，このコメントがあったからこそ続けられたのだと感謝しております。最初から最後までびっしり書かれたノート，大事にさせたいと思います。

　多くの先生方が独自の「自学帳」に取り組まれ，生徒が英語力を伸ばしながら，自分に必要な学習内容を工夫したり，自己決定したりすることができる自律した学習者を育てていただきたい。それと同時に自学帳を通して，生徒一人ひとりの発想や感性の豊かさに触れていただきたい。
　やり遂げた1冊の自学帳は，生徒と教師にとっての宝物なのだから。

―――――――――――

＊本稿は，田尻悟郎『生徒がぐーんと伸びる英語科自学のシステムマニュアル』（明治図書，1997）を参考に，筆者のアイディアを加えた追実践レポートである。

【p.18〜 第2章・I 参考文献】

1) 高橋貞雄他．(2005)．*NEW CROWN ENGLISH SERIES New Edition 2*．三省堂．
2) 伊藤健三他．(1985)．『実践英語科教育法』．リーベル出版．pp. 154-188
3) 日䒳滋之．(2007)．「コミュニケーション能力の育成を目指す授業―基本文（文型・文法）の定着―」*TEACHING ENGLISH NOW* Vol. 9. 三省堂．
4) 日䒳滋之．(2005)．「ピクチャーカードの活用方法―導入から recitation まで」*TEACHING ENGLISH NOW* Vol. 3. 三省堂．
5) このような場面で使用する教師の英語を teacher talk という。teacher talk については以下を参照されたい。

 Krashen, S. and Terrell, T. (1983). *The Natural Approach: Language Acquisition in the Classroom*. Pergamon/Alemany. pp. 78-84

 Brazil, D. and Sinclair, J. (1982). *Teacher Talk*. Oxford University Press.

 渡辺 時夫他．(1986)『新しい英語科授業の創造』．桐原書店．pp. 155-162

6) 語学教育研究所．(1988)．『英語指導技術再検討』．大修館書店．pp. 209-214
7) 名和雄次郎他．(1987)．『中学英語の指導技術』．ELEC. pp. 126-134
8) 伊藤健三他．(1976)．『英語指導法ハンドブック①導入編』．大修館書店．pp. 1409-1410

 文部省．(1999)．『中学校学習指導要領（平成10年12月）解説―外国語編―』東京書籍．

9) 小川芳男他．(1991)．『英語教授法辞典新版』．三省堂．
10) 日䒳滋之．(2008)．「教科書を用いた語彙指導への提言―Recitation, Picture Description の活動を通して―」*TEACHING ENGLISH NOW* Vol. 11. 三省堂．

【付録・Ⅰ】
中学校学習指導要領
第2章 各教科 第9節 外国語

第1 目標
外国語を通じて，言語や文化に対する理解を深め，積極的にコミュニケーションを図ろうとする態度の育成を図り，聞くこと，話すこと，読むこと，書くことなどのコミュニケーション能力の基礎を養う。

第2 各言語の目標及び内容等
英語
1 目標
(1) 初歩的な英語を聞いて話し手の意向などを理解できるようにする。
(2) 初歩的な英語を用いて自分の考えなどを話すことができるようにする。
(3) 英語を読むことに慣れ親しみ，初歩的な英語を読んで書き手の意向などを理解できるようにする。
(4) 英語で書くことに慣れ親しみ，初歩的な英語を用いて自分の考えなどを書くことができるようにする。

2 内容
(1) 言語活動
　英語を理解し，英語で表現できる実践的な運用能力を養うため，次の言語活動を3学年間を通して行わせる。
　ア　聞くこと
　　主として次の事項について指導する。
　(ｱ) 強勢，イントネーション，区切りなど基本的な英語の音声の特徴をとらえ，正しく聞き取ること。
　(ｲ) 自然な口調で話されたり読まれたりする英語を聞いて，情報を正確に聞き取ること。
　(ｳ) 質問や依頼などを聞いて適切に応じること。
　(ｴ) 話し手に聞き返すなどして内容を確認しながら理解すること。
　(ｵ) まとまりのある英語を聞いて，概要や要点を適切に聞き取ること。

　イ　話すこと
　　主として次の事項について指導する。
　(ｱ) 強勢，イントネーション，区切りなど基本的な英語の音声の特徴をとらえ，正しく発音すること。
　(ｲ) 自分の考えや気持ち，事実などを聞き手に正しく伝えること。
　(ｳ) 聞いたり読んだりしたことなどについて，問答したり意見を述べ合ったりなどすること。
　(ｴ) つなぎ言葉を用いるなどのいろいろな工夫をして話を続けること。
　(ｵ) 与えられたテーマについて簡単なスピーチをすること。

ウ　読むこと

主として次の事項について指導する。

(ア)文字や符号を識別し，正しく読むこと。

(イ)書かれた内容を考えながら黙読したり，その内容が表現されるように音読すること。

(ウ)物語のあらすじや説明文の大切な部分などを正確に読み取ること。

(エ)伝言や手紙などの文章から書き手の意向を理解し，適切に応じること。

(オ)話の内容や書き手の意見などに対して感想を述べたり賛否やその理由を示したりなどすることができるよう，書かれた内容や考え方などをとらえること。

エ　書くこと

主として次の事項について指導する。

(ア)文字や符号を識別し，語と語の区切りなどに注意して正しく書くこと。

(イ)語と語のつながりなどに注意して正しく文を書くこと。

(ウ)聞いたり読んだりしたことについてメモをとったり，感想，賛否やその理由を書いたりなどすること。

(エ)身近な場面における出来事や体験したことなどについて，自分の考えや気持ちなどを書くこと。

(オ)自分の考えや気持ちなどが読み手に正しく伝わるように，文と文のつながりなどに注意して文章を書くこと。

(2)言語活動の取扱い

ア　3学年間を通じ指導に当たっては，次のような点に配慮するものとする。

(ア)実際に言語を使用して互いの考えや気持ちを伝え合うなどの活動を行うとともに，(3)に示す言語材料について理解したり練習したりする活動を行うようにすること。

(イ)実際に言語を使用して互いの考えや気持ちを伝え合うなどの活動においては，具体的な場面や状況に合った適切な表現を自ら考えて言語活動ができるようにすること。

(ウ)言語活動を行うに当たり，主として次に示すような言語の使用場面や言語の働きを取り上げるようにすること。

〔言語の使用場面の例〕

a　特有の表現がよく使われる場面
・あいさつ
・自己紹介
・電話での応答
・買物
・道案内
・旅行
・食事　など

b　生徒の身近な暮らしにかかわる場面
・家庭での生活
・学校での学習や活動
・地域の行事　など

〔言語の働きの例〕
a　コミュニケーションを円滑にする
　・呼び掛ける
　・相づちをうつ
　・聞き直す
　・繰り返す　など
b　気持ちを伝える
　・礼を言う
　・苦情を言う
　・褒める
　・謝る　など
c　情報を伝える
　・説明する
　・報告する
　・発表する
　・描写する　など
d　考えや意図を伝える
　・申し出る
　・約束する
　・意見を言う
　・賛成する
　・反対する
　・承諾する
　・断る　など
e　相手の行動を促す
　・質問する
　・依頼する
　・招待する　など

イ　生徒の学習段階を考慮して各学年の指導に当たっては，次のような点に配慮するものとする。
(ｱ)第１学年における言語活動

　小学校における外国語活動を通じて音声面を中心としたコミュニケーションに対する積極的な態度などの一定の素地が育成されることを踏まえ，身近な言語の使用場面や言語の働きに配慮した言語活動を行わせること。その際，自分の気持ちや身の回りの出来事などの中から簡単な表現を用いてコミュニケーションを図れるような話題を取り上げること。
(ｲ)第２学年における言語活動
　第１学年の学習を基礎として，言語の使用場面や言語の働きを更に広げた言語活動を行わせること。その際，第１学年における学習内容を繰り返して指導し定着を図るとともに，事実関係を伝えたり，物事について判断したりした内容などの中からコミュニケーションを図れるような話題を取り上げること。
(ｳ)第３学年における言語活動
　第２学年までの学習を基礎として，言語の使用場面や言語の働きを一層広げた言語活動を行わせること。その際，第１学年及び第２学年における学習内容を繰り返して指導し定着を図るとともに，様々な考えや意見などの中からコミュニケーションが図れるような話題を取り上げること。

(3)言語材料
　(1)の言語活動は，以下に示す言語材料の中から，１の目標を達成するのに

ふさわしいものを適宜用いて行わせる。

ア　音声
(ア)現代の標準的な発音
(イ)語と語の連結による音変化
(ウ)語，句，文における基本的な強勢
(エ)文における基本的なイントネーション
(オ)文における基本的な区切り

イ　文字及び符号
(ア)アルファベットの活字体の大文字及び小文字
(イ)終止符，疑問符，コンマ，引用符，感嘆符など基本的な符号

ウ　語，連語及び慣用表現
(ア)1,200語程度の語
(イ)in front of, a lot of, get up, look for などの連語
(ウ)excuse me, I see, I'm sorry, thank you, you're welcome, for example などの慣用表現

エ　文法事項
(ア)文
a　単文，重文及び複文
b　肯定及び否定の平叙文
c　肯定及び否定の命令文
d　疑問文のうち，動詞で始まるもの，助動詞（can, do, may など）で始まるもの，or を含むもの及び疑問詞（how, what, when, where, which, who, whose, why）で始まるもの

(イ)文構造
a　［主語動詞］
b　［主語動詞補語］のうち，
　(a)主語＋be 動詞＋ { 名詞 / 代名詞 / 形容詞 }
　(b)主語＋be 動詞以外の動詞＋ { 名詞 / 形容詞 }
c　［主語＋動詞＋目的語］のうち，
　(a)主語＋動詞＋ { 名詞 / 代名詞 / 動名詞 / to 不定詞 / how（など）to 不定詞 / that で始まる節 }
　(b)主語＋動詞＋what などで始まる節
d　［主語＋動詞＋間接目的語＋直接目的語］のうち，
　(a)主語＋動詞＋間接目的語＋ { 名詞 / 代名詞 }
　(b)主語＋動詞＋間接目的語＋how（など）to 不定詞
e　［主語＋動詞＋目的語＋補語］のうち，
　(a)主語＋動詞＋目的語＋ { 名詞 / 形容詞 }

f　その他
　(a) There be 動詞
　(b) It be 動詞（for）to 不定詞
　(c) 主語 tell，want など目的語 to 不定詞

(ウ)代名詞
　a　人称，指示，疑問，数量を表すもの
　b　関係代名詞のうち，主格の that，which，who 及び目的格の that，which の制限的用法
(エ)動詞の時制など
　　現在形，過去形，現在進行形，過去進行形，現在完了形及び助動詞などを用いた未来表現
(オ)形容詞及び副詞の比較変化
(カ) to 不定詞
(キ)動名詞
(ク)現在分詞及び過去分詞の形容詞としての用法
(ケ)受け身

(4)言語材料の取扱い
ア　発音と綴（つづ）りとを関連付けて指導すること。
イ　文法については，コミュニケーションを支えるものであることを踏まえ，言語活動と効果的に関連付けて指導すること。
ウ　(3)のエの文法事項の取扱いについては，用語や用法の区別などの指導が中心とならないよう配慮し，実際に活用できるように指導すること。また，語順や修飾関係などにおける日本語との違いに留意して指導すること。
エ　英語の特質を理解させるために，関連のある文法事項はまとまりをもって整理するなど，効果的な指導ができるよう工夫すること。

3　指導計画の作成と内容の取扱い
(1)指導計画の作成に当たっては，次の事項に配慮するものとする。
ア　各学校においては，生徒や地域の実態に応じて，学年ごとの目標を適切に定め，3学年間を通して英語の目標の実現を図るようにすること。
イ　2の(3)の言語材料については，学習段階に応じて平易なものから難しいものへと段階的に指導すること。
ウ　音声指導に当たっては，日本語との違いに留意しながら，発音練習などを通して2の(3)のアに示された言語材料を継続して指導すること。
　　また，音声指導の補助として，必要に応じて発音表記を用いて指導することもできること。
エ　文字指導に当たっては，生徒の学習負担に配慮し筆記体を指導することもできること。
オ　語，連語及び慣用表現については，運用度の高いものを用い，活用することを通して定着を図るようにすること。

カ 辞書の使い方に慣れ，活用できるようにすること。
キ 生徒の実態や教材の内容などに応じて，コンピュータや情報通信ネットワーク，教育機器などを有効活用したり，ネイティブ・スピーカーなどの協力を得たりなどすること。
　また，ペアワーク，グループワークなどの学習形態を適宜工夫すること。

(2)教材は，聞くこと，話すこと，読むこと，書くことなどのコミュニケーション能力を総合的に育成するため，実際の言語の使用場面や言語の働きに十分配慮したものを取り上げるものとする。その際，英語を使用している人々を中心とする世界の人々及び日本人の日常生活，風俗習慣，物語，地理，歴史，伝統文化や自然科学などに関するものの中から，生徒の発達の段階及び興味・関心に即して適切な題材を変化をもたせて取り上げるものとし，次の観点に配慮する必要がある。
ア 多様なものの見方や考え方を理解し，公正な判断力を養い豊かな心情を育てるのに役立つこと。
イ 外国や我が国の生活や文化についての理解を深めるとともに，言語や文化に対する関心を高め，これらを尊重する態度を育てるのに役立つこと。
ウ 広い視野から国際理解を深め，国際社会に生きる日本人としての自覚を高めるとともに，国際協調の精神を養うのに役立つこと。

その他の外国語
　その他の外国語については，英語の目標及び内容等に準じて行うものとする。

第3　指導計画の作成と内容の取扱い
1．小学校における外国語活動との関連に留意して，指導計画を適切に作成するものとする。
2．外国語科においては，英語を履修させることを原則とする。
3．第1章総則の第1の2及び第3章道徳の第1に示す道徳教育の目標に基づき，道徳の時間などとの関連を考慮しながら，第3章道徳の第2に示す内容について，外国語科の特質に応じて適切な指導をすること。

【付録・II】
ブックガイド

　各テーマ毎に編者おすすめの書籍を挙げました。さらに理解を深めたい，考えてみたいときのご参考に。

|授業実践|

『すぐれた英語授業実践―よりよい授業づくりのために』
樋口忠彦，緑川日出子，髙橋一幸 編著，2007，大修館書店
　いろいろな先生方の授業実践とそれに関する解説が紹介されており，授業のいろいろなパターンを学ぶことができる。

『授業づくりと改善の視点』
髙橋一幸 著．2003．教育出版
　授業設計の基礎・基本である指導案の基本モデルとその考え方が学べる。

『生き生きとした英語授業』（上巻・下巻）
米山朝二・高橋正夫・佐野正之 著，1981，大修館書店
　コミュニカティブ・ティーチングの手法で，1時間の授業をどのように展開するのかが具体的に書かれている。

『自己表現力をつける英語の授業』
斎藤栄二 著，2008，三省堂
　「ウルトラ級の建物を建てる」技術ではなく，「誰にでもできる建物の建て方」としての細かな授業技術を解説する本であり，若手はもちろん，中堅・ベテラン教師にも薦めたい。だが一方で著者はこう言う。「私たちは今どういう時代に生きているのか。そしてこういう時代にあっては，どういう英語の力を生徒につけさせていけばよいのか。そしてそれは未来にどうつながっていくのか。そういう基本的なことを，全然考えないで，英語の技術論だけを展開する気にはなれません」。

|指導技術|

『英語指導技術再検討』
語学教育研究所 著，1988，大修館書店
　オーラル・イントロダクション，パタンプラクティス，ペアワーク，スピーチ，発音指導，文字指導など，計41の指導技術について，指導の手順や指導上の留意点が解説されている。また，同書で取り上げられている全ての指導技術を映像化したものが，VHS版の『英語指導技術再検討』（全30巻。分売あり）として株式会社ジャパンライムから発売されている。

『英語の言語活動 WHAT & HOW』
原田昌明 著，1991，大修館書店
　中学校での言語活動集として常に手元に置いて参照したい本。全体は2部からなっていて，前半が文法項目別の活動集，後半が技能別の活動集になっている。実践の試練を経た説得力あるアイディア集であり，明日の授業に役立つ指導用例が満載である。技能別にイベントを考え出す際にも役に立つ1冊。

『英語教師の四十八手』シリーズ（全8巻）
金谷　憲・谷口幸夫 編，研究社出版
　4技能別の巻に加え，『教科書の活用』『テストの作り方』『AV機器の利用』『ゲームの利用』の4巻がある。どの巻でも48の指導技術が紹介されている。授業中何気なく行っている指導に工夫を加えて改善するための，等身大のアイディア集となっている。

『英語音声学入門（新装版・CD付き）』
竹林　滋，斎藤　弘子 著，2008，大修館書店
　英語音声学の包括的な解説書である。英語の発音の科学的記述に加え，類似する日本語の発音との比較や綴りと発音の関係に関する記述も充実しており，英語教師が英語発音に対する理解を深め，指導に生かすことのできる情報が豊富である。

|文法指導|

The Grammar Book: An ESL/EFL Teacher's Course (2nd ed.).
Marianne Celce-Murcia and Diane Larsen-Freeman. 1999. Heinle & Heinle

　英語学の知見に基づく文法解説に加え，第二言語習得研究の成果がふんだんに取り入れられており，学習上の困難点，指導方法，指導上の留意点など，英語指導に役立つ情報が豊富である。1st edition（1983）については，大塚英語教育研究会が日本の英語教育の実情に合わせて抄訳した『現代英文法教本』（1986）がリーベル出版より刊行されている。

Essential Grammar in Use: A self-study reference and practice book for elementary students of English (With Answers) (3rd ed.).
Raymond Murphy. 2007. Cambridge University Press.

　言語形式の理解から実際の言語使用への掛け橋となる優れた学習者用文法書である。見開きが 1 Unit となっており，左に要点が，右に練習問題が掲載されている。本書はイギリス英語版であるが，アメリカ英語版として *Basic Grammar in Use* があり，その翻訳版が『マーフィーのケンブリッジ英文法−初級編−練習問題・解答つき』として刊行されている。また，中級編として *English Grammar in Use*（イギリス英語版），*Grammar in Use Intermediate*（アメリカ英語版），『マーフィーのケンブリッジ英文法（中級編）』（アメリカ英語版の翻訳）がある。

『英語教師の文法研究』
安藤貞雄 著，1983，大修館書店

　英語教師のための文法解説書である。網羅的ではなく，文型・時制・相など，英文法の核となる事項に絞って詳述している。伝統文法の枠組みをベースに英語学の知見を豊富に取り入れた詳細な分析は，英語教師自身の文法知識の精密化のために有益である。続編として，『続・英語教師の文法研究』（1985）がある。

[評価]

『到達目標に向けての指導と評価』
本多敏幸 著，2003，教育出版
　「指導と評価の一体化」が叫ばれる中，本著者は著者の広い見識と経験に基づき，評価・評定そして指導のあり方について具体的に解説をしており，参考になる。実際の生徒作品や教材の実物写真等が提示されており，読者の実践への意欲を高める。

『中学校英語科の絶対評価規準づくり』
平田和人 編，2002，明治図書
　前文部科学省調査官が，いわゆる相対評価から絶対評価へと移行する際に偏した著書。新学習指導要領にも対応する文部科学省の評価・評定に関する方針や背景的理論，そしてその実際が具体的に示されている。

『中学校英語授業指導と評価の実際――確かな学力をはぐくむ』
杉本義美 著，2006，大修館書店
　指導や活動の内容に加え，評価の観点について，総論と各論がバランスよく配されている。英語教師が知っておきたい用語や自己研修のあり方にも触れられており，初任者の先生方には特に勧めたい1冊。

[自律的な学習]

『「達人」の英語学習法』
竹内 理 著，2007，草思社
　スキル別の学習法だけでなく，学習計画の立て方などが具体的に書かれている。生徒に家庭学習を薦めるときに役立つ。

『個性・創造性を引き出す英語授業』
樋口忠彦 編著，1995，研究社
　話すこと，書くことを中心とした活動が豊富に掲載されている。3年間のイベントを考える際に役立つ。

【索引】

あ
アイ・コンタクト　101，187
ICT 機器　316
アクセント　126
誤り　122
アルファベット　12-14，124，131，132
合わせ読み　170
暗唱　171，266
言い直し　123
意識的処理　210
一斉指導　329
イベント　347
インターネット　307
インタビュー　46
イントネーション　128
インフォメーション・ギャップ　59，117，138
ウェブサイト　307
ウォーム・アップ　27，43
歌　89，311
ALT　120
英語教室　320
絵本　306
演繹的文法指導　247
オーラル・インタラクション　157
オーラル・イントロダクション　141，156

aural drill　131
音とつづり　12
面白ライティング活動　205
音声　7，308
音声指導　7，12
音読　85，119，169
音読テスト　265
音変化　129

か
外国語活動　5
会話テスト　271，273-275
書き換え　198
学習意欲　9
学習姿勢　9-10
画像　308
課題　343
家庭学習　10，338
カルタ　87
関心・意欲・態度　253
観点別評価　251
規則　222
帰納的文法指導　247
教案　18
教育的嘘　226
教具　306，315
教材　306，312-313，320
クイズ　44，88，310

グリーティング　26，61
グループ学習　331
グループワーク　118
クロージング　36
群読　95
ゲーム　86
劇　95
研究会　310
言語形式　209，217，218
言語習得　220
言語習得装置　214
言語・文化についての知識・理解
　255
声　101
コーラス・リーディング　34
小声読み　170
個人読み　171
個別学習　330
コミュニケーション活動　58
コミュニケーション中心の文法指導
　211
コンソリデーション　35
コンテンツ・シャドーイング　148

さ
サークル　310
雑誌　307
サマリー　60，175
CMソング　311
子音　125
JTE　120
自学帳　353
自己紹介　349

自己評価　280
姿勢・態度　101，322
児童英語　306
自動化　210
指導・評価計画　300
指導要録　251
指名　333
シャドーイング　148
自由英作文　202
修学旅行新聞　350
習慣づけ　5
集中　325-328
授業展開　26，42
授業の約束事　9-10，323
授業のルール　322
授業開き　322
宿題　11，339
小学校　5
自律的学習　221
新出語句　141，143
スキット　181，271
スキミング　166
スキャニング　164
すごろく　87
スピーキング　122
スピーチ　97，177，266
説明　53，142，184
説明責任　262
Selection　135
全体的印象による評価　268
総合問題　287
相互交流ライティング　206
相互評価　280

た
代入 134
タスク 64
タスク・リスニング 153
多読 163
単語 133
単語レース 88
着席 325
チャット 186, 276
聴覚心像 8
通知表 258, 263
ティーチングプラン（教案） 18
ティームティーチング 120
定期テスト 287, 297, 299, 312, 341
ディクテーション 149
ディクト・グロス 153
ディクト・コンポ 152
定型会話 136
ディスカッション 119, 188, 276
ディスクリプション 41, 184
ディベート 104, 108, 188, 190, 276
テスティング・ポイント 288
テスト計画 288
テストデザイン 288
展開 135
転換 135
動画 308
導入 46-50
読解のプロセス 63
ドリル 51, 209

な
内容再生 173
並べ替え 194, 196
似顔絵 309
入門期 4

は
バズ・リーディング 34, 170
パタンプラクティス 54, 134, 136
発音 124, 143
発表 334
発問 332
パフォーマンステスト 265, 273-276, 279
パラレル・リーディング 148, 170
Variation 134
判定基準 256
ピクチャー・ディスクリプション 40
筆写 191
評価 85
評価基準 255
評価・評定 251
表現の能力 254
描写 184
評定 259
ビンゴ 146
ファイル 319
フィードバック 118, 201
フォニックス 132
フォルダ 319
復習 339
復唱読み 169
フラッシュカード 33, 144-146, 316

フレーズ・リーディング　161
ブレーンストーミング　179
プレゼンテーション　28，169
プレゼンテーションソフト　309，317
プレ・リーディング　56，156
プロセスライティング　199
文強勢　130
文型　134
文型指導　14
分析的評価　267
文法解説　214，219，221，224，231
文法規則　215
文法の必要性　232
ペア学習　331
ペアワーク　37，116
ペーパーテスト　287
母音　125
ポートフォリオ　285
ポスト・リーディング　73，169
ポッドキャスト　308

ま
マッピング　179，199
マンブリング　148
mim-mem　15，131
無意識的な処理　210
明示的知識　209
明示的文法指導　209
名人　10
文字指導　13

や
訳読　159
役割読み　170
要約　175
予習　340
読み聞かせ　306

ら
ライティング　102，119，123
リーディング　33，63
リーディング・タスク　70
リード・アンド・ルックアップ　35，171，172
理解の能力　254
リズム　128
リピーティング　148
リプロダクション　173
臨界期　214
レシテーション　39，149，171，266
レスポンス・レシテーション　172
レビュー　27
朗読　95
ロールプレイング　274

わ
和文英訳　193
和訳　85

【執筆者一覧】

　　　　　　　　　　　　　（　）内は所属・執筆箇所，*は編著者

青野　保*　（元埼玉大学教育学部附属中学校教諭，現在，教育行政職・
　　　　　　第5章）
牛久裕介　（埼玉大学教育学部附属中学校副校長・第2章 II）
大里信子　（東京学芸大学附属小金井中学校教諭・第3章 I, II, III,
　　　　　　VI 1, 2, VIII）
奥住　桂　（埼玉県宮代町立前原中学校教諭・第6章）
加藤京子　（東洋大学附属姫路中学校・高等学校教諭・第2章 IV）
河合光治　（神奈川県相模原市立共和中学校教諭・第8章 III）
肥沼則明　（筑波大学附属中学校主幹教諭・第1章）
小寺令子　（東京都文京区立第十中学校教諭・第2章 III）
田口　徹　（東京都千代田区立九段中等教育学校主任教諭・第8章 I）
谷口友隆　（神奈川県相模原市立由野台中学校教諭・第8章 II）
成田也寸志（埼玉県久喜市立鷲宮西中学校教諭・第7章）
日臺滋之　（玉川大学文学部教授・第2章 I）
馬場哲生*　（東京学芸大学教授・第4章）
本多敏幸　（東京都千代田区立九段中等教育学校主任教諭・第3章 IV, V,
　　　　　　VI 3, VII）

[編集代表紹介]

金谷　憲（かなたに・けん）
1980年，東京大学大学院博士課程単位取得退学。文学修士。スタンフォード大学博士課程単位取得退学。東京学芸大学名誉教授。英語教育学専攻。主な著書に，『英語教育熱』（研究社），『英語授業改善のための処方箋』（大修館書店），『英語教師論』（桐原書店，編著）などがある。

[編者紹介]

青野　保（あおの・たもつ）
元埼玉大学教育学部附属中学校教諭，現在，教育行政職。

太田　洋（おおた・ひろし）
東京家政大学教授。2006，2007年度NHKラジオ『レベルアップ英文法』講師。

馬場哲生（ばば・てつお）
東京学芸大学教授。英語教育（特に，指導法，教材，評価専攻）

柳瀬陽介（やなせ・ようすけ）
広島大学大学院教育学研究科教授（英語教育学）

[たいしゅうかん]えいごじゅぎょうはんどぶっくちゅうがっこうへんでぃーぶいでぃーつき
[大修館]英語授業ハンドブック〈中学校編〉DVD付
Ⓒ K. Kanatani, T. Aono, H. Ota, T. Baba, Y. Yanase, 2009

NDC375／x, 372p／21cm

初版第1刷　──── 2009年4月15日
第6刷　──── 2016年9月1日

編集代表 ──── 金谷　憲
編　者　 ──── 青野　保／太田　洋／馬場哲生／柳瀬陽介
発行者　 ──── 鈴木一行
発行所　 ──── 株式会社大修館書店
　　　　　　〒113-8541　東京都文京区湯島 2-1-1
　　　　　　電話 03-3868-2651（販売部）03-3868-2294（編集部）
　　　　　　振替 00190-7-40504
　　　　　　[出版情報] http://www.taishukan.co.jp

DVD制作協力 ──── 株式会社ジャパンライム
装丁者　　　 ──── 鈴木　堯＋佐々木由美［タウハウス］
印刷所　　　 ──── 壮光舎印刷
製本所　　　 ──── 難波製本

ISBN 978-4-469-04173-6　Printed in Japan

Ⓡ 本書のコピー，スキャン，デジタル化等の無断複製は著作権法上での例外を除き禁じられています。本書を代行業者等の第三者に依頼してスキャンやデジタル化することは，たとえ個人や家庭内での利用であっても著作権法上認められておりません。

　本DVDに収録されているデータの無断複製は，著作権法上での例外を除き禁じられています。